本书出版得到2020年国家社科青年基金项目"中国循证社会工作本土知识体系及其应用研究"（项目批准号：20CSH087）、2024年中共甘肃省委组织部省级人才项目"甘肃省农村留守儿童保护政策有效执行的循证实践"、第三批国家一流专业建设点经费资助。

社会工作研究文库

THE EVIDENCE FOR

康姣／著

循证社会工作之证据研究

EVIDENCE-BASED
SOCIAL WORK

社会科学文献出版社
SOCIAL SCIENCES ACADEMIC PRESS (CHINA)

序

社会工作自诞生以来，始终面临一个根本性追问：如何让助人实践既科学有效，又充满人文温度？对这一追问的回答在 21 世纪显得越发迫切。当技术理性席卷全球、社会问题日益复杂化，社会工作既要抵御"权威经验主义"的随意性，又要警惕"方法中心主义"机械性的挑战。应对这一双重挑战，社会工作提出了循证实践的思想，开启了循证社会工作的探索与研究，这无疑给社会工作的发展提供了新的思路。但在此过程中，仍然有一个根本性问题没有得到很好的解决，那就是：循证之证是什么？什么"证"才是有效之"证"？如何循证？

《循证社会工作之证据研究》对上述问题进行了深入研究，在很大程度上回应了这些问题，其探索丰富了循证社会工作理论，也为我国本土循证社会工作的发展提供了思路。作者康姣在攻读博士学位期间最初接触的主要是社区矫正，参与了一系列社区矫正项目研究。当时，国内社区矫正界正在发展循证矫正实践，康姣博士抓住了这个机会，将循证社会工作作为博士学位论文选题。这实际上是一个交叉性很强、研究难度很大的选题，涉及哲学、社会学、社会工作、医学、法学等众多学科。在广泛阅读文献的基础上，遵循"循证精神"，康姣博士深入社区矫正社会工作一线开展调研后，又通过联合培养的方式在美国做了一年研究，这些调研和研究经历，为她的论文写作奠定了坚实的基础。现在基于这篇论文写作的专著即将出版，我深感欣慰。

《循证社会工作之证据研究》的学术贡献主要体现在以下三个维度。一是认识论的重构。作者创造性地提出"实证人文主义"框架，破解了社会工作领域长期存在的"科学-人文"二元对立困局。这一认识论转向既非简单的折中主义，也不是机械的范式叠加，而是基于证据的本质实现了科学技术与人文关怀的内在融合，为复杂情境中的实践决策提供了哲学依据。二是方法论的革新。作者构建的"人与环境互动中的证据"评价标准颠覆了传统证据金字塔的线性思维，将证据质量、情境适配度与实践效用纳入综合评价体系，这一创新不仅回应了社会工作实践高度情境化的本质特征，更为跨文化证据转化提供了可操作的工具框架。三是本土化路径的开拓。书中提出的扩展西方知识体系和创生本土知识的策略（本土实践智慧的理论化与西方知识体系的情境化）具有前瞻性。书中对中国循证社会工作本土化发展的讨论，为中国特色社会工作知识体系的建构提供了新思路。

在"证据驱动决策"成为全球治理新范式的今天，《循证社会工作之证据研究》的出版恰逢其时。它不仅为一线社会工作者提供了从"经验直觉"转向"循证决策"的方法论工具，还在更深层面回应了三个时代命题：一是专业合法性的建构，通过建立科学的证据生产与应用机制，增强社会工作在跨学科对话中的话语权；二是实践有效性的提升，破解"研究-实践"断裂难题，构建知识生产与问题解决的闭环系统；三是本土知识的国际化，探索中国语境下社会工作学科知识生产的创新路径，为全球社会工作发展贡献中国智慧。

《循证社会工作之证据研究》也给循证社会工作提出了还需进一步深化研究的议题。一是证据分级标准与转化工具的研究。如何建立兼顾科学严谨性与实践操作性的动态评价体系，为不同层级证据的筛选、整合与应用提供方法论支撑？二是本土证据的挖掘与整理。中国丰富的社会工作实践积累了大量本土经验，但尚未形成系统的本土证据库。研究如何有效挖掘、整理和提炼这些实践经验，将其转化为可用于循证实践的证据？三是如何构建数字时代的证据生态系统，探索人工智能与大数据在证据生产中的应用？所以，《循证社会工作之证据研究》的出版不是终点，而是新的起点。

张昱

2025年3月1日于上海

目 录

第1章 导论 ··· 1
 1.1 研究缘起 ··· 1
 1.2 研究问题与意义 ·· 8
 1.3 概念界定 ·· 10
 1.4 研究方法 ·· 16
 1.5 研究思路与分析框架 ··· 25

第2章 文献综述 ·· 29
 2.1 证据的相关研究 ··· 29
 2.2 循证社会工作的相关研究 ··· 41
 2.3 文献述评 ·· 65

第3章 循证社会工作的"事实选择"：证据的实质 ················· 70
 3.1 证据探究：从应然到实然的动态转向 ······························ 70
 3.2 证据的本质：基于本质关联的"事实选择" ···················· 83
 3.3 扩展狭隘的研究证据 ··· 91
 3.4 证据体系：证据—证据链—证据库 ································ 97

第4章 循证社会工作的"最佳证据"：证据的生产 ·············· 101
 4.1 证据生产的方法 ·· 101
 4.2 证据评价的两种标准：研究方法与证据质量的选择 ········· 116

4.3 "最佳证据"：特定环境下最适合解决案主问题的证据 ……… 126
4.4 "最佳证据"生产和评价的挑战 ……………………………… 133

第5章 循证社会工作的"好的实践"：证据的应用 ………………… 135
5.1 "好的实践"：在现实世界中应用"最佳证据" ……………… 135
5.2 "好的实践"：在不同处境中传播和实施新证据 …………… 146
5.3 证据应用的经验与挑战 ……………………………………… 155

第6章 中国循证社会工作的本土化发展 ……………………………… 159
6.1 中国循证社会工作本土实践探索 …………………………… 159
6.2 中国本土循证社会工作的证据制度建设：西方启示 ……… 165
6.3 中国循证社会工作本土知识体系建构：内在特性 ………… 170

第7章 结论与讨论 ……………………………………………………… 176
7.1 研究结论 ……………………………………………………… 176
7.2 几点讨论 ……………………………………………………… 184
7.3 研究不足与展望 ……………………………………………… 201

参考文献 …………………………………………………………………… 203

第 1 章 导论

1.1 研究缘起

1.1.1 社会工作实践的有效性议题

循证社会工作是在回应社会工作实践低效甚至无效质疑，追求社会工作实践的有效性时，对传统社会工作的变革。循证社会工作正式出现于1999 年，但是循证社会工作的兴起最早可追溯到 20 世纪 70 年代。

20 世纪 70 年代，在新自由主义盛行的社会背景下，社会进步改革、福利改革、公共健康改革、税改等一系列改革，迫使政府削减社会投入，提供高质量的公共服务。各国政府致力于提供现代化和合理化的福利服务（Smith，2004：7）。在这一背景下，各学科都开始反思服务的有效性，寻求在资源有限的情况下提供有效的专业服务。

1972 年，循证医学的先驱 Cochrane（1972）在《疗效与效益：健康服务中的随机对照试验》中首次讨论了医疗保健如何才能做到既有疗效又有效益的问题。1996 年，Sackett 等（1996）发表《循证医学：是什么，不是什么?》，正式提出循证医学，循证医学兴起。1974 年，Martinson（1974）通过对 1945~1967 年的 231 项犯罪矫正的研究检验，得出了矫正在控制再犯方面低效甚至无效的结论。这一结论被称为"马丁森炸弹"，在犯罪矫正领域影响剧烈。2000 年，MacKenzie（2000）发表《循证矫正：什么有效?》，正式提出了循证矫正，循证矫正兴起。1952 年，Eysenck（1952）发表《心理治疗的有效性：一个评估》，质疑心理治疗的有效性。为了回应

Eysenck，心理学界开始了长达40年的效果研究。2005年，美国心理学会（American Psychological Association，APA）制定了《心理学中的循证实践》政策文件（参见Goodheart et al.，2006），循证心理治疗兴起。

社会工作也经历了类似的紧张局势。20世纪70年代，社会工作开始受到大规模质疑。1972年，Mullen和Dumpson（1972）的经典著作《社会干预的评估》出版，书中收录了1971年所有已知的包括个案工作、小组工作和社区工作在内的16个测试社会工作介入效果的实地实验，15位国际公认的社会工作专家对这些干预进行了评估，并讨论了这些干预对社会工作实践和教育的影响。有学者认为，这是社会工作走向循证实践的第一次重要呼吁（Roberts & Yeager，2006：12）。1973年，Fischer（1973）发表《社会工作有效吗？一个文献评论》，对社会工作的有效性提出疑问，他回顾了11项旨在确定社会服务有效性的研究，认为其存在严重局限性，他强调必须认真进行研究，以确定社会工作是否有效。Fischer的质疑引发了一场关于研究在社会工作实践中作用的激烈辩论。这场争论持续了30多年，社会工作界慢慢认识到研究在衡量服务效果方面的重要性。1979年，Jayaratne和Levy（1979）在他们的著作《经验临床实践》中对临床实践进行了描述，他们提出临床实践应该引入传统实验研究方法，临床实践工作者在实践中应致力于测量和标识实践效果。这些质疑以及提高社会工作有效性措施的出现，促使社会工作学者和实践者不得不通过增加科学研究来提高自身的有效性，反思批判传统以权威为本的社会工作实践，并积极寻求科学、有效的实践策略。这促使社会工作实践要循证，要基于证据进行社会工作实践。1999年，Gambrill（1999）发表《循证实践：一种替代权威为本的实践》，提倡以"证据为本"替代"权威为本"的社会工作实践，正式提出了循证社会工作，循证社会工作兴起。

Gambrill（1997）重视知识宣称的标准，认为社会工作者在职业生涯中每做出一个重要的决策都依赖于评估知识宣称（knowledge claims）的标准，而这些标准不仅影响着研究问题的选择和研究方法的使用，还影响着工作者对案主的责任和伦理。在不断追问什么是知识（what is knowledge）、什么有效（what works）的过程中，Gambrill（1999）提出了关于社会工作知识和实践关系的六个关键问题：哪些价值观、知识和技能会增加获得案主重视的结果的可能性？社会工作者有这些价值观、知识和技能吗？社会工作者是否具有比有同情心的非专业人士更有效的专业知识？社会工作者是否利用知识来最大限度地帮助案主实现他们认为有价值的结果？是否有证据表明特殊的培训、资历或经验有助于创造更多有益于案主的帮助而不是伤害？关于这些问题，我们如何知道？

"Gambrill 六问"问及社会工作实践的有效性、社会工作的专业性以及社会工作知识与实践的匹配问题。Gambrill（1999）认为没有证据表明社会工作的知识宣称有助于帮助案主解决问题，社会工作会陷入基于宣称而非证明有效帮助案主达到预期结果的尴尬局面，而改变这一尴尬局面的策略则可以分为"权威为本"和"证据为本"两种。Gambrill 认为"证据为本"的实践在助人专业里是对"权威为本"的实践的一种替代，是实现社会工作科学性和专业性的重要策略。

Gambrill 不仅提出了循证社会工作，而且从未停止对循证社会工作的探索。从 1999 年至今，Gambrill 针对循证社会工作的要素、过程、争议、挑战等组成循证社会工作的各部分，以及循证社会工作所追求的实践有效性、专业服务的提供、证据的传播、循证教育等方面进行了持续论述。通过这些论述不难发现，循证社会工作涉及社会工作者在实践中应该做什么，以及如何将社会工作知识和实践有效整合，以保证社会工作实践的专业性、科学性和有效性。循证社会工作对社会工作有效性的宣称具体如何实现，这就需要对循证社会工作有全面的认识。

1.1.2 社会工作的专业化议题

循证社会工作兴起的直接原因在于回应社会工作的低效或者无效质疑，是对社会工作实践有效性的诉求。然而，在社会工作实践有效性诉求的背后则是对社会工作专业化的百年追求。

社会工作作为一个助人专业就必须证明自身在特定领域的专业性和有效性，体现自身专业优势。从西方社会工作的专业发展历程来看，展示专业优势的重要策略之一就是将实践建立在科学研究基础上，重视学科知识的研究，用科学论证的学科知识区分专业社会工作与非专业社会工作。社会工作者一直希望将自己的实践建立在科学知识基础上，并以不同的概念建构来指称科学知识与专业实践结合的方式（何雪松，2004）。我国社会工作相比西方呈现后生快发的特点，自 1987 年重建社会工作专业以来，在各方面取得了令人瞩目的成就。然而，我国社会工作专业化实践发展过程，不仅受到了社会工作学科之外的各界对社会工作专业性的质疑，而且在学科内部出现了社会工作发展"专业化"还是"去专业化"的争论。

纵观社会工作的发展历史，如何通过科学化的方式建构社会工作的专业地位和专业话语，保障社会工作实践的有效性，一直是一个有争议的话题。早在1915年，Flexner（1915）在《社会工作是一个专业吗?》一文中给出了判断一个专业的六个标准。根据 Flexner 专业六标准，社会工作还不是一个完全的专业。Flexner 对社会工作是不是一个专业的疑问及其认为社会工作在当时条件下还不能被称为一个完全的专业的回答，使得社会工作走上了漫长的专业化道路。在这个过程中，里士满（M. Richmond）是一个极具代表性的人物。其著作从《贫困中的友善探访：慈善工作者手册》到《社会诊断》再到《个案工作是什么》，都致力于推动社会工作走向专业化。特别是在1917年发表的《社会诊断》中，里士满提出要努力通过研究获得的事实来指导临床服务和社会改革，她认为尽管社会工作者能够参与到对社区有帮助的活动中，获得一定程度的认可，但是，社会工作者仍然面临一个现实的问题，即公众并不清楚做某件事情所需的过程与实际上完成某件事的区别（Richmond，1917：3）。这就需要收集证据引导社会诊断，使用证据制订社会治疗计划，展现社会工作的专业性。个案工作者一直在处理证据，怎样才能学会处理这些社会证据，达到真正的社会效果？里士满（Richmond，1917）所做的努力是将研究尽可能地扩展到个人经验之外，使人们看到现有最好的社会工作实践，希望将前人认为有效的工作方法解释并传承给正在从事或将来要从事慈善组织事业的年轻人。里士满在推动社会工作走向专业的进程中就已经提出研究与实践结合，并要使用证据的思想。

到了20世纪70年代，社会各界对专业实践有效性的追问，促使一场浩浩荡荡的循证实践运动兴起。循证社会工作作为其中的一部分，被认为是实现社会工作科学、有效的重要策略。毫无疑问，社会工作的发展是专业化的过程，但专业化并不是一个抽象概念，它包含伦理准则、知识体系、专业认可、专业组织、专业自主权等多种要素。尤其在专业社会工作起步不久的中国，其在发展这些特征并迈向专业化的过程中势必会遇到各种各样的阻碍（文军、吕洁琼，2018）。在社会工作专业化进程中存在一定的困境，如社会资源的有限性、政府和公众对公共支出的监管、对服务的有效性评估以及社会工作实践任务的复杂性等。尽管存在专业化和去专业化不同的声音，但绝大多数人还是支持社会工作专业化的，作为一个助人专业，社会工作逐渐走向专业化是其发展的必由之路。

循证社会工作是社会工作专业化的重要策略之一（何雪松，2004），循证的理念和方法是社会工作专业发展的助推器（齐铱，2017），展现了社会工作作为一个专业的优势。基于此，笔者想要探究的是，在何种意义上循证社会工作比沿袭多年的社会工作传统服务更能展示专业优势？循证社会工作如何推进社会工作专业化进程？循证社会工作会不会走向一些人担心的科学霸权呢？这就需要我们厘清循证社会工作及其围绕的核心——证据。

1.1.3 社会工作研究与实践关系议题

巨大的"鸿沟"（gap）（Trinder & Reynolds, 2000：12；Thyer, 2001）、"脱节"（disconnect）（Gambrill, 2001）、"破漏的管子"（a leaky or broken pipeline）（Brownson et al., 2012：XI）、"说起来容易做起来难"（easy said than done）（Rubin & Bellamy, 2012：23）、"分割运行"（文军、何威，2014）、"断裂性关系"（张昱、彭少峰，2015）等都是国内外学者对社会工作研究和实践关系的描述与总结。学者们在提出上述社会工作研究和实践的关系时，也对如何联结社会工作研究和实践做出了不同的策略性选择。其中一种就是开展循证社会工作，进行社会工作的循证实践。

循证社会工作之于社会工作研究和实践关系的联结，何以可能，何以可为？现有文献从两个方面体现出来。一是从大力提倡推行循证社会工作的方面看，社会工作还是以权威为本的专业，所说的、所做的、所看重的和实际做的之间存在巨大的鸿沟（Gambrill, 2001）。"证据为本"的实践是在助人专业中替代"权威为本"的实践的一种选择（Gambrill, 1999），是联结理论与实践的桥梁（Rubin & Bellamy, 2012：7；Thyer & Myers, 2011），旨在将最佳证据、临床经验和案主价值整合起来做决策（McNeece & Thyer, 2004），需要在使用证据和临床经验实践之间保持平衡（Hundley, 1999）。在这个整合做决策的过程中，循证社会工作不仅提供了整合研究和实践的理念与方法，还形成了可操作的实践步骤。二是从对社会工作循证实践的质疑和改进方面看，人们不完全反对循证社会工作，认同循证社工作的理念，但也认为循证社会工作实践遮蔽了反思性能动主体。因此，要在循证社会工作理念基础上进行反思性实践，把理论研究嵌入反思行动的实践过程，实现理论和实践的反思对话（郭伟和等，2012），以此联结社会工作的研究和实践。

与社会工作的循证实践策略不同，"理论自觉"（文军、何威，2014）、"理论建构"（何雪松，2017）、"实务理论建设"（刘继同，2012a）等社会工作的理论追求是联结社会工作理论与实践关系的第二种策略。这种策略不同于循证实践，但其理念与社会工作循证实践的理念具有统一性。

联结社会工作研究与实践还有第三种策略，即开展社会工作的实践研究、行动研究和干预研究。它们的提出背后都蕴含着社会工作研究与实践脱离的问题。实践研究和行动研究的提倡者认为，实践性是社会工作的本质属性（张和清，2015），社会工作知识的本质在于实践，作为实践性科学，社会工作的研究不是为了做研究而研究，也不是为了建构理论而建构理论，而是为了实践而研究，这是社会工作与其他学科的区别之处（古学斌，2015）。实践研究就是实践与研究结合起来，达到"实践亦研究"的合二为一（古学斌，2015）。行动研究集研究、教育和实践于一体（古学斌，2013）。干预研究的提倡者认为，社会工作是一门强调实务（practice）或做（do）的学科，社会工作实践的核心旨趣是发生改变，发生改变通常包括制定和实施某种行动策略，干预是有目的地改变策略（Fraser et al.，2009）。

作为解决社会工作研究与实践脱离问题的策略，循证社会工作具体如何成为联结研究和实践的桥梁？循证社会工作是否可以推动社会工作理论自觉？社会工作的循证实践与实践研究、行动研究、干预研究有何异同，有什么关系？要回答这些问题，首先要厘清循证社会工作是什么。

1.1.4 循证社会工作的本土困境

循证社会工作在西方成为主流方向，它在某种程度上提高了社会工作的专业地位并向公众证实社会工作是以科学为基础的（何雪松，2004）。它是否可以为我国社会工作确立专业地位？事实证明，循证社会工作在我国存在两方面的困境。一方面是人们对循证社会工作缺乏全面认识带来的困惑、争议和误解，另一方面表现为循证社会工作本土实践的限制。

从关于循证社会工作的研究上看，2004年何雪松（2004）将"证据为本"的社会工作实践引进中国,认为"证据为本"的实践不仅是呈现社会工作的科学性与专业性的重要策略,还是推动社会工作在中国发展并获得社会认同的一个可能策略。陈树强(2005)提出"证据为本"的社会工作研究是对我国社会工作发展具有潜在或现实影响的研究路向之一。此后,直到2010年以后,杨文登、拜争刚等人发表多篇文章介绍循证实践,特别是2014年杨文登(2014)发表的《社会工作的循证实践:西方社会工作发展的新方向》一文,直接将循证社会工作带入大家的视野。2015年开始循证社会工作研究方法培训,循证社会工作才逐渐被更多的人关注。2016年11月,中国社会工作教育协会年会上设立循证社会工作分会场。作为一个全新的领域,循证社会工作分会场吸引了众多学者,参会学者对循证社会工作表现出了极高的热情,提出了众多关于循证社会工作和证据的疑问。学者们的疑问集中在:证据是谁的证据?什么是"最佳证据"?如何有效?如何体现社会工作的价值?等等。这次会议极大地提升了循证社会工作在国内学界的关注度和认知度,但也体现出社会工作学者们对循证社会工作缺乏全面的认识。学者们对循证社会工作的认知尚且如此,其他人(如社会工作实践者、社会工作领域的管理者等)对循证社会工作则知之更少。

循证实践不仅在我国社会工作领域引起了广泛关注,在犯罪矫正领域同样备受瞩目。犯罪矫正领域也在倡导循证矫正(Evidence-Based Correction),并于2012年开启了循证矫正在全国的试点和推广工作。[①] 在循证矫正和循证社会工作在全国都备受关注时,上海徐汇区、南通崇川区、北京大兴区对社区矫正社会工作进行了循证实践探索。[②] 社区矫正和社会工作理念及过程的内在统一性(康姣、董志峰,2019),使得以社区服刑人员为对象的社区矫正社会工作成为社会工作的重要领域。对社区矫正社会工作的循证实践探索整合了犯罪矫正和社会工作两个领域,可以说,既是对本土

[①] 2012年我国司法部犯罪矫正领域引入"循证矫正"的概念和方法,2013年分别于江苏省4所监狱和浙江省、陕西省、山东省、四川省各1所监狱以及司法部燕城监狱共9个监狱试点循证矫正,此后循证矫正成为犯罪矫正探索和发展的重要内容,各地监狱矫正和社区矫正都积极进行了循证矫正实践探索。

[②] 我国2003年在京、津、沪、浙、苏、鲁六省(市)试点社区矫正社会工作,上海徐汇区、南通崇川区和北京大兴区都是全国最早开展社区矫正试点,将社会工作引入社区矫正的地区,与专业社会工作院系建立了合作关系。可以说,在社区矫正社会工作实践方面有着坚实的基础。

循证矫正的尝试，也是对本土循证社会工作的尝试。从实践过程来看，上海徐汇区和南通崇川区侧重于从社会工作的角度探索本土循证矫正社区工作实践，北京大兴区侧重于检验循证矫正如何在本土社区矫正环境下开展。从实践结果看，上海徐汇区实践者发现，循证矫正社会工作对社区矫正社会工作走向科学化意义重大，但在本土实践中，循什么证，证据是什么，如何识别证据，证据的等级如何判断，证据如何评估测量等问题，都处于模模糊糊的状态。[1] 南通崇川区实践者发现，循证社会工作在本土实践存在中国特有的、复杂情境下的多重限制和张力，本土循证社会工作还需要经历一个长期的实务探索和知识积累的过程，才有可能在理论与实践上真正成熟及高度契合于本土情境，但对于现阶段的中国社会工作而言，循证实践是值得借鉴和推广的（张昱、彭少峰，2015）。北京大兴区实践者发现，在中国环境下开展循证矫正，直接使用西方循证矫正验证的有效证据会遇到麻烦，需要在本土情境中扩展循证矫正模式（郭伟和，2017）。

为什么在西方成为主流的循证社会工作，在我国实践中却面临各种阻力和困难？为什么大家在很大程度上认同循证的理念，但在具体实践中限制重重？如何探索本土循证社会工作实践？回答这些问题，依然离不开对循证社会工作的全面认识。

1.2 研究问题与意义

1.2.1 研究问题

前述研究缘起表明了循证社会工作在社会工作发展进程与本土实践中的重要性，以及人们对循证社会工作，特别是对循证社会工作证据的争论和困惑，显现出了循证社会工作的研究主题。文献回顾也表明了对循证社会工作这一主题研究的不足，为研究问题提供了方向。随着对循证社会工作了解的逐渐深入，循证社会工作证据的重要性凸显出来。证据不仅是循证社会工作的核心，还贯穿于整个循证社会工作的过程。以"证据为本"是循证社会工作所宣称的独特之处，循证社会工作的研究和服务的开展都

---

[1] 资料来自笔者参与徐汇区循证矫正社会工作案例总结、编纂和研讨会。

围绕证据展开。基于此，本书以"证据"为研究焦点，以"循证社会工作的证据是什么"为研究问题，旨在为系统理解循证社会工作提供一幅全面的证据知识地图。根据这一主旨，本书探讨了循证社会工作中关于证据的四个基本问题：

①社会工作实践为什么要循证？
②循证社会工作证据的实质是什么？
③如何生产证据及什么样的证据是循证社会工作的"最佳证据"？
④现实世界中如何应用"最佳证据"以实现社会工作"好的实践"？

1.2.2 研究意义

证据是循证社会工作的核心，循证社会工作的研究和实践都围绕证据展开。证据贯穿于循证社会工作的整个过程，还是循证社会工作区别于其他类型社会工作的重要宣称。目前有关循证社会工作证据的研究主要集中在证据获取的方法、证据等级划分、证据金字塔、"最佳证据"、证据质量、证据推荐上，大量研究者针对证据生产方法展开了研究，确定了系统评价、Meta 分析和大样本随机对照试验的研究结果属于高级别证据，位于证据金字塔最顶端，是"最佳证据"。由此，对证据等级、证据金字塔、证据质量、证据推荐给出了标准。现有这一证据判断标准也引起了极大的争论。有些研究也对证据观进行了探讨，提出了由单一证据观向多元证据观转变的证据观。有研究论及证据的转化、传播和使用。有学者对什么可以作为循证社会工作的证据，或者还有什么可以算作循证社会工作的证据提出疑问和讨论，这一疑问或讨论涉及证据的本质是什么的问题。但现有研究大多限于上述证据获取的方法及由此而来的证据等级和"最佳证据"，现有证据等级和"最佳证据"的排列标准也遭受质疑者和来自实践困难的挑战。而关于证据观、证据本质、证据转化、证据传播和证据应用的研究还处于碎片化的状态，更没有形成一幅关于证据的知识地图。证据研究的碎片化状态也使国内外研究者和实践者对循证社会工作的认识处于碎片化状态，存在争议、误解和认识不清的问题。在中国，对循证社会工作的研究还处于是什么、有什么意义、如何开展的阶段。

因此，基于探索证据知识地图的初衷，从证据的实质、证据的生产和评价、证据的应用和传播这一过程对循证社会工作的证据进行研究，系统探讨证据是什么，有什么特征，有什么属性，证据如何转向，证据库如何建立，证据如何生产，证据如何评价，如何认识"最佳证据"，证据在现实实践中如何使用，证据如何传播和实施，以此形成一幅系统的证据知识地图。基于证据知识地图推动循证社会工作的发展，特别是循证社会工作在中国的本土发展，本书具有较好的理论意义和现实意义。

本书的理论意义在于：首先，系统梳理循证社会工作证据的实质（包括证据如何转向、证据观、证据本质、证据属性、证据特征、证据库）、证据生产和证据评价、证据使用和证据传播的证据知识地图。循证社会工作围绕证据展开，如果将循证社会工作看作一个人的话，证据知识地图也就展现了循证社会工作的整体骨架。通过证据知识地图，可以对循证社会工作本身有一个全面的认识，有助于对循证社会工作研究和实践的整体把握，这是本书最重要的理论贡献。其次，循证社会工作的证据是联结理论和实践的桥梁，证据既是通过研究获得的，也要用在具体实践中。因此，研究循证社会工作的证据，既可以使循证社会工作的理论研究应用到实践中，推动社会工作实践的有效开展，也可以通过对社会工作循证实践的总结提炼，促进社会工作的理论研究，将社会工作理论与实践整合起来，推动社会工作的发展。最后，有关证据不同方面的研究，对循证社会工作的理论研究和社会工作学科发展有一定贡献。

本书的现实意义在于：一方面，本书探索出的证据知识地图有助于人们全面、正确认识循证社会工作及其证据，避免因对证据误解而阻碍循证社会工作的发展进程，一些围绕循证社会工作证据的争论也会在厘清证据知识地图后迎刃而解；另一方面，本书关于循证社会工作证据的研究成果，能够直接运用于社会工作服务过程中，为实践者开展循证社会工作提供证据基础和理论依据，让实践者在社会工作服务过程中知道该如何认识证据，有哪些证据，如何获得证据，如何筛选评价证据，如何使用证据，如何传播证据，从而提升社会工作服务质量。

1.3 概念界定

1.3.1 循证社会工作

"Evidence-Based"，其本义是"证据为本的""基于证据的""遵循证据的",早年在港澳地区被译为"实证"或"求证"。在内地,"循证"这一术语用得最多,涉及范围最广,最为大家所熟知,包括循证医学、循证矫正、循证心理治疗、循证管理、循证教育、循证公共卫生和循证社会工作等不同学科领域。"循证"一词在中国最早由原上海医科大学王吉耀(1996)教授翻译并使用。1996年她在《临床》杂志上首次将"Evidence-Based Medicine"这一术语翻译为"循证医学",引入中国医学教育。由于国际上和国内"循证医学"的迅速发展和广泛影响,很多学科沿用"循证"来讨论自己学科的发展,兴起了"循证实践"运动。社会工作领域也采用了"循证实践"这一术语,形成了"Evidence-Based Practice in Social Work"或"Evidence-Based Social Work Practice"的英文表述。这些英文表述可以译为"循证社会工作""证据为本的社会工作实践""基于证据的社会工作实践""遵循证据的社会工作实践"。其中,"证据为本的社会工作实践"这一译法在表达英语的原意方面更为贴切,"证据为本"的表述与社会工作理论研究和实践中常见的"权威为本""社区为本""需求为本"等专业表述更为类似。但是,本书最终选用"循证社会工作"这一表述,主要有以下三点考虑。

第一,"循证"已然是当前不同学科的通用译法,如循证医学、循证矫正、循证心理治疗、循证管理、循证教育等。选用"循证"这一表述,适合社会工作与其他学科进行跨学科、跨领域的联结和交流,读起来也更简洁。需要说明的是,当所引参考文献中使用"证据为本"时,本书中也将沿用"证据为本",以尽可能展现被引文献的原意。

第二,循证社会工作生成的本意之一就是填补社会工作理论与实践之间的鸿沟,循证社会工作本身就蕴含着证据理论和社会工作实践两个部分,并致力于将二者联结起来,以提供更好的服务。尽管本书主要从理论层面探讨,但是使用"社会工作循证实践"或"循证社会工作理论"都不能完全展示这一初衷。从字面表述上看,使用"社会工作循证实践"有重实践隐藏理论之嫌,反之,使用"循证社会工作理论"则有重理论轻实践之嫌,而"循证社会工作"这一表述则可以融合循证理论和社会工作实践。

第三,尽管社会工作专业助人宗旨的实现以实践为前提,但社会工作也因注重实践而被批评为缺乏理论,例如,在学科地位上被认定为"应用社会学"而不是"社会工作学",在一些社会人士看来,社会工作就是"搞搞活动",作为一个专业,社会工作缺少理论支撑,处于弱势地位。事实上，近些年来，社会工作重视实践的同时，也越来越注重理论建设，呈现多元发展的趋势，基于证据开展实践的循证社会工作就是其中一种。为此，作者希望通过"循证社会工作"的论述来继续发展社会工作的理论并付诸实践，同时也希望更多人致力于社会工作理论与实践的研究和推广。

对循证社会工作的理解不同，倡导循证社会工作的角度不同，从而对循证社会工作的概念有不同的界说。循证社会工作的概念界定具有以下特点和界说。

第一，循证社会工作的概念没有统一的界定。由于对循证社会工作倡导的角度不同，因此形成了不同的概念界说，且不同的概念界说又各自具有侧重点，但David Sackett等人于1996年和2000年提出的循证医学的定义[①]为各循证社会科学领域广为接受，学者们在界定循证社会工作时也常常沿用David Sackett等人的定义。比较有代表性的如下所示。

Gambrill（1999）借用循证医学的概念，提出"证据为本"的实践是在助人专业中替代"权威为本"实践的一种选择，是慎重、准确、明智地使用当前最好的证据为个人在照顾方面做出决策，将个人实践专业知识与系统研究中最好的外部证据相结合，并考虑案主的价值观和期望。Gibbs和Gambrill（2002）在反驳循证社会工作反对者时认为，循证社会工作是慎重、准确、明智地使用当前最好的证据来做出有关服务对象关怀的决策。Sheldon（1998）提出以证据为本的社会工作是慎重、准确、明智地利用当前最好的证据，就案主的福利做出决策。Thyer（2002）致力于澄清对循证社会工作的误解和歪曲，陈述循证社会工作的真正内涵，其认为循证社会工作的与众不同，在于决策在提供何种服务时关注研究证据、案主的偏好和价值、社会情境、职业道德、实践者的技能和现有的资源。Rubin和Bellamy（2012：7）将循证社会工作定义为一个制定实践决策的过程，在这个过程中，实践者将现有研究证据、专业实践经验、案主的需求、价值偏好和环

[①] 1996年，David Sackett等人在 British Medical Journal（BMJ）发表论文"Evidence Based Medicine: What It Is and What It Isn't"，定义循证医学是"慎重、准确、明智地应用所能获得的最好研究证据来确定个体患者的治疗措施"（Sackett et al., 1996: 71-72）。2000年，David Sackett等人对循证医学进行了扩展，将其定义为："慎重、准确和明智地应用当前所能获得的最好的研究证据，同时结合医生的个人专业技能和临床经验，考虑病人的价值和意愿，将三者进行整合，制定出治疗措施。"（Sackett et al., 2000: 4）

境结合起来。Soydan 和 Palinkas（2014：12、133）认为循证社会工作是一种专业的思维模式或专业的实践文化。他们忠于 Sackett 等人对循证实践的最初定义，但强调了循证社会工作中发展的新专业文化，即认为循证社会工作是慎重、准确、明智地应用所能获得的最好研究证据来确定服务对象的服务措施，在这个过程中，循证实践过程的设计是为了支持不完美世界中的专业实践活动，以改变真实生活环境。Drisko 和 Grady（2015）认为，循证社会工作是一个综合决策过程，旨在促进案主的改变，提升社会工作实践的有效性。2008 年出版的《社会工作百科全书》（第 20 版）收录了"循证实践"，将社会工作的循证实践界定为一种教育和实践范式，旨在帮助实践者和管理者识别、选择、执行对案主有效的干预（Mizrahi & Davis, 2008：158）。

何雪松（2004）在国内最早论述证据为本的社会工作实践及其对中国社会工作发展的启示，将证据为本的社会工作实践定义为基于科学研究证据的最佳实践的一整套基本理念和操作架构。杨文登（2014）认为循证社会工作是社会工作领域将研究者的研究证据、社会工作者的专业技能、案主的独特性三者有效整合起来的一种实践模式。拜争刚等（2017a）、童峰等（2016）致力于循证社会工作的方法和研究成果的转化，认为循证社会工作是受循证实践思想影响而产生的一种新的社会工作理念，其本质为循证实践。

第二，循证社会工作的概念界定并不是固定不变的，而是随着对循证社会工作的深入理解不断变化发展着的，循证社会工作的概念界定的内涵越来越丰富。从上面不同循证社会工作概念界定来看，社会工作基于证据实践的目的是将研究与实践结合起来，以便更好地为服务对象提供服务。随着循证社会工作的不断发展和人们对其认识不断深入，职业道德、社会情境、教育、文化等因素逐渐被纳入了循证社会工作中。

第三，将循证社会工作逐渐从循证医学中区分出来，开始注重社会工作学科特色的概念界定。1999 年，Gambrill（1999）发表《循证实践：一种替代权威为本的实践》一文，首次将循证实践引入社会工作领域，强调知识在实践中的科学、有效应用要以"证据为本"，开启了对循证社会工作的探索和研究。但是，她并未给出非常清晰的循证社会工作的定义，而是基本套用了循证医学的概念。后来一些学者也对循证社会工作从不同角度进行了论述，但大多依旧没有跳出循证医学实践的范围。学者们逐渐意识到这一问题，也意识到社会工作的特殊性，开始修正循证社会工作的概念，自觉地将其与循证医学区别开。由此，出现了强调社会工作特色的循证社会工作概念，如上述 Bruce Thyer、Allen Rubin、Haluk Soydan 等人对循证社会工作的界定。

循证社会工作的内涵越来越丰富，但是，循证社会工作到底是什么，是决策，是实践模式，是实践范式，是服务措施，还是方法，抑或是过程？答案依然没有明确。上述循证社会工作概念的不同界说，从不同层面和角度为我们提供了认识和研究循证社会工作的视角和思路。不同界说所关注的重点不同，也引起了人们对循证社会工作的不同理解和争议，进而给循证社会工作的研究和实践带来困难。

结合上述学者们的观点和本书基于证据研究的出发点，本书将循证社会工作界定为证据生产和证据应用的决策过程，在这个决策过程中，实践者基于案主的问题，将现有最佳研究证据、专业实践经验、案主特征和意愿、环境因素整合起来，应用科学方法，开展社会工作服务。

1.3.2 证据

一般而言，提及证据一词，人们首先想到的是其作为法律术语的意涵，会联想到案件、纠纷、判决、法庭、人证、物证等法律事务中的问题。证据是法学中的一个基本概念。证据在哲学中也是一个重要的基本概念，有助于忠实的哲学思考。人们在日常生活中也经常使用证据一词。在这些学科和日常生活的话语中，证据经常被界定为事实或判定事实的依据。[①]

证据既是法学的一个法律术语，又是哲学研究的基本概念，还是日常生活中常用的词语。循证社会工作的出现及其相关的循证实践运动的迅速发展，又使证据归属于社会科学范畴。

在初始时期，各循证社会科学对证据的认识都借鉴于循证医学，将经验证有效的研究结果当作证据。随着各循证社会科学的发展，各循证社会科学对证据的认识出现了不同，不同学科的证据具有了各自的学科特性。其中，循证医学的研究证据逐渐包括准确的诊断性临床试验研究、预后指

---

① 为何将证据宽泛界定为判定事实的依据，详见第 2 章关于证据的文献述评。

标的强度研究，以及治疗、康复、预防措施的有效性和安全性研究；循证矫正的研究证据逐渐具体化为经审评确定的矫正项目，矫正项目可以是有效的、无效的和有希望的，有效的矫正项目用来推广使用，无效的矫正项目放弃，有希望的矫正项目改进后再审核；循证心理治疗的证据扩展为包括在实验室情境中获得的与诊断、治疗、评估等相关的研究结论，在心理学及相关学科基础研究中获得的与临床相关的结论等，并且明确提出了证据不仅限于研究证据的结论，证据的来源和类型是多样化、多层次的；循证社会工作的证据虽然还以遵循循证医学早期的研究证据为主，但也在使用证据的时候将案主的需求、环境情况、最佳研究证据、案主价值和偏好、工作者经验整合起来考虑。①

根据文献综述中对日常生活、法学、哲学、循证医学、循证社会科学中证据的比较分析，可以将证据宽泛概括为：证据是事实依据。这一宽泛概括是对证据本质的普遍界定，不同学科的证据在普遍意义上都符合证据是事实依据的宽泛界定，同时还应有区别于其他学科的特殊意义的证据内在的规定性。循证社会工作证据属性和特征限定了循证社会工作证据的范围，也将循证社会工作的证据与其他证据区分开来。但对循证社会工作证据属性的认定同样属于宽泛的认定，这就意味着在现实实践中，还需要根据具体情境在这一限定的范围内做出选择。

循证社会工作是为了实现好的社会工作，实践者基于案主的问题，整合现有最佳研究证据、专业实践经验、案主特征和意愿、环境因素，进行的证据生产和证据应用的决策过程。本书对循证社会工作的概念界定，简单来说，就是循证社会工作是一个整合不同因素的有目的的决策过程。如何做决策，也就是如何做选择的问题，决策建立在选择的基础上，做决策就是在一定的条件下做选择。实现良好的社会工作，这一目标决定了选择的最终结果。而将各类不同因素进行整合，以此生产和应用证据的相关规定，则明确了做选择所依托的理念、面临的条件、涉及的要素、执行的过程以及内在的机制。

结合证据本质的普遍认定、循证社会工作证据的属性和特征、循证社会工作的概念三方面，本书认为循证社会工作的证据是拟处理待证事实主

---

① 上述各学科中对证据的认定，详见第 2 章关于证据的文献述评。

体以本质关联性原则在既有事实中进行的选择。其中包含了四层意思,分别是:基于本质关联性原则进行的选择、在既有事实中进行的选择、处理事实的主体进行的选择、选择的内容要可以证明待证事实。

1.4 研究方法

1.4.1 文献研究法

研究类型和研究方式的不同决定了研究方法的选取。本书以循证社会工作的证据及循证社会工作本身为研究对象,属于理论层面的问题,故而在研究方法上选择文献研究法(Documentary Research)。文献研究法是一种通过收集和分析现存的以文字、数字、符号、画面等信息形式出现的文献资料,来探讨和分析各种社会行为、社会关系及其他社会现象的研究方式(风笑天,2009)。文献研究法所要解决的主要是如何在浩如烟海的文献资料中选取适用于研究问题的资料,并对这些资料做出恰当分析,归纳出有关问题。所以,作为一种研究方式,文献研究法既包括资料的收集方法,也包括对这些资料的分析方法(袁方,2013)。

文献研究法最大的优点就是可以超越时间和空间的限制,通过古今中外文献进行研究分析。此外,文献研究法还有相对客观、无反应性、资料获取成本低的优点。当然,文献研究法也存在缺点,如文献价值判断难、研究者主观倾向性强、文献获取受限、文献保存分散且具有片面性等。本书以循证社会工作和证据,以及二者相关的文献为研究对象,在文献研究法优缺点同样显著的情况下,如何获取文献、获取哪些文献、选用哪些文献作为本书的支撑就显得尤为重要。

1.4.2 文献收集过程

文献收集是一个漫长而持续的过程。本书的文献收集过程包括确立研究问题和研究目的,收集文献,筛选、整理和补充文献等方面。

(1) 确立研究问题和研究目的

研究问题和研究目的对于文献研究过程而言,起到一个总纲的作用。本书的研究问题是循证社会工作的证据是什么,以证据为核心,研究目的是厘清有关证据的四个基本问题：社会工作实践为什么要循证、循证社会工作证据的实质（是什么）、证据如何获取和评价（证据生产）、证据在现实实践中如何用（证据应用）。基于上述研究问题和研究目的，需要收集三类文献。

第一，循证社会工作和社会工作的文献。作为循证社会工作的证据，要研究关于证据的四个基本问题，离不开循证社会工作，循证社会工作是循证社会工作证据的基础。循证社会工作是社会工作模式中的一种，在社会工作历史发展脉络中，循证社会工作何以可能，何以可为？要回答这个问题，还必须将循证社会工作放在社会工作的发展脉络中。因此，研究循证社会工作的证据，必须收集循证社会工作和社会工作的文献。

第二，法学和哲学证据文献。证据是法学和哲学重要的基本概念，对法学研究和哲学研究具有重要意义。相较于法学和哲学中的证据，循证社会工作中的证据，属于新生事物，理应有着社会工作特性。循证社会工作的证据有什么独特之处，又与传统学科中的法学证据、哲学证据有何异同？法学证据和哲学证据对循证社会工作的证据有何启示意义？要厘清这几个问题，需要收集法学和哲学的相关证据文献。

第三，循证医学、循证社会科学的证据文献。20世纪90年代，兴起了循证实践运动，涉及医学、心理学、犯罪学、管理学、社会工作等不同学科。其中，循证医学以其独特的优势迅速崛起，又推动了循证实践运动，确立了循证实践的理念和操作框架，成为其他学科借鉴学习的榜样。其他学科在遵循循证医学最初确立的实践理念和操作框架的同时，也对循证实践最初的理念和操作框架进行着拓展和创新。随着循证实践的不断发展，不同学科的循证实践开始注重本学科特征的发展，各学科中的证据也呈现了各自的学科特色。不同循证科学中的证据有何异同，有何关系？要回答这个问题，则需要搜寻循证医学、循证矫正、循证心理矫治等学科的证据文献。

总体而言，在文献收集过程中，需要收集社会工作、法学与哲学、循证医学、循证社会工作以及其他循证社会学科中的证据文献。

（2）收集文献

文献收集的途径包括查阅实体文献（如图书馆、书店等），搜索数据库

（包括国内外各类学术数据库、Cochrane/Campbell/CCET等致力于提供证据的协作网和证据转化平台数据库、国内外政府门户网站、社会工作教育协会、社会工作协会等能够获得社会工作相关文献的网站数据库）等非面对面的途径，这种非面对面的途径主要使用百度和谷歌进行搜索。除了上述两种文献收集途径外，参加研究主题相关的会议、讲座、课堂学习，与相关学者面对面交流等方式也是笔者收集文献的途径。文献的种类包括与社会工作、循证社会工作、证据相关的学术论文、专著、译著、报刊、会议报告、指南、笔者记录的笔记等各类纸质和电子文献。文献的具体内容有社会工作、循证社会工作历史方面的文献，包括国内外社会工作历史脉络、循证社会工作历史脉络的各类文献；循证社会科学相关的文献，包括循证医学、循证矫正、循证心理治疗、循证公共卫生等不同循证学科的各类文献；证据的文献，包括法学证据、哲学证据、循证社会科学证据等论述证据内涵、证据属性、证据特征、证据获取和证据使用等方面的各类文献；社会工作理论和实践相关的各类文献；等等。

（3）筛选、整理和补充文献

文献收集是一个长期的、持续性的过程。文献收集不仅要收集文献，还要对所获得的文献进行筛选、整理，在文献筛选和整理的过程中会发现新的文献进行文献补充。文献筛选主要采用摘要精读和文章粗读的方式，文献采用Endnote 8软件进行管理、分类、备注。

补充文献是文献收集过程中特别重要的环节，是一个持续性的工作过程。补充文献的目的主要有两个方面。一方面是对新问题的文献补充。在前期文献阅读和使用的过程中，会发现与循证社会工作和证据有关的新领域和新问题，要明白这些新领域和新问题，就需要收集新文献。另一方面是对同一问题不同学者的文献补充。通过已有文献中的参考文献，可以获得一些关于某一特定问题的不同学者的文献，通过文献中的参考文献获取新的文献，也是文献收集的重要方式，特别是通过权威学者的文献获取其他学者的文献是非常必要的，而且这种方式在一定程度上可以解决文献研究法中文献可信度不高的问题。

文献补充的方式也可以分为两种：一种是通过阅读文献补充文献；另一种是通过会议、讲座、课堂学习、交流等面对面的方式获悉相关研究的问题和领域，再针对具体的问题和领域收集文献。

1.4.3 文献分析方法

本书对文献的分析主要采用历史分析法、比较分析法和过程分析法。

（1）历史分析法

本书对于循证社会工作证据研究的基本思路是将其纳入循证社会工作发展脉络和社会工作历史脉络中进行考察。证据的证明方式、证据的认识论基础、证据观、证据类型都随着循证社会工作发展阶段的不同而有所不同。具体而言，随着社会工作的发展，证据的证明方式经历了"宗教证据—慈善证据—科学证据"的进化。随着循证社会工作的发展，证据的认识论基础逐渐从实证主义转向整合实证主义和人文主义，证据观从单一证据观转向多重证据观，证据类型也由最初的狭隘研究证据扩展到广义研究证据。

（2）比较分析法

比较分析法在本书中分为横向比较和纵向比较。横向比较涉及两个方面：一方面是传统学科（法学、哲学）的证据与循证社会工作的证据之间的比较，通过横向比较，分析传统学科证据与循证社会工作证据的异同，为研究循证社会工作的证据提供一些视角和思路；另一方面是同属于循证实践运动中的循证医学、循证矫正、循证心理矫治等与循证社会工作的比较，通过它们之间的比较，研究循证社会工作证据的学科特性。纵向比较主要是循证社会工作不同发展阶段证据的比较，通过纵向比较发现循证社会工作证据的动态转向，为循证社会工作证据生产和证据使用的研究提供视角和思路。

（3）过程分析法

过程分析法主要指的是从循证社会工作实践的过程分析证据。根据循证社会工作的实践过程，将循证社会工作的过程分为证据生产和证据应用两个阶段。证据生产阶段的主要任务是生产证据、评价证据，以确定最佳证据。证据应用阶段的主要任务是在现实世界中使用"最佳证据"，对实践结果（新证据）进行效果评估后传播和实施。循证社会工作的证据贯穿于整个循证社会工作的过程当中，形成了证据生产（研究）—证据应用（实践)—证据扩散(传播和实施)—新证据生产(再研究)—证据应用(再实践)—证据扩散(传播和实施)的螺旋式上升的过程。这个过程是证据不断累积的过程,是将研究和实践相结合的过程,是促进循证社会工作不断发展和完善的过程。

1.4.4 文献研究法的伦理反思

文献研究法有着突出的优缺点。文献研究法的不足带来研究的困难,也引发笔者关于文献研究法的一些伦理反思。根据本书文献使用中遇到的困惑,主要从以下三个方面详细介绍。

(1)文献的获取和引用方面

使用文献研究法开展研究,收集并筛选高质量的文献是基础。文献具有跨越时空限制的巨大优点,但同时存在的问题是文献数量繁多、种类分散、质量参差不齐,文献的保存存在片面性。笔者对中文文献比较熟悉,期刊文献可以通过引用频次、发文作者、发文机构、下载频次等筛选,公开的报告等可以通过相关部门或机构的官方网站寻找,其他一些资料可以通过书籍、网站获得。但是,在英文文献的筛选方面就比较困难,主要体现在两个方面。

一是获取高质量文献方面。由于循证社会工作最早兴起并发展于西方国家,与循证社会工作相关的英文文献数量较多,在众多文献中筛选与本书高度相关且质量较高的文献,容易受到研究者学术视野和主观倾向的限制。一般而言,研究者主要通过著名学者的文献及其文献中的参考文献、主要期刊、著作、电子数据库来筛选。本书中笔者也遵循了这样的方式筛选文献,通过筛选循证社会工作领域中著名学者(包括里士满、Joel Fischer、Abraham Flexner、Eileen Gambrill、Bruce Thyer、Allen Rubin、Sarah Webb、Roberts、Mullen、Gordon Guyatt、David Sackett、Archie Cochrane、Haluk Soydan、Enola Proctor 等)的文献及他们文献中的参考文献、主要期刊(包括《循证社会工作杂志》《社会工作》《社会工作实践研究》《循证社会工作实践》《临床社会工作》等)、著作和电子数据库(包括 EBSCO、Web of Science、ProQuest 等)来筛选和补充文献。不仅如此,笔者还有幸得到 Allen Rubin、Bruce Thyer、Enola Proctor 等国外教授的帮助,他们为笔者推荐了一些文章、著作和网站资源,帮助笔者对循证社会工作有更多的认识。尽管如此,在本书筛选和使用文献时,仍出现了对证据传播和实施相关的实施科学文献的遗漏。这是因为,笔者在前期收集文献时没有收集实施科学的文献,对实施科学也没有给予足够的重视,在参加完一次社会工作高级研究方法培训班,学习了 Enola Proctor 教授的课堂教学内容后,才了解到实施科学是证据传播和实施的重要内容,是当前循证社会工作的最新研究领域。后期补充实施科学的文献时发现,事实上,关于证据传播和实施的实施科学的内容在 Bruce Thyer、Kristine Florczak、Haluk Soydan 等人的文章中就出现过。这就说明笔者在收集和筛选文献时,容易受到自身学术视野和主观倾向的限制。

二是文献中英文表述的差异方面。由于存在中英文表述的差异,在阅读和理解文献内容方面难免会存在一些偏差。比如,笔者在研究中存在英文文献作者署名、著作名称、文献标题要不要翻译成中文的困惑。笔者顾虑于翻译后可能出现与他人翻译不同而产生混乱或误解的情况。因为在收集文献时,常会遇到这样的情况:一些英文著作的书名在中文文献中会出现翻译上的差异,如美国学者 Specht 和 Courtney(1994)的著作 *Unfaithful Angels*:*How Social Work Has Abandoned Its Mission*,中文名有《堕落的天使:社会工作如何抛弃了自己的使命》和《没有信仰的天使:社会工作如何放弃了其使命》的不同翻译,再比如 Fischer(1973)的"Is Casework Effective? A Review"一文,有《个案工作有效吗?》《个案工作有效吗:一个研究述评》《社会工作是否有效:一个文献评论》等不同的中文名称;有些文章署名相同,但仔细辨析后会发现并不是同一作者的文章;有些文献单从名字上无法确认作者的性别,所以在引用时常不知道该用"他"还是"她"指称该作者。本书中,笔者将著作名称和文献标题进行了翻译,作者署名则沿用英文名称。

(2)对文献背景的理解

在阅读一部重要的学术著作时,通常需要首先了解作者本人的生平、思想状况,以及著作写作过程的情况。而期刊论文中很少涉及这些内容,会给读者理解文献内容带来一些困惑,从而影响对文献的准确理解。

比如,在有关循证医学及其他循证社会科学的文献中,对于 Archie

Cochrane 的介绍局限于他提倡使用随机对照试验提升医疗保健的有效性的著作《疗效与效益：健康服务中的随机对照试验》，有些文献基于此提出 Archie Cochrane 是循证理念的创始人。循证医学的创始人 Sackett 等人在什么基础上提出了循证医学？为什么通过系统评价和随机对照试验获得的证据为最高级别的证据？循证医学为何采用现在的这些方法获取并评价证据？循证医学为何是一种提升有效性的服务或政策决策？这些问题与 Archie Cochrane 又有什么关系？很多人可能知道 Cochrane 协作网是提供"最佳证据"的网站，却不清楚 Cochrane 协作网为何以 Archie Cochrane 的姓氏命名。

Archie Cochrane 是流行病学家、内科医生，生于英国，出生时患病，一生中伴随着健康问题，二战期间参战，任战俘营的医疗官，营地经历使他相信大部分药物没有足够的证据来证明其使用的合理性和有效性。因此，他在职业生涯中一直在敦促医学界采用科学有效的方法，以提升证据使用的合理性和有效性。由此他致力于随机对照试验（RCT）、系统评价（SR）、Meta 分析（MA）、队列研究（CS）等研究方法的研究和推广。[①] 这不仅与 Archie Cochrane 的生平经历和职业生涯有关，还与他作为流行病学家和内科医生的职业身份有关。流行病学以生物科学、统计学、行为科学、卫生经济学为主要研究对象，属于联结研究和临床实践的桥梁科学。因此，在学科特性上，采用随机对照试验、系统评价、Meta 分析则更具亲缘性，临床流行病学的基本理论和临床研究方法成为实践循证医学的学术基础（王家良，2001）。循证医学的几位创始人 David Sackett、Gordon Guyatt、David Eddy 都是流行病学家、内科医生。

1972 年，Cochrane（1972）出版了《疗效与效益：健康服务中的随机对照试验》，首次讨论了健康服务中如何才能做到既有疗效，又有效益。他认为由于资源终将有限，应该使用已被证明的、有明显效果的医疗保健措施。使用随机对照试验很重要，因为随机对照试验证据比其他证据更可靠。Archie Cochrane 在 20 世纪 70 年代末提出，应按照人类共同关心的大病种、大疗法收集全世界范围内质量可靠的 RCT，进行综合分析评价，并不断积累更新，以便后期评价这些大病种、大疗法是否真的有效（张鸣明、李幼平，2001）。他的想法得到很多医生的认可，吸引了越来越多的学者参与

---

① Cochrane 生平介绍主要摘自维基百科（https://www.wikipedia.org/）。

研究。

1992年，英国牛津成立了以已故Archie Cochrane博士姓氏命名的英国Cochrane中心。1993年，英国牛津正式成立了国际Cochrane协作网（Cochrane Collaboration，CC），其目的是制作、保存、传播和更新医学各领域的系统评价，为循证医学实践提供"最佳证据"。1992～1997年，Cochrane协作网的主要任务是收集、整理研究依据，建立资料库——Cochrane图书馆（the Cochrane Library，CL）。从1998年起，其更加深入地进行方法学研究，以提高研究依据的质量，将研究依据应用于临床试验及医疗决策，促使循证医学变为现实（李幼平、刘鸣，2000）。迄今为止，Cochrane协作网包括来自世界各地130多个国家的1.1万名注册会员和6.8万名支持者，包括研究人员、卫生专业人员、患者、护理人员，以及热衷于改善各地每个人健康状况的人士，他们收集和总结研究中最好的证据，在Cochrane图书馆发表有超过7500篇Cochrane系统评论，这些系统评论被翻译成14种语言供免费使用。[1]

沿袭Archie Cochrane的循证理念，1990年，《美国医学会杂志》（*The Journal of the American Medical Association*，JAMA）开辟了"临床决策——从理论到实践"专栏，邀请全球著名流行病学家David Eddy撰写临床决策系列文章进行讨论。同年，Guyatt等（1990）将经严格评价后的文献知识用于帮助住院医生做出临床决策，用EBM描述区别于传统临床决策方法的新模式的特点。1992年，Guyatt等（1992）在《美国医学会杂志》上发表《循证医学：一种新的医学实践教学方法》，正式提出"循证医学"概念，标志着循证医学的正式诞生（李幼平，2016）。1996年，Sackett等（1996）发表《循证医学：是什么，不是什么》，明确对循证医学进行了概念界定和论述。2000年，Sackett等（2000）对循证医学概念进行了扩展。由此，循证医学兴起，逐渐形成了系统的医学领域的循证理念和实践操作框架，并持续完善和发展。在2014年的第22届Cochrane年会上，Gordon Guyatt进一步完善了循证医学的定义："临床实践需结合临床医生个人经验、患者意愿和来自系统评价和合成的研究证据。"（李幼平，2016）

Archie Cochrane对随机对照试验的倡导最终促成了Cochrane图书馆系统评价数据库的建立、牛津Cochrane协作网的建立，极大程度促成了循证医

---

[1] "The Cochrane Collaboration." https://www.cochrane.org/.

学研究和实践的兴起。由于Archie Cochrane这一先驱性的贡献，Cochrane已成为循证医学的同义词（张鸣明、刘鸣，1998）。

如果详细了解了Archie Cochrane的生平和他推动循证医学的过程，那么，很多关于循证医学的误解就不会出现，上述关于循证医学的问题也就会迎刃而解，人们对循证医学发展到现在的状态也更能理解。对于文献的阅读者而言，作者所表达的观点和使用的一些措辞就更容易准确把握。同时，可以帮助读者对循证医学有一个整体性的认识，而不是处于碎片化的认识中，这有助于读者开展相关研究。如在进行循证医学和循证社会工作的比较研究时，则可以更好地理解循证医学与循证社会工作的不同，以循证医学为参照样本时，可以结合社会工作的特性进行改编和创新，总结循证社会工作的实践模式。

循证社会工作亦是如此。人们在论及"证据为本"的社会工作实践时更多使用"Gambrill将循证医学引入社会工作领域""证据为本替代权威为本"等介绍循证社会工作，却较少关注Gambrill在提出证据为本的社会工作实践之前一直重视的社会工作知识与实践的关系，而知识和实践关系背后是对社会工作实践科学性、有效性和专业性的诉求。再往前追溯，社会工作实践科学性、有效性和专业性的诉求是Abraham Flexner、Marry Richmond、Joel Fischer、Bruce Thyer、Allen Rubin等众多社会工作学者一生的追求，也是社会工作专业百年发展中一直追求的。

这些文献的背景性内容对我们理解循证社会工作，以及探寻社会工作可发展的空间，促进社会工作的发展具有非常重要的意义。对于社会工作的研究，我们所参考和使用的文献绝大多数来自学术期刊，以此保证研究的科学性和严谨性，然而，文献背景性内容很少出现在学术期刊中，即使出现，也是简单地介绍，散落于不同的文献中。

那么，要不要去寻找关于重要人物的生平介绍和写作过程？要不要将背景性内容呈现在文章中？笔者寻找了关键人物的生平和里程碑事件的详细过程，但没有完全呈现在本书中，而是作为笔者对人物、事件、文献内容理解的补充。

(3) 非公开文献的使用

文献不仅仅是已发表的期刊文献、著作、报告，还包括一些网站上的信息和通过面对面方式获取的笔记、记录、讲座内容等，这些未公开发表的文献如何使用，涉及学术引用伦理。本书中笔者尽可能地引用公开发表的文献内容，网站内容和笔记等作为辅助理解研究主题的内容，较少呈现在书中，呈现在书中的，都通过注释的方式进行说明。

1.5 研究思路与分析框架

本书以循证社会工作的证据为研究焦点，围绕循证社会工作的证据展开。研究思路沿着以下步骤展开。

1.5.1 确定研究主题和研究问题

研究主题基于循证社会工作回应社会工作实践的有效性、社会工作的专业化、社会工作理论与实践脱离三个社会工作面临的主要问题和循证社会工作本土实践面临的困境而提出。将研究主题确定为循证社会工作后，就需要确定具体的研究问题。研究问题主要通过对研究主题的感性认识和文献综述两方面来确定。笔者在接触循证社会工作时，对循证社会工作的感性认识就聚焦于证据，在此基础上，笔者从证据和循证社会工作两个方面进行文献综述，通过文献综述发现，循证社会工作的证据与以往人们常说的证据有所不同，证据是循证社会工作的核心，贯穿于整个循证社会工作的过程。以证据为本是循证社会工作所宣称的独特之处，循证社会工作的研究和服务都围绕证据展开。关于循证社会工作的问题都可以聚焦到一个问题：循证社会工作的证据是什么？基于此，以"证据"为研究焦点，以"循证社会工作的证据是什么？"为研究问题，笔者试图为系统理解循证社会工作提供一幅全面的证据知识地图。根据这一主旨，本书探讨了循证社会工作证据的四个基本问题：社会工作实践为什么要循证？循证社会工作中证据的实质是什么？如何生产证据及什么样的证据是循证社会工作的"最佳证据"？现实世界中如何使用"最佳证据"以实现社会工作"好的实践"？

1.5.2 根据研究问题规划全书结构

本书的研究问题简单来说就是：为什么要循证？证据是什么？证据如

何生产？证据如何应用？这四个问题是环环相扣、逐渐递进的。因为循证社会工作的证据与一般意义上的证据不同，要研究清楚证据是什么，首先要厘清循证社会工作出现与兴起的历史背景、循证社会工作的基本内容、循证社会工作的演变发展、循证社会工作的争议及其国内外发展现状。只有厘清了循证社会工作的这些具体内容，才可以对循证社会工作的实质是什么有一个准确的把握。明确了循证社会工作的实质是什么，才可以知道循证社会工作的证据如何生产和评价。生产和评价循证社会工作的证据不是为了研究证据而研究证据，而是为了使用证据才研究证据，因此，明确了证据的生产和评价机制后，还需要知道循证社会工作的证据如何在现实生活世界中应用。此外，笔者内心深知循证社会工作对当下中国社会工作的意义，探讨中国循证社会工作的本土发展是笔者应尽的职责，这不仅需要借鉴学习西方循证社会工作的有益成果，而且需要从中国政治、文化、实践脉络探寻适合中国本土的循证社会工作知识体系和实践模式。在全球化时代，还应将中国本土循证社会工作知识概念化为可跨时空、跨文化、跨结构等边界的一般的理论知识。基于此，笔者还尝试讨论循证社会工作在中国本土如何发展的问题。

1.5.3 回归对循证社会工作的讨论

研究循证社会工作的证据，试图提供证据知识地图，最终的目的还在于促进人们全面、正确地认识循证社会工作，推动循证社会工作的研究和实践，特别是推动循证社会工作在中国本土的研究和实践。因此，笔者围绕循证社会工作反对者最具挑战性的两个问题——循证社会工作源自循证医学、循证社会工作会使社会工作从一个权威走向另一个权威，进行了讨论性论述。另外，笔者在研究循证社会工作证据的过程中，也发现了循证社会工作在整个社会工作发展过程中处在专业化与去专业化争论发展阶段，循证社会工作批评权威为本社会工作的同时，也受到了其他取向社会工作的批判。基于此，笔者尝试讨论循证社会工作在社会工作专业化和去专业化进程中的际遇和未来的方向。

基于上述研究思路，本书分为七章进行研究，分析框架如图1.1所示。第1章为导论，主要介绍了循证社会工作在回应社会工作有效性、专业化、理论与实践关系断裂中的重要作用和循证社会工作本土实践困境；确定了

```
                    研究缘起
        （有效性、专业化、理论与实践断裂、本土实践困境）
                          │
不同语义和不同学科的证据研究 ── 循证社会工作之证据研究 ── 循证社会工作基本内容
      （证据的异同）                                    （问题1：为什么要循证？）
                          │
              循证社会工作证据的实质
              （问题2：循证社会工作的证据是什么？）
                          │
              循证社会工作证据的生产
        （问题3：如何生产证据及什么样的证据是循证社会工作的"最佳证据"？）
                          │
              循证社会工作证据的应用
        （问题4：现实世界中如何使用"最佳证据"以实现社会工作"好的实践"？）
                          │
              中国循证社会工作本土化发展
                          │
              结论、讨论、不足、展望
```

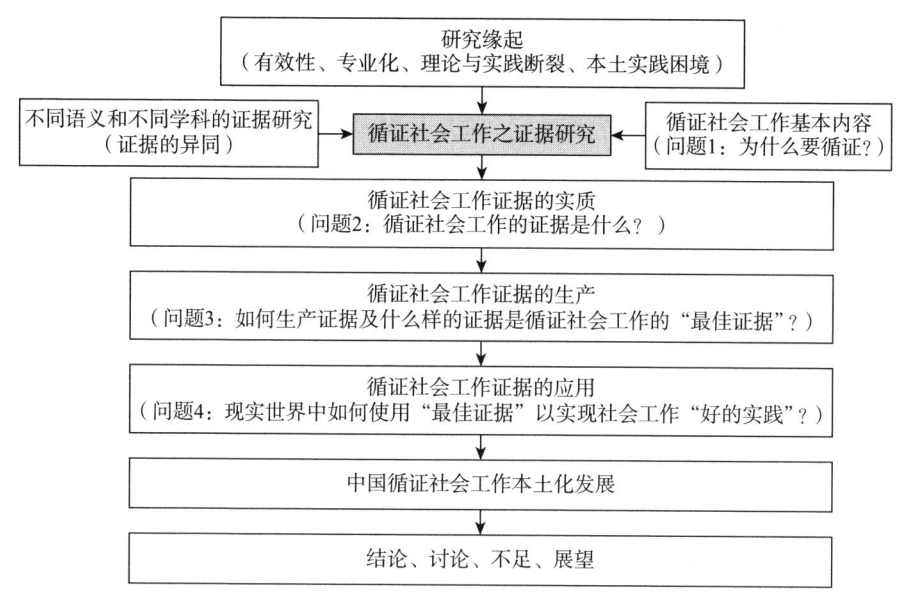

图 1.1　分析框架

研究问题，选取了研究方法，并对核心概念进行了界定。第 2 章为文献综述，包括证据的相关研究、循证社会工作的相关研究及文献述评。通过文献综述对不同学科的证据进行了比较分析，对循证社会工作发展和研究现状进行了梳理，为循证社会工作证据研究奠定基础，同时回答社会工作为什么要循证的问题。第 3 章主要论述循证社会工作证据的实质，从证据证明方法的进化、证据认识论转向、证据观、证据本质、证据属性、证据特征、证据分类和证据体系等方面，回答循证社会工作证据的实质是什么的问题。第 4 章主要论述证据的生产，从证据生产的方法、证据的评价标准、"最佳证据"的判定等方面，回答了如何生产证据及什么样的证据是循证社会工作的"最佳证据"的问题。第 5 章主要讨论证据的应用，从现实生活世界中证据应用的处境、各要素关系建构和证据应用能力建设方面探讨了如何在现实情境中使用证据，从实践路线、概念模型和实施策略三方面探讨了证据的传播和实施。对证据应用和传播的探讨，回答了现实世界中如何使用证据以实现社会工作"好的实践"的问题。第 6 章主要讨论中国循证社会工作的本土化发展，从本土实践探索、西方启示和本土知识体系建构方面探讨中国循证社会工作的本土化发展。第 7 章为结论与讨论。结论部分重申了前面章节重点要回答的四个问题，即本书的研究问题。讨论部分着重探讨了循证社会工作的发展问题,尽管三个问题都聚焦于循证社会工作,但三个问题都与证据有着内在关联性,都离不开证据,对三个问题的讨论都建立在对证据的研究基础之上。最后是该研究的不足以及对该研究未来继续研究的展望。

第 2 章 文献综述

本书以循证社会工作为研究主题，以循证社会工作的证据是什么为研究问题。据此，本书将从证据和循证社会工作两个方面的相关研究做文献梳理。一方面，证据在日常生活中和一些传统学科中都是常见的词语，通过对证据的文献梳理，比较分析证据在不同学科的内涵、属性和特征；另一方面，研究循证社会工作的证据，离不开对循证社会工作的系统梳理。通过对循证社会工作的文献梳理，不仅可以为研究循证社会工作的证据奠定基础，探寻循证社会工作证据可能的研究空间，还可以回答"社会工作实践为什么要循证"这一问题。

2.1 证据的相关研究

古今中外，"证据"或"evidence"都是很常用的词语。有学者在研究证据概念的时候说过这样一句话，"在对中外学者对证据的研究学术成果的阅读过程中，经常是疑惑丛生，产生这样一种阅读状态——你不说我还知道，你说了我就被搞糊涂了"（张斌，2013）。笔者在阅读关于证据的文献时，也常常有这样的状态，提及证据好像知道它是什么，有什么用途，但是当要具体界定证据是什么的时候，又不知道该如何界定证据这一概念，证据概念是模糊的，是无法清晰界定的。一方面，这反映了笔者学科素养有待提高；另一方面，还存在这样的事实，即不同学科对证据的研究具有不同的理论认识路径和方法，因而对证据概念及其基本问题的关注重点因学科不同而不同。

一般而言，提及"证据"一词，人们首先想到的是其作为法律术语的意涵，会联想到案件、纠纷、判决、法庭、人证、物证等法律事务中的问题，证据首先是一个法律术语，是法学研究的一个基本概念。人们在日常生活中也经常使用这一概念，如当人们证明事实、想要说服对方，或者进行争辩时，常常会说"有证据表明""真的是这样子的""你有什么证据""要讲证据的""你凭什么这么说"等话语，这些日常话语就包含了"证据"之意。哲学中对"证据"探讨更为深刻，常与信念、事实、知识、心理状态、经验、逻辑、科学、证据主义等相关联，证据也是哲学研究的一个基本概念。20世纪末，医学、犯罪矫正、心理学、社会工作等学科领域的循证实践掀起了轰轰烈烈的循证实践运动，循证医学、循证矫正、循证心理治疗、循证社会工作等兴起，证据是核心，也是基础。

因此，证据既是法学的一个法律术语，又是哲学研究的基本概念，还是日常生活中常用的词语，循证实践运动又使证据归属于医学和社会科学范畴。那么，同一个词语用在不同的科学范畴和日常生活中，有什么异同？循证社会工作的证据与上述其他范畴中的证据又有何关联与异同？为了回答这些问题，有必要对证据进行系统梳理，清晰地认识和把握证据，为本书提供研究思路和分析框架。

2.1.1 证据的词义来源

在英语中，"evidence"根据词根词缀可以拆分为e-出+vid-看+-ence，其中词根-vid-表示看的意思，源自拉丁语visus，词源同video和visit，具有看、观察、展示、咨询等意思。"evidence"主要有三种释义[1]：一是证据是任何被人们看到、经历、读到或听到的，使人们相信某事是真的或真的发生过的东西；二是证据是法庭上用来证明某事的信息，是从文件、物体或证人那里获得的；三是如果一种特殊的感觉、能力或态度是由某物或某人证明的，那么它就是看得见的或感觉到的。上述三种释义，在前两种释义中，证据作为名词使用，意为"证明的依据"或"证明的物"；在第三种释义中，证据作为动词使用，意为"证明"，用以证明某一感觉、能力、态度、事物是明显的。在三种释义中，第二种释义明确指出证据是法律事务的证据。

---

[1] "Definition of 'Evidence'." https://www.collinsdictionary.com/dictionary/english/evidence.

在汉语中，"证据"一词的准确起源已经很难查考了。笔者能找到的最早关于证据的记载出自魏晋时期葛洪的著述《抱朴子外篇》（卷二十三弭讼）（张松辉、张景译注，2013），其中有这样的记载："可使女氏受娉无丰约，皆以即日报板，后皆使时人署姓名于别板，必十人已上，必备远行及死亡。又令女之父兄若伯叔，答婿家书，必手书一纸，若有变悔而证据明者，女氏父母兄弟，皆加刑罪。如此，庶于无讼者乎！"这段话是抱朴子和刘士由在讨论人伦纲纪时，关于证据的说法。结合全文对话可以看出，这里的"证据"作名词使用，意为"证明的依据"，具体指为了防止打官司而保存的变卦悔婚的证物。与英语释义一样，汉语中的"证据"一词也具有双重词性，可以是名词，也可以是动词。如在唐代文豪韩愈的《柳子厚墓志铭》中的名句"议论证据今古，出入经史百子"中，"证据"作动词用，意为"据史考证"或"据史证明"。有学者指出，在古代汉语中，证据二字经常分开使用，其中，"证"字犹如现代人们常说的证据，如人证、物证等；"据"字则具有依据和根据的意思（唐良艳、李海萍，2016）。《辞源》对证据的解释是："证据，证明事实的根据。"

从证据的词义来源看，证据本身可以用作证明的依据，也可以用作证明的动态过程。无论是英语世界还是汉语世界，证据最常用在法律事务中。证据作为证明的根据，存在各种不同的形态。从证据的词义来源，无法明确界定证据到底是什么。证据似乎可以是感觉到的、观察到的、记忆中的、推理出来的、计算出来的、调查研究出来的、通过某些事情显示出来的。整体来看，人们对证据概念的理解存在差异，对证据这一词语的界定尚未统一。

2.1.2 传统法学、哲学语义中的证据

证据常出现并用于法学、哲学中，还形成了证据学、证据科学等专门的学科。20世纪末，医学、心理学、犯罪矫正、社会工作等学科强调在实践中要遵循证据开展服务，形成了循证医学、循证心理矫治、循证矫正和循证社会工作等循证科学。这说明，在循证社会工作提出要以"证据为本"进行理论研究和实务实践之前，证据这一术语已经在其他学科中形成具有某一学科特性的内涵和外延。那么，证据在这些不同的学科语义中如何被规定？在强调遵循证据开展实践活动的不同学科中，证据又有何异同？要回答这两个问题，就需要从法学、哲学、循证医学和循证社会科学等学科

角度对证据做比较分析。

（1） 法学语义中的证据

首先，证据的概念界定及其本质属性。证据首先或者主要是一个法律术语（何家弘，2008）。证据在法学领域是十分重要的问题，涉及法律实务实践和法律理论建设。在古今中外的法学文献中，关于证据是什么，历来众说纷纭，形成了各种不同的界说。在法学语义中，证据首先是法律的一系列规定。在总结司法实践经验的基础上，相关著作和研究（何家弘、刘品新，2008；何家弘，2007；熊志海，2002；张继成，2001）都专门对有关证据的问题做出了规定。基于法律对证据的规定，学者和实务工作者对证据讨论形成了不同的界说，也由此提出了证据的属性。

证据的"事实说"。英国著名法学家边沁认为，"在最广泛的意义上，把证据假定为一种真实的事实，把它看作是一种成为相信另一种事实存在或不存在的理由的当然事实"（何家弘、刘品新，2008：38）。《牛津法律大辞典》对证据的解释为："事实、从事实中推论出的结果及陈述。这些事实、结论和陈述有助于法院或其他调查主体确信某些尚不知道但正在调查之中的事实和情况。"（沃克，1988：316）根据我国《刑事诉讼法》及其修正案[①]，我国法律对证据的规定形成了"事实说"和"材料说"两种不同的证据学说。1979年的《刑事诉讼法》第31条规定："证明案件真实情况的一切事实，都是证据。"[②] 这是我国法律首次对证据的概念界定。我国现行的《刑事诉讼法》修正案第47条规定："可以用于证明案件事实的材料，都是证据。"证据是确实存在的事实，在诉讼过程中能称为证据的，都必须是确实的事实，是客观存在的，客观性是证据的首要本质属性（陈一云、王新清，2013：61）。裴苍龄赞同"事实说"，他明确提出事实就是证据。证据既是事实的本质，也是事实的全部价值所在，也正是因为事实的证据本质，事实才能成为认识的基础、证明的根据、检验的标准、思想的指南，具有极端的重要性。由此，他认为证据具有客观性和关联性双重属性。客

[①] 无论是《刑事诉讼法》、《民事诉讼法》还是《行政诉讼法》，都对证据有一系列的法律规定。虽然三种诉讼中的证据各有特点，存在一些区别，但许多方面是相同的，对证据的规定也都采用了"事实说"或者"材料说"。

[②] 《刑事诉讼法》中对证据"事实说"的规定，也符合《民事诉讼法》和《行政诉讼法》中的证据，因为它们都是在诉讼过程中可用于证明案件真实情况的，其本质上是相同的。

观性是外界存在或不存在、发生或未发生的真实情况，关联性是证据必须与周围的事物存在联系（裴苍龄，2017，2012）。

证据的"根据说"。"根据说"站在"事实说"的对立面，反对证据是事实这一论断。何家弘（2008：115~117）认为"证据就是证明的根据"。他不赞同将证据当作事实，认为在任何形式的证据中都包含着主观因素，人们对证据没有任何主观因素的认知是一种误解，因为客观事物，如物证，没有主观因素，但物证自身不能证明案件中的有关事实，而是必须与相关人员的行动联系起来，依赖于人的行动体现其作为证据的功能。基于对证据的认识，以法律事务为界限，何家弘（2007）提出，证据具有客观性、主观性、证明性和法律性。其中，客观性指证据是客观存在的东西，主观性体现在证据都是人的主观认识和客观事物相结合的产物，证明性是区分证据与其他事物的质的规定性，法律性将证据限定在法律事务中。李永生（2007）赞同证据不是事实，认为证据是证明案件事实的根据。但在证据首先是日常用语还是法律术语上，他的观点与何家弘有所不同。他认为证据首先是一个日常用语，然后才是一个法律术语。因此，从法律上给证据下定义，可以给出符合法律规范的更具体的界定，但不能背离证据在日常生活中的基本定义。在日常生活中，人们普遍接受证据是证明事实的根据这一界定。

李忠民（2007）认为法学中的证据应当从证据的功能角度来界定，提出"证据是证明事实主张的根据"。而"事实说""材料说"虽然从不同侧面揭示了证据的某些特性，但都不足以解释我国证据运用的实践。他通过反驳客观性和合法性，提出相关性是证据的唯一属性，是证据最为本质的属性。他指出与事实主张相关联的相关性是证据的质的规定性，是一物能够作为证据的必要条件。他引用英国证据法学者 Stephen 对证据相关性的论述[①]和美国《联邦证据规则》[②]的规定，来支撑他的这一论断。他反对证据的"事实说"是因为："在证明之始，事实是什么并不清楚，要靠证据证明，若证

---

① Stephen 对证据相关性做了如下陈述：被主张的两项事实相互联系如此紧密，以至于根据此类事件发展的一般进程，认定其中一项事实的行为本身或该行为与其他事实相结合，就能证明或致使另一事实在过去、现在、将来的可能存在或不存在 [*Cross on Evidence* (7th edition)，Heydon，1990：51；李忠民，2007：150]。

② 美国《联邦证据规则》第 401 条规定：关联证据是指证据具有某种倾向，能决定对诉讼具有重要意义的某项事实的存在比没有该项证据更有可能或更无可能（https://www.uscourts.gov/rules-policies/current-rules-practice-procedure/federal-rules-evidence）。

又得靠事实来界定，等于什么都没说，会陷入循环论证。"（李忠民，2007）熊志海（2002）认为证据的"事实说"存在明显的逻辑和理论上的错误，他反对将证据直接界定为事实，认为证据应该是证明事实的根据，而且只能是证明案件待证事实的根据，而事实是要证明的问题和对象的真实状况。不仅如此，他认为应当将上述对证据和事实的解释当作讨论证据概念、本质和其他相关问题的前提。据此，他认为证据不仅可以是客观存在，还可以是以人的主观形式反映出来的思想、认识、知识和经验等。因此，他将证据的本质属性由三性[①]改为两性，去掉证据客观性的表述，提出证据的本质属性只有关联性和合法性。其中，关联性是证据存在的根据和意义，合法性是证据的法律规定性，反映了证据存在的根据和前提。

除了"事实说"和"根据说"外，还有其他一些说法，如证据的认识论根基是事实，其逻辑形式是命题（宋振武，2009）；证据是从证据载体得出的，用来证明案件真实情况的命题（张继成，2001）；证据是用以证明案件事实的手段和方法（孙永长，2003：1）；证据是认识过程中用来推认未知事项的既知材料（樊学勇，1995）；证据是使法官对于案件事实的认定形成内心确信的原因（沈达明，1996：18）；证据是蕴含证据信息的物质载体（徐静村，2005）；证据包含证据资料和证据方法（张继成，1997）；证据是信息，或是关于案情的信息（刘仲秋、熊志海，2005；齐剑侯，1982：50）；等等。

分析上述对证据内涵和属性的讨论发现，在证据内涵方面，法学语义及法律事务实践中对"证据是不是事实"这一判断的支持或者反对，形成了不同的证据界说。对证据的争论也主要体现在证据的"事实说"还是"反事实说"，而区别证据的"事实说"还是"反事实说"的根据主要在于证据指称属于实在论还是反实在论。"反事实说"以"根据说"为最主要的代表，由此形成了证据"事实说"与"根据说"的争议。证据的其他界说则可以划归为"事实说"或"根据说"两大类。如"材料说""信息说"可以归结为"事实说"，是对"事实说"的扩展；"手段说""心证原因说""命题说""反映说"可归结为"根据说"，可视为对"根据说"的变化形式。也就是说，证据是"事实"或者证据是"根据"，这两种界说是法学对

[①] 我国法学界主流的证据学理论对证据本质属性表述为证据必须具有客观性、关联性和合法性，这被称为"证据三性"。

证据的内涵判定，这两种判定同时存在于现有法律规范和法律事务实践中，二者有争议，且将长期争议下去。在证据的属性方面，对证据的属性判定也是不统一的，关联性、证明性、客观性、主观性、合法性都被当作证据的属性，也存有争议。但是，关联性和合法性是法学语义中证据的属性是共识。其中，关联性指"事实"或"根据"是证据的本质属性，合法性则体现了证据的法学特征。

其次，法律实用主义证据观。尽管法学语义中对证据的内涵和属性界定有争议，但在运用证据办案的司法人员眼中，证据的理解和把握是相关法律规定及应用的问题。法律是怎么规定证据的，证据就是什么，法律是怎么规定运用证据的，就怎么运用证据（张斌，2013）。比如我国法律对证据的规定从"事实说"改为"材料说"，这种在理论研究者看来比较合理的做法，对实务工作者来说，并不会造成显著影响。司法工作人员不会因为法律对证据规定的转变而不清楚应当怎么发现、收集和运用证据。他们清楚，证据的内涵就是认识案件事实的手段、是证明案件事实的根据或者方法，证据的外延就是法律规定的七种证据种类，不同的证据种类具有不同的获取方法和程序。这些有关证据的知识，足以满足他们日常办案的要求。因此，在法学语义中，很难说清楚证据是什么，但证据指什么是非常明确的。这就体现了我国证据使用中的实用立场。英美国家通常没有将证据概念法律条文化，也是采取实用主义立场。不关注某物是不是证据的抽象问题，而把争论的焦点集中在具体证据的可采性和相关性。可以说，法学语义中的证据观就是法律实用主义。

最后，法学语义中证据的界定和法律事务中证据的使用，也体现了法学领域从功能上看待证据的视角。从法学语义中的证据使用的实用主义立场来看，无论证据是"事实"还是"根据"，它最大的用处是证实或证伪某一法律事务的功能。

（2）哲学语义中的证据

证据是哲学研究中的一个基本概念。如何认识哲学语义中的证据？从证据概念及其属性的哲学分析看，首先要提及的就是西方的证据主义。证据主义主张确证完全取决于证据，信念的确证是由认识者有关该信念的证据的性质决定的（陈莹、丛杭青，2012）。知识论要回答的是"你如何知道?"的问题,在这个问题中,重点在于"如何",而不在于"知道"。进一步讲,知识论要回答的是:人们如何使自己的信念成为知识,如何判定自己的信念是知识的,凭什么相信某一命题为真(陈莹,2013)。齐硕姆是证据主义的代表人物,在其著作《知识论》一书中,他将知识论,或者知识论的一部分称为"证据的理论"(齐硕姆,1988:76)。《知识论指南》将证据解释为:"在哲学语义里,证据一般被看作是诸如信念的内在状态,或者是命题本身。"(罗维鹏,2018)威廉姆森认为,所有的证据都是命题的,而所有的命题证据都是知识,所以,证据就是知识,而且有且仅有知识是证据(威廉姆森,2013:233)。Conee 和 Feldman(2004)提出,"信念和知识确证取决于信念者对这个信念所持的证据的质量"。他们举例说:"当一个健康的人看到他面前有一片绿色的草坪时,他就相信有一片绿色的草坪,这就是符合他的证据。"(Conee & Feldman,2004)由此,可以说,他们认为证据就是人看到的东西。诺齐克认为,证据不是具体的东西,而是命题与假设之间的关系(罗维鹏,2018)。在上述证据主义者看来,证据可以是知识、命题、观察的东西、推理等,证据主义者并没有明确界定证据究竟是什么。

从证据发展的历史角度看,其实早在人类产生之初就在使用证据。Allen(2001:1)认为至少从古希腊和古罗马时期,人类就开始使用证据,该时期的证据用"符号"(sign)表现出来。此后,随着 17 世纪概率论和统计学的兴起,Ian Hacking 认为真正的证据概念产生于概率论和统计学的归纳问题。当代科学哲学家 Achinstein(2001:24-28)就证据及其概论问题进行了深入分析。由此,证据从"符号证据"向科学统计的"归纳证据"发展。"归纳证据"中证据的概念是经验科学的核心问题,当代科学哲学家通过证据和假说之间的逻辑关系、背景信息和个人的假说、信念和理论三个标准确定并衡量证据的性质(Lester & Wiliam,2000),认为证据具有客观性和关联性。证据在中国的历史发展,则经历了从传统的"字本位"到现代的"逻辑中心主义"或"科学实证主义"的演变(孟华,2010)。因此,无论是西方的"符号证据"还是"归纳证据",抑或是中国的"逻辑主义证据",都是基于一种逻辑推理原理建立的,人们只是用不同的工具去完善概念的形式。但是,证据概念仅仅用逻辑语言表达是远远不够的,证据的选择与使用不是绝对客观的,证据的客观性是一种相对的客观性,具有主体间性的特征,应该在证据的关联性中建构事实,还应该考察证据内容和证据所处背景及其语境（陈莹、丛杭青，2011）。

哲学语义中对证据概念也有"事实说"（江怡、陈常燊，2017：3）、"知识说"（罗维鹏，2018）、"信念说"（舒卓、朱菁，2014）、"命题说"（张丽、熊声波，2018）、"心理状态说"（舒卓、朱菁，2018）等不同的界说，且各种界说的证据内涵与法学中的证据内涵并不完全相同。对比法学与哲学对证据内涵和属性的分析，二者有相同之处，也有不同之处。相同之处在于对证据内涵的界定，哲学与法学相似，都出现了多种不同的证据内涵界定，关联性是法学与哲学语义中证据最本质的属性。不同的是，哲学语义中的证据更多地强调了证据的客观性和主观性的辩证统一，客观性是证据的第一性，主观性是证据的第二性。

哲学主要从认识论看待证据，由此形成了逻辑合理性的证据观。证据是什么？这是一个很难明确界定的问题，特别是在特定的历史文化背景下和现实情境中，很难给证据一个统一的界定。哲学研究中对证据的讨论主要分为两种：一种是从认识论探讨证据，聚焦证据的认识论作用，比如证据如何为确立信念、假说和理论提供支撑；另一种是从本体论探讨证据，探讨证据本性的问题，即证据是什么，什么样的事物可以成为证据。对于证据是什么，只能做出一个相对的而不是绝对的逻辑上合理的判断。

2.1.3 新兴循证医学、循证社会科学中的证据

一般而言，循证社会科学是随着循证医学的发展而逐步产生发展起来的。循证社会科学借鉴循证医学"基于问题的研究，遵循证据的决策，关注实践的后果，后效评价、止于至善"的理念和"有证查证用证，无证创证用证"的方法，通过社会科学领域"最佳证据"的生产、传播、转化和应用，促进科学决策和循证实践，被誉为社会科学的第三次"科学化"浪潮。循证社会科学涵盖了社会科学的很多领域，如循证心理治疗、循证矫正、循证公共卫生、循证管理、循证社会工作等。事实上，笔者认为，循证社会科学之所以形成，除了得益于循证医学的迅速发展和传播，循证理念和操作框架的可借鉴外，还有几个很重要的原因，包括社会问题的解决、各学科实践的有效性及各社会科学自身发展的需要。这些因素结合起来，以寻求有效性和科学化展现出来。循证医学的兴起与发展亦是如此，只是医学在学科序列顺序中，处于自然科学和社会科学中间的特殊学科位置，

有着自然科学与社会科学的双重属性（杨文登、叶浩生，2012），使得循证医学率先成功发展，成为其他学科借鉴学习的先锋。这也使得其他社会科学的循证带有循证医学的特色。循证医学和循证社会科学如何界定证据这个核心概念呢？

(1) 循证医学中的证据

循证医学的创始人 Sackett 等（1996）将循证医学的证据认定为最佳研究证据，指有效的、与临床相关的医学基础学科研究，尤其是以患者为中心的临床研究，包括准确的诊断性临床试验研究，预后指标的强度研究，治疗、康复、预防措施的有效性和安全性研究。国内有学者将循证医学的证据认定为经过分层过滤的、经过系统综合的、经过转化的医学知识信息（于双成等，2006），通过数据检索出的结果或检验合格的研究，具体指研究原著、临床指南、系统评价（梁涛等，2017）。

(2) 循证矫正中的证据

循证矫正中证据的认定基本上延续了循证医学关于最佳研究证据的定义，从循证矫正的证据创始人 Sherman 等（2019）和 Mackenzie（2000）的论述中看，循证矫正中的最佳研究证据特指经实证验证有效的矫正项目。我国学者认为证据是高质量的研究结果（刘立霞、孙建荣，2017），是能够对现实的矫正活动产生指导、借鉴和引用意义的方法、项目、案例、经验、权威观点、方案设计、科学研究成果，是以矫正对象为研究对象，获得的任何原始或二次矫正研究的结果与结论（马臣文，2015），证据可以是观念、方法、手段和措施等（周勇，2014）。

(3) 循证心理治疗中的证据

循证心理治疗中的证据也遵循了最佳研究证据的定义。APA 官方文件中指出，科学研究证据不仅包括在实验室情境中获得的与诊断、治疗、评估等相关的研究结论，还包括心理学及相关学科基础研究中获得的、与临床相关的结论（Goodheart et al.，2006）。国内学者杨文登是系统论述循证心理治疗的学者，他系统梳理了循证心理治疗的理论，提出证据是用以证明的凭据，是为证实或否定某一具体理论、声明、信仰或假设提供支持的事实、数据、信念或理论（杨文登等，2017），证据不仅限于研究证据，证据的来源和类型是多样化的、多层次的（杨文登，2012）。

(4) 循证社会工作中的证据

循证社会工作中的证据依然没有脱离循证医学的最佳研究证据。Gambrill（1999）最早明确提出"证据为本"的社会工作实践，借用了循证医学的表述方式，却没有明确定义循证社会工作和证据。何雪松（2004）最早在中国内地介绍循证社会工作，提出证据一词富有争议，何为证据？谁的证据？什么是最好的证据？从不同的知识论出发，对证据的理解不一。从国内外社会工作学者和实务工作者对循证社会工作的论述来看，直接讨论证据是什么的人较少，较多人对最佳证据、证据等级、证据获取方法、Campbell 协作网、循证社会工作要素等方面进行了讨论。从这些方面，我们也可以窥探一些循证社会工作证据的内容。

从证据等级、证据推荐强度方面考察证据。Thyer 和 Pignotti（2011）根据证据等级由高到低排列出 13 项可能与选择干预有关的分级证据形式，并指出高级别的证据比低级别的证据更可信。其中由信誉良好的机构做出的系统评价具有最高可信度，专业团队的建议可信度最低。杨文登（2014）认同 Thyer 和 Pignotti 的证据等级划分，并注明在社会工作循证实践的过程中，实践者只有在没有高级别证据的时候，才可以使用低级别的证据。Thyer、Gibbs、Gambrill、Mark、Rubin、Soydan 等人对证据等级的讨论也都基于循证医学的证据等级，有人对循证社会工作的证据等级进行了改编，但总体上还是与循证医学的证据等级划分标准一致的。

从循证社会工作要素方面考察证据。Gilgun（2005）认为循证社会工作有四大基石，分别是研究与理论、实践智慧、案主的反应以及实践者假设、价值、偏见、世界观，其中研究与理论就是证据。Drisko 和 Grady（2015）提出循证社会工作实践是一个制定实践决策的过程，在这个过程中有四个同等重要的部分，分别是案主的需求和环境情况、最佳研究证据、案主价值和偏好、临床医生专业经验，他们提出尽管学术界和使用者非常关注最佳研究证据，但最佳研究证据只是循证社会工作流程的四个部分之一。临床医生专业经验、案主的需求、案主价值和偏好以及最佳研究证据都集成在一起。在实践中，案主价值和偏好以及临床医生专业经验对于正确进行循证实践至关重要，循证实践不仅仅是关于研究（EBP is not solely about research）(Drisko & Grady，2015）。

从证据的获取方法和最佳证据的判定来考察证据。拜争刚等（2017a）将系统评价当作循证社会工作的方法基础，认为循证实践理念的核心在于证据等级。等级越高证据越强，系统评价就是最高等级证据，他们致力于推广系统评价方法，介绍 Campbell 协作网在教育、心理、犯罪、社会福利、国际发展等方面提供的系统评价产生的证据，并成立 CCET 证据转化平台，举办 10 余届循证社会工作高级研修班，以此推动中国循证社会工作的发展。童峰、拜争刚（2018）出版了循证社会工作研究方法相关的书，书中将系统评价当作循证社会工作（或循证社会科学）的最高级别证据。与以往介绍系统评价的书不同的是，他们的著作中明确提出了系统评价包括定量系统评价和定性系统评价。此外，还可以从对循证社会工作的争论中、循证社会工作的实践步骤中认识证据。

综上所述，从循证医学、循证矫正、循证心理治疗、循证社会工作对证据的认定和论述来看，它们都将最佳研究结果等同于"最佳证据"。相关资料显示，当前各学科所说的最佳研究证据就是处于证据金字塔顶端的系统评价、Meta 分析、大样本的随机对照试验（RCT）的研究结果。这一最佳证据的观点来自循证医学，在循证医学的研究中受到了质疑，在循证医学实践中带来了挑战，存在一些问题。事实上，循证医学对证据的讨论并非固定不变的。早期循证医学实践聚焦疾病防治，故以随机对照试验及 Meta 分析为最高级别研究证据。但随着研究和实践的深入，证据分级扩展到不同临床问题，包括治疗、预防、病因、危害、预后、诊断等。在证据应用中发现，高级别证据不等于研究本身质量得到保证，不同临床问题的证据类别存在差异。为了解决这一问题，2004 年，Gordon Guyatt 和 Andy Oxman 创建了 GRADE 工作组，提出"证据质量"的概念，综合考虑众多因素，以评判针对某一具体问题现有证据是否充分，再做出明确的结论和临床使用推荐（Guyatt et al.，2008b；Oxman，2004）。这一举措正在推动并将持续推动循证医学去重新认识证据。其他循证社会科学对证据的认识基本建立在循证医学对证据的认识基础上，但还停留在证据等级划分阶段，要么沿用循证医学的证据等级，要么对循证医学的证据等级进行改编，还没有特别关注到以证据质量为主的 GRADE 证据标准。

同样，上述不同循证科学对证据的讨论也展现了各学科对证据的不同认识和理解。如循证矫正中对罪犯矫正要遵循审核有效的矫正项目的做法，在一定意义上可以将证据看作矫正项目，证据可以是好的证据（有效的矫正项目），也可以是不好的证据（低效或者无效的矫正项目），好的矫正项目用来推广使用，不好的矫正项目直接放弃。循证心理治疗中对研究证据是不是证据的公开讨论，循证社会工作中对何为证据、谁的证据、什么是"最佳证据"的质疑，说明不同学科对证据都开始有了不同于循证医学的认识，也开始反思性批判将循证医学的证据作为自己学科的证据的做法，正在积极探索属于自己学科的证据。

2.2 循证社会工作的相关研究

证据是循证社会工作的核心，循证社会工作的实践、发展及其相关研究均离不开证据，探讨循证社会工作的证据，有必要对循证社会工作的相关研究进行梳理。

2.2.1 循证社会工作的基本内涵

(1) 循证社会工作的价值

为什么要开展循证社会工作，循证社会工作对于社会工作而言有何重要意义，人们对此有不同的理解，因而倡导循证社会工作的角度不同。梳理相关文献发现，循证社会工作对于社会工作的意义主要体现在以下方面：是对权威主义的替代（Gambrill，1999），是案主权利的体现（Thyer，2004；Myers & Thyer，1997），是实现社会工作专业性、有效性、科学性的重要策略（Gibbs & Gambrill，2002；Florczak，2016；Shlonsky & Gibbs，2004；何雪松，2004），是联结理论与实践的桥梁（Rubin & Bellamy，2012：7；Thyer & Myers，2011），是有效决策的过程（Mullen & Bacon，2004：56；Rubin & Bellamy，2012：7），是真正的社会服务，是一种新的社会工作方法、实践理念或范式（Reid，1994；Witkin & Harrison，2001）。

上述循证社会工作对于社会工作的意义，从不同层面提供了认识循证社会工作的视角和思路，让我们了解了循证社会工作的不同方面，但是，也因关注的循证社会工作的重点不同，从而对循证社会工作的概念界定有不同的界说，引起了人们对循证社会工作的不同理解和争议。

(2) 循证社会工作的组成部分

关于循证社会工作组成部分的研究，"三要素"说和"四要素"说最具代表性。"三要素"说主要借鉴循证医学，认为循证社会工作的组成部分包括最佳研究证据、实践者技能、案主的特征与意愿三个要素（Drisko & Grady，2015）。McNeece 和 Thyer（2004）对 Scakett 的循证医学定义进行了社会工作视角的诠释，认为循证社会工作的实践由"最佳证据"、临床专长和案主价值三个部分组成，它们是循证社会工作实践不可或缺的组成要素。其中，"最佳证据"指临床上的相关研究证据，它们来自基础和应用科学的调查，尤其是来自评估社会工作服务介入结果的研究，以及关于评估方法的信度和效度的研究；临床专长指利用教育、人际技巧和过去的经验，评估案主的功能、问题（包括环境因素在内）及其他情境，以及理解案主的价值与偏好的能力；案主价值指的是案主在和社会工作者接触时所带有的偏好、关注和期望。杨文登（2014）认为最终的实践决策应该是社会工作者的专业技能、最佳研究证据及案主的偏好与价值观三者之间所取得的一种平衡。

"四要素"说主要是在"三要素"说基础上，引入了其他因素，这一"其他因素"主要指环境、文化、职业道德、社会情境等。"四要素"说是社会工作学者对循证医学要素的改编或者改进，是努力将循证社会工作与循证医学区别开的尝试，也是探索循证社会工作学科特色的新尝试。Gilgun（2005）提出研究与理论、实践智慧、案主的反应，以及实践者假设、价值、偏见、世界观是循证社会工作的四大基石。Drisko 和 Grady（2015）认为循证社会工作实践是一个制定实践决策的过程，在这个过程中，案主的需求和环境情况、最佳研究证据、案主价值和偏好、临床专业经验是四个同等重要的部分。

需要注意的是，尽管一些学者明确提出了研究证据、实践者技能和案主三要素，但是，他们也没有完全忽视环境因素，而是将环境因素放在三要素中考察。McNeece 和 Thyer（2004）在实践者技能中涉及了环境，杨文登（2014）在案主独特性中涉及了环境。他们都注意到环境的重要性，只是没有将环境单独列为循证社会工作的要素之一。从不同学者的个人观点来看，其他学者对循证社会工作要素的划分基本上与上述几位学者一致。可以看出，随着循证社会工作的不断发展，环境的重要性越来越受到重视。因此，有必要将环境单独列出来，放在与研究证据、实践者技能和案主三要素同等重要的位置。可以说，循证社会工作具有研究证据、实践者技能、案主意愿和环境因素四要素，四要素交互作用影响着循证社会工作的发展及其实践成效。

循证社会工作四要素分别对应四个主体，即研究者、实践者、案主和环境。其中，研究者主要指从事社会工作及其相关领域的专门研究人员，包括学者、高校教师、政策制定者等；实践者主要指受过系统训练或职业培训的开展社会工作实务的工作人员；案主概指在社会生活中功能受到损害的个体、家庭、群体、组织和社区；环境指社会工作实践中改变发生的地方，包括自然环境、社会环境和实务情境，对案主问题的产生和解决影响巨大，具有多样性和复杂性。

（3）循证社会工作的实践步骤

关于循证社会工作的实践步骤，从相关文献的论述中可以发现，不同学者对循证社会工作的实践步骤的论述在具体的细节上有所差异，但大多将其分为五个步骤。Gibbs 和 Gambrill（2002）认为循证社会工作的步骤主要包括：①将案主需求信息转化为可回答的问题；②以最高的效率找出最好的证据来回答这个问题；③严格评价证据的有效性和实用性；④将评价结果应用于政策决策或实务决策中；⑤评估结果。Soydan 和 Palinkas（2014：29-32）总结出循证社会工作的五个实践步骤：①构想出一个可回答的问题；②寻找证据；③严格评价证据质量；④匹配证据与案主；⑤跟进结果。Rubin 和 Bellamy（2012：28-48）提出循证社会工作的实践步骤为：①构思问题；②证据研究；③严格评价研究和综述；④选择并实施干预；⑤监测案主的进展。Thyer（2004）提出循证社会工作的实践步骤为：①将需求信息转化为可回答的问题；②寻找最佳实践证据回答第一步的问题；③严格评估第二步的证据；④将经过严格评估的证据、临床实践经验、案主价值和环境因素整合起来；⑤评估成效。

总结人们提出的循证社会工作的实践步骤，循证社会工作的实践步骤可以简单归结为：提出问题—寻找证据—评价证据—使用证据—评估成效。笔者认为，评估成效并不是循证社会工作的最后阶段，还应该有证据传播和实施阶段。这是因为，经过成效评估获得的新证据，如何被其他案主、机构、地区甚至国家采用，可持续且大规模使用，都需要传播与实施这些新证据。这也是循证社会工作要关注的问题。早期的循证社会工作实践并未将证据的传播和实施作为重点，而是将更多的精力放在寻找证据和评价证据上面，有些人注意到了证据传播和实施的重要性，但将其放在证据的使用中只做了简单介绍。现阶段关于证据如何传播、转化和实施在美国等国家开始受到重视，从政府部门到学者，再到实务工作者，都开始重视证据的传播和实施，形成了"实施科学"（Implementation Science）的研究（Proctor et al.，2009）。因此，笔者认为，循证社会工作分为"提出问题—寻找证据—评价证据—使用证据—评估成效—证据传播和实施"六个步骤，这六个步骤联结起来形成一个螺旋上升的循环过程，在这个过程中证据得到不断累积和传递。

2.2.2 循证社会工作的发展过程

（1）循证社会工作的发展阶段

尽管直到1999年，社会工作领域才正式开始使用"循证"一词，但是，循证社会工作的思想早在循证社会工作诞生之前就已经存在。1915年，Flexner（1915）质疑社会工作的专业性；1917年，里士满（Richmond，1917）在《社会诊断》一书中就提出，在科学的指导下进行社会工作服务，使用社会证据以提升社会工作的科学性；1973年，Fischer（1973）对个案工作的有效性进行了论述，这些都在社会工作领域引起了巨大反响。此后，专业、科学、有效的社会工作一直是社会工作发展的主要诉求，强调基于证据开展社会工作实务。20世纪70年代先后发展起来的经验临床实践（the Empirical Clinical Practice，ECP）和实证支持治疗（the Empirical Support Treatments，EST）[1]，开始系统阐述专业、科学、有效的社会工作（Thyer &

---

[1] 实证支持治疗（EST）与实证有效治疗（EVT）在大多数情况下可以互换使用，在心理学正式出版的文件中，常采用实证有效治疗。在社会工作领域，实证有效治疗也常被译为经验证实的治疗。提出实证有效治疗一词的作者Chambless认为，实证有效治疗这一概念容易让人产生一种误解，即把这种治疗方案当作已然完结的、确定有效的、没有必要进一步研究的治疗方案，事实上，治疗方案是一个不断发展、完善的过程，因此，Chambless更倾向于使用实证支持治疗一词。结合社会工作的情况来看，即使在以治疗为主的社会工作阶段，社会工作也具有复杂的环境和工作情景，实证有效的方案也会因案主、环境、工作者能力等因素的变化而无法完全套用，所以笔者认为EST更适合于社会工作。Thyer在其文章中也使用实证支持治疗来区别证据为本的社会工作实践。

Pignotti，2011）。对 ECP 和 EST 倡导和反对的争议，促使 20 世纪 90 年代循证社会工作的出现。可以说 ECP 和 EST 是 EBP 的前身，属于循证社会工作的早期阶段。因此，循证社会工作可以分为三个阶段。

第一阶段：经验临床实践阶段。

经验临床实践（ECP）于 1979 年在 Jayaratne 和 Levy（1979）的著作《经验临床实践》中提出，他们认为"临床实践应该引入传统实验研究方法，临床实践工作者在实践中应致力于测量和标识实践效果"。在过去 40 年里，对社会工作实践和研究结果缺乏科学评价是社会工作的首要问题。具体表现为四个主要障碍：缺乏可靠和有效的结果测量，缺乏实际研究设计，缺乏程序化和可复制的社会工作治疗方案，以及缺乏经过适当培训的科学实践者（Preston & Mudd，1956）。一项关于社会工作实践中的单一系统设计的研究结果显示：1965~1990 年发表的 250 多种与社会工作实践单一系统设计相关的文章、图书等综合参考书目可能对社会工作者有用（Thyer & Thyer，1992）。社会工作实践的实证临床科学的发展促进了上述问题的解决，推动了社会工作研究与实践的结合，经验临床实践可以将社会工作推向专业人类服务的前沿（Thyer，1996）。经验临床实践提倡采用单一系研究设计（single-system design）方法，通过测量案主的功能、研究结果的信度和效度，根据经证实有效的科学证据来选择服务方案（Witkin，1991）。后来 Thyer 和 Curtis（1983）提出重复的前后测单一被试实验（repeated pretest-posttest single-subject experiment）作为经验临床实践的新方法。但是，经验临床实践存在不足，严格的实验设计无法让众多领域的社会工作实践者遵循其实验要求，这种方法也不能完全适用于社会工作领域，故此，也遭到了一些社会工作者的反对。

第二阶段：实证支持治疗阶段。

实证支持治疗（EST）兴起于临床心理治疗，对社会工作的临床实践影响巨大。1993 年，APA 临床心理学会工作组制定颁发了《训练与传播实证有效的心理治疗》文件，提出了"实证有效治疗"（EVT）的概念，这一概念后被改为"实证支持治疗"。工作组组长 Chambless 及其成员将 EST 认定为明确规定的心理治疗方法，认为这一方法在描述人群的对照研究中显示出有效性，并希望实践者和研究人员从了解哪些治疗对哪些案主或患者有效中获益（Chambless & Hollon，1998）。实证支持治疗鼓励临床心理学家遵循经过科学证明最为有效的治疗方式进行治疗，并将所有治疗的研究证据分为制定完善治疗、可能有效治疗、实验治疗三个等级（杨文登，2012）。如何确定心理治疗是有效的或可能有效的？Chambless 和 Hollon（1998）认为，"如果一个治疗是有效的，且这种效果可以被多个独立的组复制，那么这种治疗很可能在临床上有价值，可以将它作为一个好的案例使用"。进行评估时，评估人员要考虑以下问题：①治疗是否在对照研究中显示有效？②该治疗在应用的临床环境中是否有用，如果有用，在什么病人和什么情况下有用？③相对于其他替代干预措施而言，治疗是否具有成本效益？这些问题通过对疗效（包括临床意义）、有效性（或临床效用）和效率（或成本效益）的研究来解决（Chambless & Hollon，1998）。

第三阶段：循证实践阶段。

随着实证支持治疗的发展，更多有关实证支持治疗的标准和清单被制定。2001年，Chambless 和 Ollendick（2001）详细总结了8个工作组实证支持的项目清单、时间和治疗方法。但是，实证支持治疗也受到了各方的批评。批评者认为，实证支持治疗严格控制研究的实验条件，使得样本患者（案主）与现实生活中的患者（案主）具有较大的个体差异和所处环境差异。因此，研究方法、外部效度、EST 研究的适用性、EST 审查过程的可靠性和透明度等成为批评 EST 的主要方面（Chambless & Ollendick，2001）。Beutler（1998）将批评总结为：制定实证支持治疗的研究数量少，代表性不足；过于严格的标准使获得的研究证据具有局限性；过于依赖手册和 RCT 方法；研究可能被一些机构滥用，限制实践工作者选择治疗的自主性。之所以出现上述对 EST 的反对，是因为 EST 过分重视通过严格的方法获得的研究结果，弱化了实务工作者知识经验、患者（案主）个体特征及环境等因素的影响。正如 Chambless 和 Hollon（1998）在实证支持治疗中强调的："我们特别强调作为独立变量的治疗效果。这并不否认其他因素的重要性，如治疗联盟，以及影响心理治疗过程和结果的案主和患者变量。相反，这些因素并不是这个特殊部分的重点。"EST 不否认研究结果之外的因素，但也不把其他因素作为重点考虑。

实证支持治疗只关注最佳研究证据，并没有将实践工作者的经验、案主意愿和环境因素结合起来，因此并未受到所有社会工作者的欢迎。人们开始反思实证支持治疗，最终形成了社会工作的循证实践（Evidence-Based

Social Work Practice，EBSWP）。1999 年，Gambrill（1999）提出"证据为本"的实践是在助人专业中替代"权威为本"的实践的一种选择，是慎重、准确、明智地使用当前最好证据做出决策，意在将个人实践专业知识与系统研究中最好的外部证据相结合，考虑案主的价值观和期望。此后，越来越多研究者和实践者关注循证社会工作，对循证社会工作进行了改进和完善。

(2) 循证社会工作的实践演化

循证社会工作正式提出以来，至今已有 20 余年的发展历史。在这 20 余年间，循证社会工作是不断演化着的，形成了不同的实践模型，目前大致有三个模型。根据其发展的先后顺序及特点，将其划分为原始模型、更新模型、跨学科模型。

首先，原始模型。

最初循证医学主要侧重于确定与临床问题或决策相关的最佳研究证据，并应用这些证据来解决问题。这一早期模式不再强调传统的临床决定因素，包括生理学原理和个体临床经验。随后，人们意识到，单凭研究证据并不能充分指导实践，临床医生必须运用他们的专业知识来评估患者的问题，他们在做出治疗决策之前，还必须将研究证据和患者的偏好或价值观结合起来。由此，循证医学要将最佳研究证据、临床医生经验和案主偏好三方整合起来，如图 2.1（A）所示。

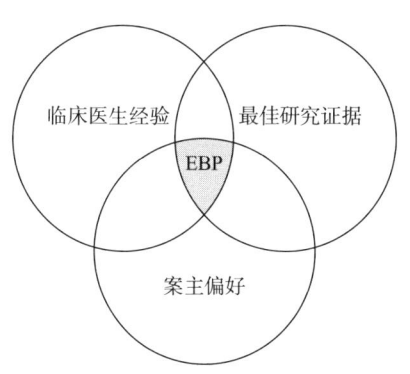

图 2.1（A） 循证医学的原始模型

资料来源：Haynes et al.（2002a）。

图 2.1（B）显示了循证社会工作的原始模型。图中展示了最佳研究证据、实践者个人经验、案主价值与期待之间的整合关系。Rubin、Soydan、

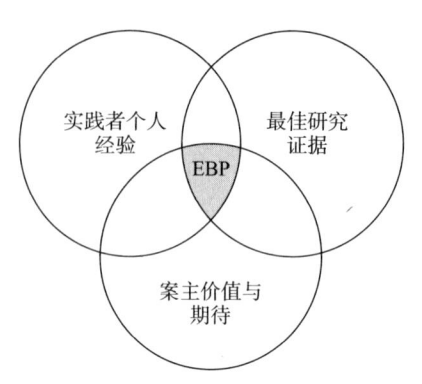

图 2.1（B） 循证社会工作的原始模型

资料来源：Rubin & Bellamy（2012：13）、Soydan & Palinkas（2014：27）、Shlonsky & Gibbs（2004）。

Shlonsky、Gibbs 等社会工作领域的教授对此进行了论述，认为只强调最佳研究证据的循证社会工作不能指导社会工作实践，直接套用循证医学模式不利于循证社会工作的发展和推广（Rubin & Bellamy，2012：13；Soydan & Palinkas，2014：27；Shlonsky & Gibbs，2004）。与实践者要机械地应用最佳研究证据进行干预的误解不同，图 2.1（B）中最佳研究证据、实践者个人经验、案主价值与期待三者交叉部分是循证社会工作决策的三个核心要素，三个核心要素都很重要。Shlonsky 和 Gibbs（2004）还指出，这三个核心要素中没有一个是可以独立存在的，它们通过使用实践者的技能开发一个案主关注的计划，利用经证实有效的干预措施整合起来协同工作。在没有相关最佳研究证据的情况下，其他两个要素的权重更大，而在压倒性最佳研究证据的情况下，最佳研究证据成分的权重可能更大。

其次，更新模型。

无论是循证医学还是循证社会工作，都在不断发展，并将继续完善。第二阶段的更新模型主要是对第一阶段模型的继续发展和完善。相对于第一阶段的原始模型而言，这一阶段的模型是一个更新的模型。Haynes 等（2002a，2002b）率先提出了循证医学的更新模型，如图 2.2（A）所示。在这个模型中，实践者技能不作为单独的实体存在。相反，它基于并结合了临床环境和情境、案主意愿和行动及研究证据。与原始模型一样，实践者熟练地将所有元素混合在所有圈的交叉点上，并根据该交叉点与患者协作做出实践决策。与原始模型不一样的是，更新模型不只关注个体方面的微观因素，还关注临床状态和环境方面的宏观因素。

Rubin、Gibbs、Gambrill 和 Soydan 等学者认为循证实践模型可以应用于临床环境,首先应用于医学实践,之后应用于人类服务之中(Rubin & Bellamy, 2012: 7; Gibbs & Gambrill, 2002; Soydan & Palinkas, 2014: 28)。他们对这一循证医学的更新模型进行了转引,将其应用于循证社会工作中,对循证社会工作概念及实践模式做了进一步的发展和扩充,如图 2.2(B)和图 2.2(C)所示。图 2.2(B)循证社会工作的更新模型与图 2.2(A)循证医学的更新模型一样,显示出实践者技能里整合了特定环境中的研究证据、案主意愿和行动。这一模型还将宏观的环境因素纳入了社会工作决策中。尽管如此,Shlonsky 和 Wagner(2005)认为在宏观的环境因素中,哪些影响因素最重要并不清楚。因此,他们在承认图 2.2(A)和图 2.2(B)模型的基础上,提出将精算风险评估和临床经验纳入循证社会工作的更新模型,如图 2.2(C)所示。在这个模型中,最佳研究证据包括风险评估、高风险影响因素的资源,行动涉及当时的情形、环境因素和案主意愿。他们以儿童保护服务为例,详细论述了实务工作者如何将风险评估、家庭优势和需求评估的信息转化为一系列儿童保护的有效服务干预措施。

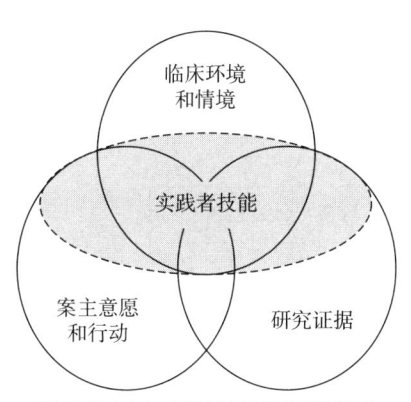

图 2.2(A) 循证医学的更新模型

最后,跨学科模型。

跨学科模型是围绕健康各学科协作开发的模型,包括社会工作、心理学、医学、护理学、公共卫生健康学等。跨学科模型保留了早期循证实践模型的要素,创新之处在于该模型重新审视循证实践过程中不同的学科属性和实践背景。在社会工作领域,Allen Rubin、Bruce Thyer、Satterfield、

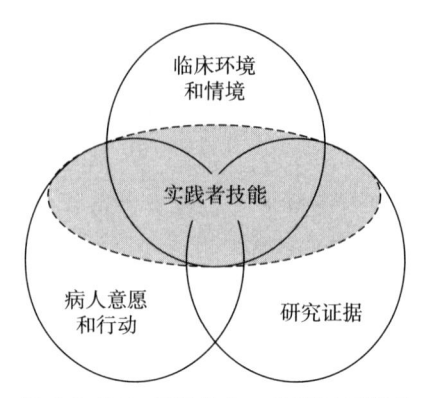

图2.2（B） 循证社会工作的更新模型

资料来源：Rubin & Bellamy（2012：13）；Soydan & Palinkas（2014：27）；Shlonsky & Gibbs（2004）。

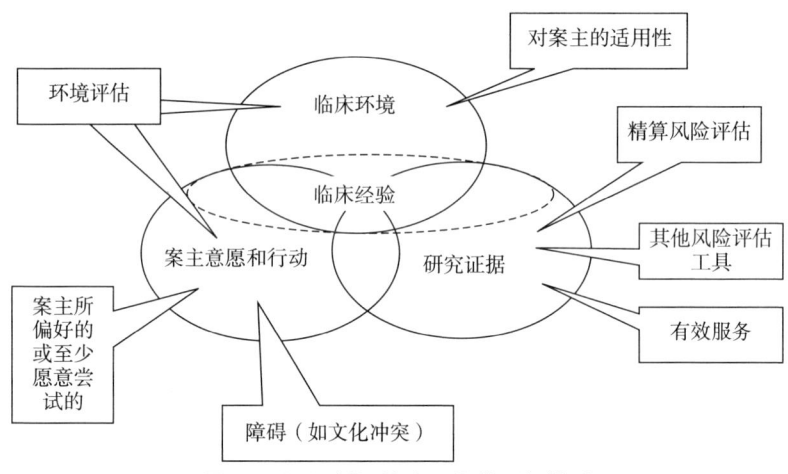

图2.2（C） 循证社会工作的更新模型

资料来源：Shlonsky & Wagner（2005）。

Spring、Brownson、Mullen、Newhouse、Walker、Whitlock等学者针对该模型进行了论述。在跨学科模型中（见图2.3），做决策替代实践者技能位于中心，决策是一个涉及实践者团队和案主的协作结果。原先的个体实践者的技能和知识可以提供信息，但不能完全描述中央决策的过程，实践者的专业知识被划归到三个圈中的其中一个，并被概念化为资源。资源包括实施干预、开展评估、促进沟通、与案主和同事合作的能力等；与案主相关的因素包括特征、情形、需求、价值和偏好。为了实现跨学科多层级的实践，案主的概念被明确地从个人扩展到社区，即从微观到宏观，从个体到团体和系统。最后，在互锁圆圈的外部添加一个额外的圆圈，用以表示提供服务的社会环境和组织环境，以识别环境如何影响具体情境中实践的可行性、可接受性、保真度和适应性。

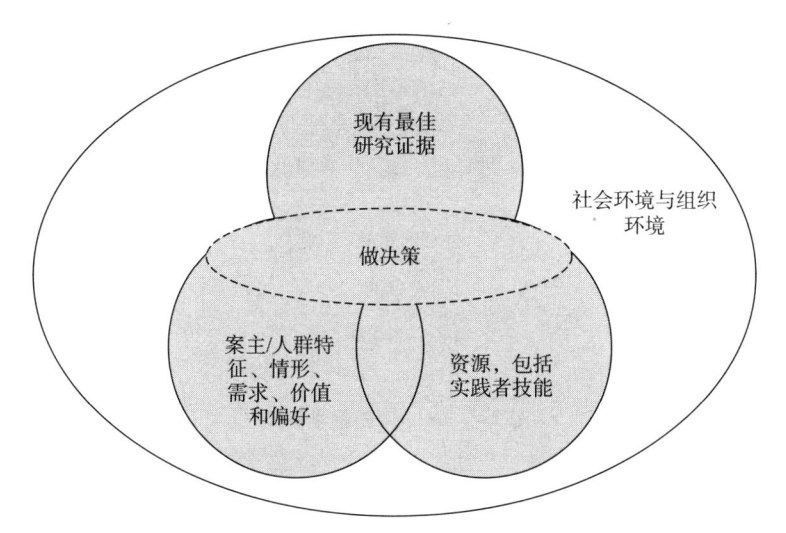

图 2.3 循证社会工作的跨学科模型

资料来源：Rubin & Bellamy（2012：14）。

杨文登是国内系统研究循证实践的学者，研究范围涉及循证心理治疗、循证教育、循证社会工作等社会科学领域，自 2008 年至 2020 年，他共发表 20 余篇相关论文，撰写、参编循证实践相关著作 3 部。他对循证社会工作的模型也进行了论述，从他的两篇文章对比来看，循证社会工作模型与循证医学模型（杨文登，2012）没有太大的区别（见图 2.4）。从图 2.4 及他的文章中可以看出，他认同并承袭了发源于西方的循证医学和循证社会工作的理念，认同将研究证据、实践者经验知识和服务对象独特性三者有效整合是有效服务的必然选择。但是，对比图 2.4 的两个图不难发现，他所认同的循证医学模型和循证社会工作模型在内涵上基本一样，循证社会工作模型套用了循证医学模型，并没有将社会工作专业与医学专业区别开来。不仅如此，从循证社会工作模型的阶段来看，图 2.4 所示的循证社会工作模型还处于循证社会工作的更新模型阶段，没有将宏观环境因素考虑进去，处于前期以个体为服务对象的阶段，更关注微观个体的因素，没有进入跨学科模型阶段。①

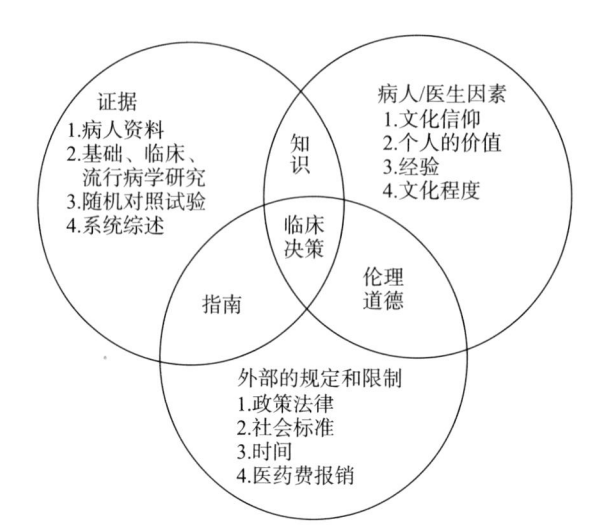

图 2.4（A） 循证医学模型

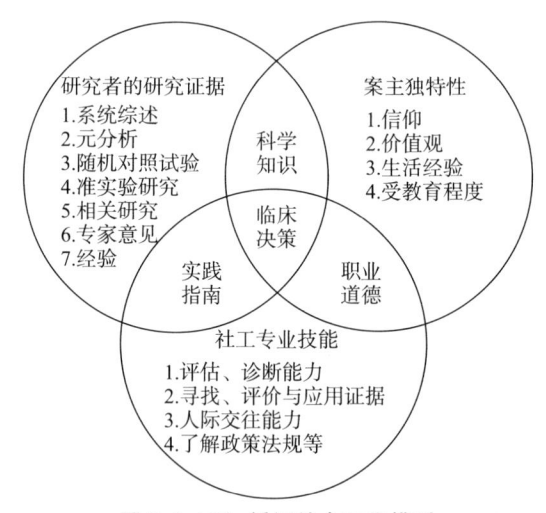

图 2.4（B） 循证社会工作模型

资料来源：杨文登（2012）。

在我国，循证社会工作自 2004 年何雪松介绍起，至今也就 20 年的时间，一些学者对循证社会工作的认识还停留在原始模型阶段或者更新模型

---

① 这可能与杨文登主要研究心理学有关，心理学更趋向于从个体角度解决问题。

阶段，还有一些学者认为循证社会工作是循证医学的科学方法的霸权化，对循证社会工作产生的背景、发展的变化过程缺乏全面的认识和理解。一些支持者简单套用循证医学模式，一些反对者片面理解循证社会工作，加之循证社会工作本身对实践者技能、实践过程以及实践方法等的高要求，使得实际操作比理念的传播面临更多困难，由此，造成了不少争论和误解。

2.2.3 循证社会工作的争论和误解

尽管循证社会工作得到了迅速发展，但是，循证社会工作没有获得所有人的认同，对循证社会工作甚至循证实践的回应，出现了支持者和批评者两大对立阵营。对于循证社会工作的倡导者而言，科学、合理地开展循证社会工作可以实现有效、负责任的服务，可以将理论与实践之间的鸿沟填补起来，推动社会工作的科学化、专业化和有效性，可以解决现实中存在的问题。循证社会工作的批评者并不完全认同这一倡导，从不同的视角提出了批评意见，有学者总结了这些批评意见，也有学者对这些批评意见进行了辩驳。

Soydan 和 Palinkas（2014）在著作中列出反对者的理由，主要集中在循证社会工作本身的不足和对循证社会工作的误解两个方面。

不足之处主要有：①相关科学证据不足；②研究证据使用困难；③好的社会工作实践的障碍；④资源和实践的不足；⑤证明循证社会工作实践有效的证据不足；⑥支持转化的基础设施和机构系统不足。

误解主要有：①诋毁临床实践经验；②忽视了案主的价值和意愿；③提倡食谱式的实践；④是一种削减成本的工具，是一个象牙塔式的观念；⑤限制临床研究；⑥带来专业实践的虚无主义。

Mullen 和 Streiner（2004）提出了类似 Haluk Soydan 等人的观点，但也有不同之处。他们认为循证实践对社会工作的意义重大，循证社会工作有所可为，有所不可为。循证社会工作自身的不足和对它的误解两个方面是争论的主要内容。不足之处主要有：①缺少证据；②将结果应用于个体；③时间、资源和训练限制。误解在于：①贬低专业实践，提倡食谱式的实践；②忽视了案主的价值和意愿；③是一种简单的降低成本的工具；④导致研究和实践的虚无主义；⑤存在哲学层面与现实实践的冲突。

Trinder 和 Reynolds（2000）对比了循证实践相关的支持与批评观点，指出争论主要集中于：①看待循证实践的立场不同；②对循证实践带来的潜在结果认识不同；③对循证实践主要问题的认识不同；④对循证实践问题解决结果存在争议；⑤对循证实践核心观点的认识不同，支持者认为循证实践是一种新的实践范式，反对者认为循证实践是对传统实践的补充或支持。

Straus 和 McAlister（2000）认为出现反对开展循证实践的结果源于对循证实践的误解。误解在于：①忽视了临床专业知识；②忽略了案主价值和意愿；③是一种食谱式的方法；④只是一种削减成本的工具；⑤仅限于临床研究；⑥是不可能的、象牙塔式的概念；⑦导致治疗虚无主义。

Gibbs 和 Gambrill（2002）认为上述 7 点误解都是不正确的，在与社会工作者的谈话中，在不同的语境下，出现了许多反对意见。他们对这些反对的论点进行了逐一描述和辩驳，以此来更清楚地说明循证社会工作是什么、不是什么，它能提供什么和不能提供什么。这些反对论点主要涉及一些常见的反对观点、与社会工作教育委员会规定内容不符的争议、针对传统社会工作实践的争议、针对人身攻击的谬误、对教育实践的困惑和分歧的争论、伦理方面的争论和哲学方面的争论。具体包括：①循证实践没什么新的；②我们已经在使用循证实践；③对于社会工作者提出的问题，不存在清晰的证据；④循证实践假设专业人士是理性代理人；⑤只承认随机对照试验获得的证据；⑥只有在找到证据时才适用；⑦效率是个人解读的事情；⑧循证社会工作实践源于行为主义和实证主义；⑨循证实践与社会工作专业伦理和教育不符；⑩循证实践违反了社会工作教育委员会相关规定；⑪循证社会工作实习中的练习违反了教学标准，与传统研究方法课程中的内容不匹配；⑫循证社会工作与课程其他部分的内容不兼容；⑬循证实践与当前社会工作的机构技术、政策和实践不匹配；⑭提倡循证实践的人只是想引领潮流，通过引起争议来提高他们的声誉；⑮教学生如何思考和教学生思考什么没有区别；⑯循证实践的任务让实习生感到不舒服，因为它们很难而且很耗时；⑰提倡循证实践的人只尊重另一个权威，即研究者的权威；⑱人们总能找到支持自己观点的证据；⑲实践方法效果的不确定性会破坏安慰剂效应；⑳所有的方法在得出真理方面都是同等重要的。

何雪松（2004）认为争论的对立主要在于：①知识论的分殊，即在哲学层面不同的理论范式对"问题"与"证据"的理解不一；②社会工作价值观与循证社会工作实践之间的冲突；③理想模式与实际运作之间的矛盾，涉及循证实践可能性与可行性。

可以说，循证社会工作的争论自其产生就存在，分析这些争论内容及其原因，综合上述学者的观点，可以将争论归结为以下六种：①哲学层面不同理论范式的争论；②研究方法上的争论；③科学与价值的争论；④理想模式与实际操作之间的争论；⑤循证社会工作自身的不足；⑥对循证社会工作认知缺失、误解导致的争论。具体争论内容如表 2.1 所示。

表 2.1 循证社会工作的争论分析

项目	反对者	支持者	支持者的辩驳	笔者的观点
基本立场	理论上值得称赞，但在实践上行不通，存在诸多困难和障碍	在理论和实践上都是必要的、正确的	循证社会工作有其不足，但实践的困难是可以克服的	支持开展循证社会工作
哲学层面不同理论范式的争论	反实证主义	实证主义	社会工作的百年争议	多元理论范式的共存和争议有助于推动社会工作的发展
研究方法上的争论	1. 过于依赖定量分析的数据，忽视了案主的特性层面；2. 过度贬低临床实践经验，拔高了"科学"的地位	1. SR、MA、RCT 等定量研究方法是常用的获取证据的方法，定性研究方法也可以用于寻找证据；2. 证据为本替代权威为本	1. 在循证实践中，人们逐步重视非定量、非实验性的证据，定性研究的结果已成为重要的参考依据；2. 证据为本要素中包括实践者经验，体现了跨学科领域的协作	定量研究方法和定性研究方法都在使用，说明只用定量研究方法是对循证社会工作了解不够。争论的方法在其他学科领域被证实科学有效，方法本身没有错，对方法的争论集中在用哪种方法获得的证据是最好的证据
科学与价值的争论	是科学范式下的霸权，忽视人文部分，反对科学霸权	提倡证据为本替代权威为本，科学有效是主要诉求	社会工作的百年争议	科学有效是循证社会工作的诉求，但是并没有忽视价值关怀，也不可能忽视价值关怀
理想模式与实际操作之间的争论	1. 操作困难；2. 匹配问题的证据寻找困难；3. 证据使用困难	1. 将研究证据、实践者知识经验、案主价值和意愿、环境因素有效整合起来，提供好的服务模式；2. 将理论与实践联结起来的桥梁；3. 有效证据和社工服务的转化、推广	循证社会工作实践存在各种实际限制，如资源不足、工作者能力不强、转化和推广的信息技术手段不先进、整合证据困难、发展时间短、有人抵制等，但通过继续学习、教育、积累可以突破一些限制	循证社会工作是一整套系统的基本理念和操作架构，说起来容易做起来困难是事实，循证社会工作实践对工作者要求高，也是一个赋能的过程

续表

项目	反对者	支持者	支持者的辩驳	笔者的观点
循证社会工作自身的不足	1. 科学证据不足；2. 资源和时间的限制；3. 支持转化的系统不足	循证社会工作确实存在反对者提出的不足，但是可以在不断发展中进行完善	循证社会工作强调工作者持续不断地学习，提升工作技能和能力，建构转化和传播的策略	是一个不断积累、更新的过程，自身的不足在很大程度上可以不断改进和完善，需要时间和更多人的努力
对循证社会工作认知缺失、误解导致的争论	1. 食谱式的实践；2. 忽视临床实践经验；3. 忽视案主价值和意愿；4. 只是降低成本的工具；5. 限制临床实践研究；6. 仅是象牙塔式的概念，不可能实现	1. 不是一本食谱，从循证社会工作的实践过程、服务对象问题与证据匹配等，都可以看出循证社会工作实践不是食谱；2. 很多研究是基于临床实践经验，循证社会工作没有忽视临床实践经验，将研究、临床实践、服务对象和环境结合起来做决策，开展好的社会工作服务；3. 循证社会工作实践中的第四步就明确强调了要结合案主价值和意愿；4. 循证社会工作实践可能会增加成本，但研究所花的钱是值得的，通过更好的研究，缩短研究与实践之间的距离；5. 循证社会工作实践面临各种挑战，而工作者要解决这些挑战	误解的产生主要在于：1. 对循证社会工作不了解或者了解不多；2. 过于依赖循证医学模式，照搬医学模式用于社会工作领域必然存在科学差异和问题；3. 还没有形成本土循证社会工作；4. 能够解决实践循证社会工作的资源、工作者水平不足等问题；5. 循证社会工作确有不足

对于循证社会工作的争论和误解，笔者认为，争论的存在不会阻止循证社会工作的发展，反而在一定程度上有利于循证社会工作的改进和完善，也可极大地推动社会工作的理论反思和多元探索，进而促进社会工作的发展。正如 Gibbs 和 Gambrill（2002）所说的，批评得越严厉越好，这样可以促使我们发现错误，以更好地理解我们的问题，批评者让我们看到哪些争论有一个合理的逻辑和证据基础，哪些没有，批评对知识的增长是必不可少的（Popper，1972：452）。

相反，无论支持者还是反对者，对循证社会工作的认知不足、误解和扭曲才是真正阻碍其发展的主要因素。一些社会工作学者和实践者通常不清楚循证社会工作究竟是什么，并经常省略其中的一些核心组件。例如，一些人过于关注最佳研究证据，将最佳研究证据视为循证社会工作的一切，但最佳研究证据只是循证社会工作的一个部分。正如 Drisko 和 Grady（2015）所言："循证实践是一个制定实践决策的过程，当前案主需求和环境情况、最佳研究证据、案主价值和偏好，以及临床医生专业经验是同等重要的四个部分。在实践中,四个部分要整合在一起,案主价值和偏好以及临床医生专业经验对于正确进行循证实践至关重要,循证实践不仅仅是关于研究。"有批评者认为循证社会工作的发展过于依赖定量分析的数据,忽视了案主的特性层面,过度贬低临床实践经验,拔高了"科学"的地位,甚至说循证社会工作是"烹饪书"。之所以提出这样的说法,是因为这些批评者对循证社会工作的研究方法也存在误解,只看到了定量分析,而不知道循证社会工作还有定性分析,包括定性的系统评价。国内医学界学者王家良(2010)也指出,在我国,有的人对循证医学十分热情,在尚未完全了解循证医学的情况下,往往会出现某些不利于正确发展循证医学的概念,例如,将循证医学等同于Cochrane项目或系统评价或大型多中心随机对照试验,误导发展。这一情况在社会工作领域同样存在。

此外,应用动态发展的眼光看待循证社会工作,因为循证社会工作是不断发展变化着的,并将继续发展。正因如此,对证据来源、研究证据、证据等级、"最佳证据"等循证的核心术语来说,这些术语在特定学科(循证医学)和特定阶段(原始模型阶段)内具有合理性,但在经过了20余年的发展后(更新阶段、跨学科阶段),在特定的社会工作领域,上述核心术语就应进行再思考和完善。再比如,关于哲学层面范式之争和科学与价值之争,循证社会工作起源的诉求在于助人的科学、有效、专业,这正符合实证主义的内涵。在后期的发展中,特别是在反对者的批评和支持者自身的反思下,循证社会工作的内涵在不断改进和丰富,实践者经验、案主价值和意愿、环境、伦理道德、资源等不乏人文性的因素都成为循证社会工作的重要因素。批评循证社会工作是科学化的霸权的说法也是片面的,循证社会工作兼具科学性和人文性,只是强调科学性更多一点而已。因此,从这个意义上来看,循证社会工作可以说是整合性的,兼具科学和人文的内涵。总之,循证社会工作有它的独特之处,但也存在缺点和不足。在现阶段,循证社会工作是中国社会工作发展的一种可行策略。

2.2.4 国内外循证社会工作的研究趋势和挑战

(1) 国外循证社会工作的研究趋势和挑战

国外学者讨论循证社会工作的内容主要集中在:①循证社会工作的意

义及对循证社会工作的倡导；②循证社会工作的起源与发展；③循证社会工作研究与实践结合的重要意义；④循证社会工作的要素；⑤证据、证据研究方法、最新研究证据与实践应用之间的转化；⑥循证社会工作实践的障碍[①]。因前文文献综述中对上述内容进行了大篇幅论述，此处不再赘述。

循证社会工作在西方国家逐渐得到政府、专业组织及社会大众的认可，成为社会工作的主流实践模式，其发展特点和趋势表现为以下几个方面。①循证社会工作理论研究逐渐系统化，但尚未形成系统化的理论体系。学者们对循证社会工作的起源与发展、循证社会工作的理论与实践的意义、循证社会工作的主体、证据及其应用、证据研究方法、循证实践的步骤、循证社会工作实践的障碍等众多要素进行了研究，正在开展大量的元分析、系统综述研究，研究证据的数量不断增加，证据数据库内容不断丰富，理论探究的内容逐渐系统化。但是，在证据的内涵、证据的研究方式、证据级别、证据使用等方面存在争议，特别是在证据的有效对应性、循证社会工作理论基础、循证社会工作实践的前提、服务对象问题库、服务对象问题解决方案库等循证社会工作的基本要素方面较少涉及甚至还未涉及，缺乏系统性的研究。②循证社会工作实践逐渐细化与具体化，但尚未形成系统的实践模式。循证社会工作实践正在向具体的领域不断渗透，如精神健康、青少年药物滥用、犯罪矫正、儿童保护、家庭服务、家庭暴力等。具体领域的证据不断增加，实践步骤不断细化，循证社会工作实践正在稳步发展。但是，在干预有效性、实践情境和文化差异等方面面临巨大挑战，在具体的实践步骤和过程中以照搬、套用循证医学模式为主，可以说，循证社会工作实践模式也尚未形成。③研究成果较多。循证社会工作一经诞生，发展便非常迅猛，相关的论文、杂志、论著开始大量涌现。仅检索自1999年以来收录在 Web of Science 数据库的文献，检索主题为"Evidence-Based Social Work"或"Evidence-Based Practice in Social Work"，通过摘要筛选，就可以筛选出307条关于循证社会工作的文献。还有专门以循证社

---

① 综合学者们的研究，循证社会工作实践的阻力主要有知识障碍（Anderson et al., 1999; Gibbs & Gambrill, 2002; Mullen & Bacon, 2004; Thyer, 2004）、适应性障碍（Gibbs & Gambrill, 2002; Barratt, 2003; Bartels et al., 2002）、对证据以及证据使用的争议（Gibbs, 2003; Barratt, 2003; Landry et al., 2001）、证据研究能力欠缺和可用资源的不足（Barratt, 2003; Mullen & Bacon, 2004; Bellamy et al., 2006）。

工作或循证实践命名的期刊,如《循证社会工作杂志》(*Journal of Evidence-Based Social Work*)、《循证社会工作实践》(*Evidence-Based Social Work Practice*)、《证据与政策》(*Evidence & Policy*)等。一些社会工作和人类服务类的杂志也大量刊登循证社会工作的文章,如《社会工作》(*Journal of Social Work*)、《社会工作研究》(*Social Work Research*)、《儿童、家庭社会工作》(*Child & Family Social Work*)、《社会工作实践研究》(*Research on Social Work Practice*)、《临床社会工作》(*Clinical Social Work Journal*)、《英国社会工作》(*British Journal of Social Work*)、《澳大利亚社会工作》(*Australian Social Work*)、《国际社会工作》(*International Social Work*)、《社会工作教育》(*Journal of Social Work Education*)等。循证社会工作相关的著作也较多,如《社会工作与循证实践》(*Social Work and Evidence-Based Practice*; Smith, 2004)、《社会工作中的循证实践》(*Evidence-Based Practice in Social Work*; Bilson, 2004)、《循证社会工作实践的基础》(*Foundations of Evidence-Based Social Work Practice*; Roberts & Yeager, 2006)、《循证社会工作:批判的立场》(*Evidence-Based Social Work: A Critical Stance*; Gray et al., 2009)、《循证社会工作读本》(*Reading in Evidence-Based Social Work*; Vaughn et al., 2009)、《循证社会工作实践》(*Evidence-Based Practice in Social Work: Development of a New Professional Culture*; Soydan & Palinkas, 2014)、《循证社会工作实践指导》(*Practitioner's Guide to Using Research for Evidence-Based Practice*; Rubin & Bellamy, 2012)等。

  与循证社会工作初始阶段的研究有所不同,当前最新的研究聚焦循证社会工作的实施和推广方面,这些最新研究结果显示:循证社会工作实践被认为是保障社会工作实践科学、有效、高质量的标签,社会工作者认同循证实践的理念,认可基于研究证据的实践比基于经验的实践要好得多。但是,实施、推广循证社会工作存在诸多挑战。挑战主要聚焦在以下几个方面。①对循证社会工作实践的认识模糊且有限。各个国家的研究结果都明确显示出社会工作者对循证实践认识的模糊性。他们对循证实践的整体认识混淆,缺乏对循证实践全面的讨论,对循证概念的熟悉程度有限,大多数参与者说他们不确定在多大程度上,他们的工作是以证据为基础的,甚至很多人听说过循证实践这个概念,但很少有人对它有确切的了解。②循证社会工作实践操作起来困难。尽管参与者认为基于研究证据的实践比基于经验的实践要好得多,但在现实实践中,二者被描述为同等重要。他们不知道如何评估新知识,认为搜索、阅读理论和实证研究是耗时的,将研究所载信息转化为可以付诸实践的实际程序困难相当大,他们缺乏时间、技能和知识。经验丰富的社会工作者不太倾向于采用规定的循证实践。此外,他们发现这种循证的做法不那么吸引人,并且它本身也将一些新的结构化和人工干预拒之门外。③知识转化难。新知识的主要来源是他们的同事、主管、大众媒体、医院的内联网信息和不同的短期课程。参与者表示有兴趣在干预中使用研究证据,并支持将研究转化为实践,但限制于时间、技术、能力和复杂的环境,需要借助专门研究人员的支持将研究转化为实践。参与者认为缺乏机会进行经常性的、有条理的讨论,涉及同事之间的知识交流,阻碍了将个人知识转化为更一般知识。④证据研究与现实情境匹配困难。大多数工作者并不确定他们的工作在多大程度上是以证据为基础的。⑤相关研究少。参与者普遍认为,对循证社会工作的研究很少。大多数参与者认为研究通常基于随机对照试验,他们认为这些试验与日常工作中的复杂性和变异性无关。⑥循证社会工作教育缺乏。以医务社会工作者为例,他们在社会科学领域接受教育,却在医疗保健环境中工作和发展,如果他们不熟悉循证实践的概念,缺乏在实践中将社会工作观点与医疗保健观点结合起来的指导和支持,他们可能会发现实施循证实践即使可能,也很困难。

笔者选取 7 个不同国家,包括瑞典(Udo et al., 2018)、荷兰(Renske, 2019)、挪威(Ekeland et al., 2018)、美国(Grady et al., 2018)、中国(Zhang et al., 2018)、德国(James et al., 2018)、南非(Booysen et al., 2019)不同形式的调查研究,以此来说明上述观点(见表 2.2)。

表 2.2　国际最新循证社会工作研究汇总

国家	研究对象	研究方法	循证的态度	实施、推广的困难	建议
瑞典	27 名医务社会工作者(都有 BSW 学位)	焦点小组访谈	不是不可能,但也很困难	1. 基于研究证据或经验的实践的混淆 2. 获得新的实践证据难 3. 研究少 4. 社会工作环境复杂 5. 知识转化困难	1. 循证教育 2. 专门人员研究证据、知识转化、推广

续表

国家	研究对象	研究方法	循证的态度	实施、推广的困难	建议
荷兰	22名（10名工作人员，12名社会工作者）	半结构化访谈	循证实践的干预措施是科学有效的	1. 对循证实践含义的混淆 2. 偏好循证实践的流程	加深对循证实践的理解
挪威	2060名社会工作者	定量分析	被作为保障实践科学、高效的标签，但对循证实践没有精准的认识	1. 听过循证实践的概念，但很少有人对它有确切的理解 2. 存在争议	无
美国	13名新毕业的社会工作者	半结构化访谈	会学习循证实践知识和步骤，并应用到他们的服务中，但比较难	1. 对循证视角的整体混淆感 2. 循证教育不足 3. 机构资源缺失 4. 阻碍循证的机构文化	无
中国	三大数据库，三类主要期刊中循证社会工作的文献	文献评价	有理解，但缺乏全面讨论	1. 语言障碍 2. 发展问题	无
德国	158名社会工作者	分层抽样、多元线性回归分析	对于循证研究方法的态度是积极的，提供了培训和支持	1. 对循证概念熟悉程度有限 2. 研究证据与实践不匹配	无
南非	在线社会工作者数据调查	描述性统计分析	总体上是积极的，有些抵触	1. 对实施循证实践的监管和权威方法有些抵触 2. 经验丰富的人不太倾向于采用规定的循证实践 3. 做法不那么吸引人 4. 循证将一些新的结构化和人工化的干预拒之门外	1. 将循证实践纳入社会工作者的持续专业发展方案 2. 在更广泛的范围推广更全面的循证实践

（2）国内循证社会工作的研究趋势和挑战

我国学者关于循证社会工作的研究主要集中在以下几个方面。①"证据为本"的实践对中国社会工作发展的意义研究。"证据为本"的实践是呈现社会工作的科学性与专业性的重要策略，也是推动社会工作在中国发展并获得社会认同的一个可能策略（何雪松，2004）。"证据为本"的社会工作研究是对我国社会工作发展具有潜在或现实影响的研究路向之一（陈树强，2005）。②循证社会工作理念和方法作用的研究。循证实践是西方未来社会工作发展的新方向（杨文登，2014），循证理念和方法在中国社会工作领域的应用转化不够，学界认知度不高（拜争刚等，2017a），循证社会工作实践在科学依据、高级别证据、标准化量表、人群与领域拓展等方面有提高空间（范斌、方琦，2017）。③循证社会工作本土实践探索。张昱、彭少峰（2015）通过实践探讨了循证社会工作的本土模式、实践限度和可能价值，提出了"适度循证"的理念。郭伟和（2017）提倡要在中国情境下理解和应用循证矫正社会工作。马凤芝（2013）认为社会工作在历史发展过程中经历了从"权威为本"的实践模式到"证据为本"的实践模式再到"设计为本"的实践模式三个阶段。一些学者将循证社会工作的理念和方法应用到社会工作不同领域中，涉及矫正社会工作（郭伟和，2019；康姣，2019；熊贵彬，2020）、医务社会工作（童峰、杨文登，2019）、社会工作介入精准扶贫（王青平、范炜烽，2017）、残障社会工作（易艳阳，2019）等，既强调循证社会工作对中国社会工作发展的重要性，又强调研究方法的重要性（彭瑾等，2022；郑广怀、朱苗，2021）。④循证社会工作话语体系的研究。包括循证社会工作中西方话语权（刘玲、彭华民，2019）和专业实践中的知识体系（郭伟和，2019）的研究。⑤循证社会工作的证据研究。包括证据生产的方法（拜争刚等，2017a）、证据本身（臧其胜，2016）、证据等级（孙希希等，2023）、证据质量（李筱、段文杰，2021）、证据累积（李雪燕等，2024）。

我国循证社会工作发展呈现以下特点和趋势。①起步晚，研究成果少，但越来越受到关注。在CNKI数据库中，以"循证社会工作 or 证据为本的社会工作 or 基于证据的社会工作 or 循证社会工作实践 or 循证社会科学实践"为关键词进行模糊匹配检索，时间截至2024年9月，剔除非社会工作相关的文献，共筛得119篇循证社会工作相关文献，其中期刊论文104篇，集刊论文5篇，博士学位论文1篇，硕士学位论文9篇。关于循证社会工作的文章最早发表于2004年，更多研究则在2010年以后陆续发表。119篇文献总参考次数为2315次，总被引次数为1440次，总下载次数为110827次，单篇均被引次数为12.1次，单篇均下载次数为931.32次（见图2.5）。②缺乏系统化研究，认识碎片化，未形成系统理论体系和实践模式，但在积极探索中。通过"循证社会工作实践"文献的关键词共现次数与各个关键词之间的关系结构（整理并截取了关键词共现次数分别为 2 次以上、6 次以上、10 次以上分析图，如图 2.6 从左到右各图所示）发现：循证社会工作、社会工作实践、社会工作服务、社会工作专业、中国社会工作、社会工作理论、行动研究等是研究最多的内容。通过具体分析文献内容看到，在理论层面探讨循证社会工作在中国的可能性和适用性的较多，对循证社会工作起源与发展的介绍性内容多，部分文章就循证社会工作某一个或某几个要素进行论述，缺乏对循证社会工作各要素及要素之间关系的完整性论述和研究，相关的实践探索研究少。

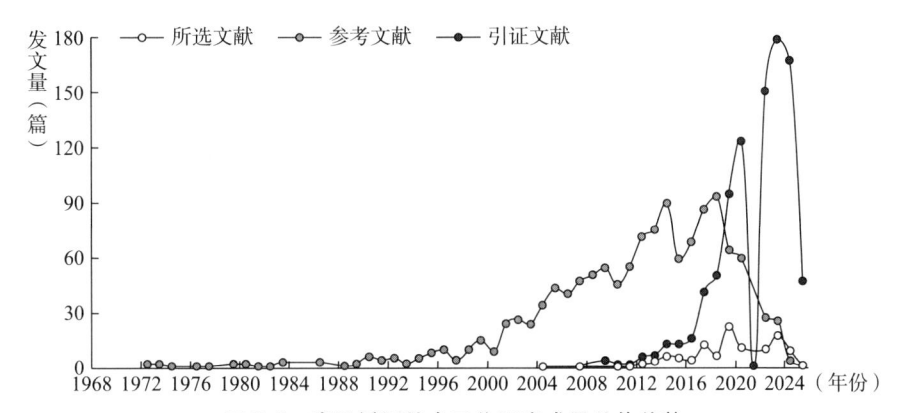

图 2.5　我国循证社会工作研究成果总体趋势

资料来源：笔者根据中国知网文献检索绘制。

当前国内循证社会工作面临的主要挑战如下。①处于探索阶段，对循证社会工作的认识处于碎片化、局部性状态。作为新生事物，以介绍什么是循证社会工作及其方法为主，对循证社会工作尚未形成系统的认识和论述，对循证社会工作的认知模糊，搬用循证医学和西方经验带来的争议和问题多。②要素不清晰，系统循证社会工作理论尚未形成。学者们尝试从不同角度和层面对循证社会工作的要素进行了论述，但从目前的研究状况来看，尚未完全厘清循证社会工作理论各要素及要素之间的关系。单就"证据"来说，什么是证据？谁的证据？如何获取证据？如何评价证据？如何使用证据？这些问题还没有明确的界定和统一的认识。③循证社会工作本土实践困难。影响我国循证社会工作实践的因素较多，发展时间短、认知不足、理论体系不完善、反对者的批评、资源不足、工作者能力不足、环境差异、科学差异、中西方文化差异以及实施、评估和传播基础不够等

图 2.6 循证社会工作实践关键词共现次数结构

资料来源：笔者根据中国知网文献检索绘制。

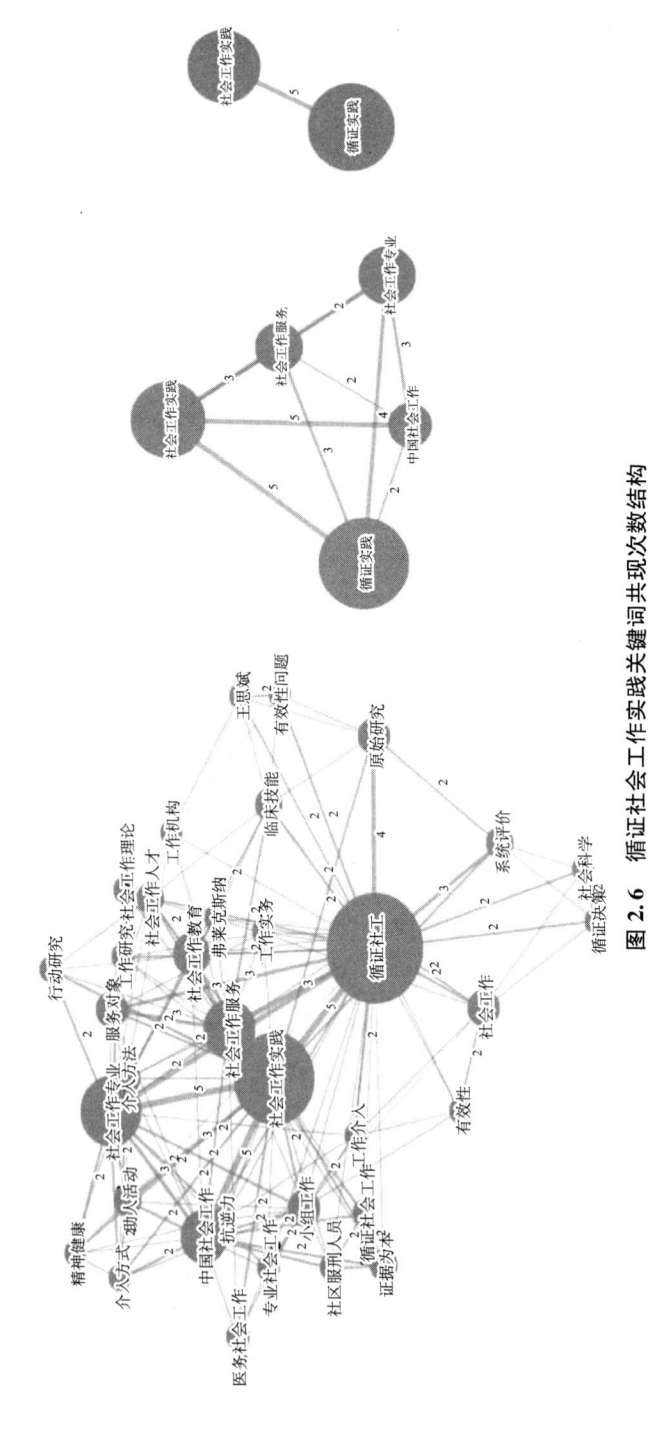

都是我国循证社会工作实践的阻碍因素。④循证社会工作教育缺乏。由于国内还停留在什么是循证社会工作、为什么要循证以及循证社会工作的意义等方面的讨论，尚未形成完整且成熟的循证社会工作知识体系，因此，循证社会工作教育也比较缺乏，社会工作专业教育和职业教育中都较少有专门的关于循证社会工作的教育。

2.3 文献述评

本书的研究焦点是循证社会工作的证据，所以，本书从不同学科的证据和循证社会工作两个方面进行了文献收集、整理和分析。不同学科的证据比较结果，更多地带给笔者研究循证社会工作证据的借鉴意义和启示。循证社会工作文献的梳理，展现了循证社会工作的知识体系和实践框架、循证社会工作的动态发展、循证社会工作的争论和误解、循证社会工作的现状等方面，也凸显了对循证社会工作证据研究的不足和可研究的空间，为笔者提供了研究循证社会工作证据所需要的循证社会工作的发展脉络，为证据的研究奠定了基础，同时，也形成了以证据为核心贯穿整个循证社会工作过程的研究思路，确定了循证社会工作证据是什么的研究问题。

2.3.1 从不同学科的证据比较结果来看

（1）此证据非彼证据

第一，法学、哲学这种传统意义上的证据，与循证社会科学中的证据不同。

在法学语义中，很难说清楚证据是什么，但是证据具体指什么是非常明确的。在证据的使用中，不关注某物是不是证据的抽象问题，而把争论的焦点集中于具体证据的可采性和相关性，强调证据的功能，具有法律实用主义证据观。法学语义中证据的属性具有关联性、证明性、客观性、主观性、合法性等争议，但关联性是证据的本质属性，合法性则体现了证据的法学特征是共识。在哲学语义中，证据可以是知识、命题、观察的东西、推理等，并没有明确统一的界定。哲学基于逻辑推理表达证据，但也认为证据的选择和使用是客观性和主观性的辩证统一，客观性是证据的第一性，主观性是证据的第二性。客观性是一种相对的客观性，具有主体间性的特征，应该在证据的关联性中建构事实，还应该考察证据内容和证据所处背景及其语境。关联性也是哲学语义中证据的本质属性。哲学中主要从认识论看待证据，由此形成了逻辑合理性的证据观。循证社会科学中的证据可以笼统地说是经验证有效的研究结果。循证社会科学涉及不同学科，在经验证有效的研究结果表述上有所差异。

第二，各循证社会科学中的证据有异同。

各循证社会科学在最开始的时候都借鉴使用循证医学的证据，将经验证有效的研究结果作为证据。不同之处在于，在各循证社会科学发展的过程中，循证医学的研究证据逐渐包括了准确的诊断性临床试验研究，预后指标的强度研究，治疗、康复、预防措施的有效性和安全性研究。循证矫正的研究证据逐渐具体化为经审查评定的矫正项目，矫正项目可以是有效的、无效的和有希望的，有效的矫正项目用来推广使用，无效的矫正项目放弃，有希望的矫正项目改进后再审核。循证心理治疗的证据也扩展为包括在实验室情境中获得的与诊断、治疗、评估等相关的研究结论，心理学及相关学科基础研究中获得的与临床相关的结论等，并且明确提出了证据不仅限于研究证据的结论，证据的来源和类型是多样化、多层次的。循证社会工作的证据虽然还以遵循循证医学早期的研究证据为主，但也在使用证据的时候将案主的需求和环境情况、最佳研究证据、案主价值和偏好、临床医生专业经验整合起来考虑。

（2）不同学科证据比较的启示

第一，"关联性+"是证据的属性。

关联性是法学、哲学、循证医学、循证矫正、循证心理治疗和循证社会工作等学科证据的共同属性。各学科的证据属性可以用"关联性+"来表述，关联性是证据的本质属性，"+"则显示了各学科证据的学科属性，也是将不同学科的证据区分开来的标志。如法学中证据的属性为关联性+合法性，哲学中证据的属性为关联性+主客观统一性，"关联性+"也用来表述循证社会工作中证据的属性。

第二，从认识论基础和视角看待证据。

从专业性较强、社会认可度高的法学、哲学和医学等学科来看，这些学科对证据的内涵认定都是比较模糊的,没有统一定论。但是,在如何认识和使用证据方面,根据学科特征有着相关规定。也就是说,从本体论的角度很难详细界定证据的本质。但是,认识论可以成为我们正确认识证据、在不同的发展阶段和特定的情境下使用证据的基础和视角。认识论决定着人们对证据本质的认定（本体论）及认定证据所采用的方法和策略（方法论）。

2.3.2 从循证社会工作相关研究来看

(1) 体现了循证社会工作的变化,但论述缺乏历史的连贯性

国内外学者对循证社会工作概念、要素、实践步骤、发展阶段、实践模型进行了大量论述,从整体来看,这些论述放在一起可以显现循证社会工作的不断发展与变化。但是,从单个学者的论述来看,绝大多数的论述处于循证社会工作发展过程中的某个阶段,或针对某一具体方面的论述较多,从历史脉络中系统地论述循证社会工作变化的较少。

(2) 开始注重社会工作学科特色,但成果不明显

循证社会工作早期借用循证医学的理论和模式较多,在不断发展过程中,一些学者注意到了循证社会工作与循证医学的不同,提到不能直接照搬循证医学的内容,开始尝试将循证社会工作从循证医学中剥离出来,基于社会工作的学科特征建构循证社会工作的理论和模式。但是,研究成果不明显,迄今为止,循证社会工作依然没有跳出循证医学的范围。

(3) 对循证社会工作有争论和误解

循证社会工作存在较多争论,争论的源头可以分为三个。第一个是哲学基础的争论,主要表现在实证主义与反实证主义的争论、研究方法的争论、科学与价值的争论。争论不是循证社会工作独有的争论,在其他一些社会科学中也存在,在研究方法中则表现得更为明显,人们开始尝试使用混合的方法来弥补争论的不足。第二个是对循证社会工作本身存在的不足产生的争论。如证据不足,证据使用困难,资源和时间不足,支持转化的资源不足等。第三个是对循证社会工作,甚至是对循证实践的误解导致的争论。误解也表现在很多方面,如认为它忽视临床专业知识,是食谱,导致研究和实践的虚无主义等。

（4）国内外循证社会工作都在持续发展，但阶段、任务和挑战不同

从国内外循证社会工作的发展现状看，国内外循证社会工作发展处于不同阶段，关注的重点不同，面临的问题和挑战不同，要发展的重点内容也不同。国外循证社会工作经过了初级阶段，得到了政府、专业组织、高校的认可，理论研究逐渐系统化，实践研究逐渐细化、具体化，成为社会工作的主流模式。循证教育、证据的传播转化和实施成为新的研究方向。但也面临各种困难和挑战，集中体现为对循证社会工作实践认识的模糊且有限。国内循证社会工作还处于初始阶段，以介绍性、意义性、方法研究为主，对循证社会工作的认识处于碎片化状态，面临更多问题和挑战，但也认识到了文化、环境、制度的差异，正在积极探索本土化循证社会工作。

（5）循证社会工作的问题归结为一个问题："循证社会工作的证据是什么？"

总的来说，循证社会工作处于不断发展变化当中，基于证据决策理念有助于为社会工作提供好的实践，但也面临各种问题和挑战。这些问题和挑战表现在循证社会工作的不同方面，但循证社会工作的核心是证据，循证社会工作研究和实践都围绕证据展开，各国最新的研究也表明，循证社会工作最大的挑战是对证据认识的模糊且有限。因此，上述问题和挑战都可归结为一个问题：循证社会工作的证据是什么？这就成为本书的研究问题。事实上，关于"证据是什么"的问题，Straus（2004）早在2004年3月就已经提出来了，Straus在权威期刊《英国医学杂志》（BMJ）上发出"循证医学的证据是什么？"的疑问，提出关于循证医学的各种讨论、实践、挑战和争议，都可归结为一个问题：循证医学的"证据"是什么（What's the "E" for EBM）？Straus发现，循证医学从1992年的Medline第一次引用已经成倍增长到2004年的13000多次（Sackett et al., 2000; Straus, 2004），循证医学在被极力倡导的同时，也面临现实困难，并遭受着反对者的各种批评。为此，Straus发起了题为"循证医学改变一切的证据是什么？"（What's the evidence that evidence based medicine changes anything?）的主题讨论，号召该领域的研究者、患者、专家、政策制定者和其他一些利益相关者共同讨论，19篇相关系列文章刊登在2004年10月30日的BMJ期刊上。在这19篇系列文章中，人们讨论的内容涉及循证医学的各方面，以证据讨论为核心。从循证社会工作的现状和问题来看,循证社会工作与当时循证医学面临的问题有着惊人的相似之处,即面临与当年循证医学同样的问题:循证社会工作的"证据"是什么?证据是什么这一问题包含了循证社会工作的四个基本问题:社会工作实践为什么要循证?循证社会工作中证据的实质是什么?如何生产证据及什么样的证据是循证社会工作的"最佳证据"?现实世界中如何使用"最佳证据"以实现社会工作"好的实践"?

第3章 循证社会工作的"事实选择"：证据的实质

证据作为循证社会工作的核心，贯穿于循证社会工作的整个过程，循证社会工作的理论研究和实践探索都围绕证据展开。循证社会工作的目的是提供好的、有效的社会工作服务，而在循证社会工作研究和实践中，普遍存在对循证社会工作的争议和实践困难，研究发现争议和困难主要源自人们对证据的认识模糊和界定不清。为此，厘清证据的实质，是循证社会工作得以实现的基础。本章探究循证社会工作证据的转变、证据的本质、证据类型和证据体系，尝试对循证社会工作的证据本身做一较为完整的论述，解决"循证社会工作证据的实质是什么"这一问题。

3.1 证据探究：从应然到实然的动态转向

3.1.1 证据证明方法的进化：宗教证据—慈善证据—科学证据

正如人类司法实践证明方法由神证转向人证再转向物证（何家弘，1999），医学发展从巫术转向宗教再转向科学（袁钟，2000）一样，在西方救助实践的历史进程中，助人的方式和价值也曾经有过两次重大的转变：第一次是从宗教慈善救助转向"国家-宗教-社会"慈善救助，第二次是从"国家-宗教-社会"慈善救助转向专业科学救助。社会工作就是在这两次转向中产生的。① 相应地，在这两次转变中，判断助人服务的依据，即证据，也有所不同，经历了从宗教证据到慈善证据再到科学证据的转变。

（1）西方基于宗教慈善救助的证据（1601年以前）

在人类社会的早期，人们认识事物的能力有限，在遇到疑难问题，家庭、邻里无法解决时，常常求助于神灵或先哲。基于地缘关系的邻里互助和基督教信仰及其伦理规范成为救助的基础（陈涛、武琪，2007）。邻里互助不仅帮助困难者摆脱困境，还体现了助人者的关爱和助人情怀，是人性的体现。

宗教不仅起源于社会生活，还通过各种仪式维持、再造着社会生活（迪尔凯姆，1995：456）。助人、救助常被认作慈善事业，在慈善事业发展的早期社会，宗教是慈善事业发展的基础。基督教产生以后，特别是在基督教主宰一切的中世纪，基督教伦理道德、价值规范成为世俗社会的行为准则，宗教伦理道德与世俗社会伦理道德合二为一，奠定了西方国家社会价值体系与行为规范的基础，关系到公民个体、家庭、教会与国家的相互关系，反映着社会文化，形成了西方社会特色鲜明的宗教文化及其伦理道德规范（刘继同，2005）。在这样的社会背景下，基督教发挥着很大的作用，救助带有强烈的宗教道德取向，体现为教会内部对教会成员的救助和教会发起或举办的对贫民的救助。

基督教产生之初，互助、救助主要局限在教会内部，以教会成员内部的互助和救助为特色。教会既是基督教徒的宗教组织，也是慈善互助的宗教社团。每个教会都有自己的公共福利金，用于发放补助、举办聚餐和安葬死者等，通过教徒的资源捐赠和内部互助互爱，为有需要的教徒提供物质帮助（刘继同，2005）。后来，教会的内部救助扩展至教会外贫民救助，由教会发起或举办的慈善救助成为西方慈善救助的主要形式。保护孤儿、

---

① 对于社会工作的起源与产生有三种不同的观点：第一种观点认为社会工作起源于宗教慈善救助；第二种观点认为社会工作起源于个人与社会的需求得不到满足而产生的社会问题；第三种观点认为社会工作伴随着人类社会的社会问题而产生。但从现有的文献来看，绝大多数人更认同社会工作起源于宗教慈善救助。阅读社会工作者先驱玛丽·里士满和简·亚当斯的系列著作，可以发现宗教慈善救助对社会工作的产生和发展具有重大的影响。笔者认同社会工作起源于宗教慈善救助的说法。因此，可以说，社会工作就是在宗教慈善救助、"国家-宗教-社会"慈善救助、专业科学救助的转向中出现的。

照顾寡母、帮助老弱病残,既是教徒本身的义务,也是其灵魂得以救赎的方法。因而,基督教徒比非教徒更热忱地投身慈善事业,有着更强烈的社会责任感(陈涛、武琪,2007)。

这一阶段的慈善救助极具宗教色彩,教会人士发起或引导慈善救助,君主贵族、富商等社会上层人士、贵族妇女等人参与慈善救助活动。对穷人的帮助被认为是一种施舍和救助的工作,将穷人的贫困归结为他们个人的原因,救助穷人出于同情和教徒的义务和责任,救助的形式也以个人或家庭救助为主。

哪些人可以得到救助、如何进行救助、开展什么样的救助活动,基督教《宗教法》都有规定:"教会的财产除了满足宗教仪式所需费用与神职人员生活外,1/3 或 1/4 用于社会救助。按主教的计划,把钱款分给寡妇、孤儿、瘸腿者、病者和老者……使无数不喜乐的、被社会蔑视的,皆进入教会,病的、老的,皆在收容之列。"(参见吴昱桢,2013)这一阶段,贫困救助的依据主要是宗教教义,进行贫困救助的人主要为教会人士。

(2) 基于"国家-宗教-社会"救助的慈善证据(1601~1917年)

16 世纪的宗教改革严重冲击了教会的救助功能,西方国家通过立法的形式逐渐介入贫困救济,将原来分散、应急的救济事务转化为国家的一项基本职能(杨山鸽,2009)。在经过多部济贫立法后,1601 年,英国颁布了著名的《伊丽莎白济贫法》(the Elizabeth Poor Law,以下简称《济贫法》),建立了国家济贫制度(唐钧,2010)。政府代替了教会的慈善救助,但教会依然承担主要救助工作。《济贫法》规定以教区为单位,由地方教区主导,对城市贫民实施有条件的救济。《济贫法》中对贫困本身的分类及有差别的救济方式直接来自原基督教人文主义思潮对于贫困的论述(卢成仁,2013)。可以说,这一阶段的慈善救济在批判式继承宗教慈善救助的基础上,推进了国家-宗教慈善救济的发展。

19 世纪的工业革命推动了英国社会经济发展,也带来了社会问题,贫困和失业问题日益严重。1834 年,英国通过了《济贫法》修正案,实施《新济贫法》(the New Poor Law),"院内救济"成为《新济贫法》的主要特色。19 世纪中后期,英国社会矛盾进一步恶化,原有的济贫制度无法适应时代发展的要求,以社会保险为核心的社会保障制度成为英国政府实施贫困救济的主要政策和措施，国家的责任凸显出来。西方其他一些国家也建立了救助制度，如德国的《汉堡制》和《爱尔伯福制》。

与此同时，还存在多种非政府性救济组织和救济行为，慈善组织会社和睦邻组织占重要地位。

1814年，牧师Chalmers在圣约翰教会的格拉斯教区首先做出帮助有劳动力的贫民摆脱贫困的尝试。他将教会分成不同的教区，每个教区由一位教会执事负责，教会执事对求助的贫民进行上门探访，了解该贫民的居住环境、家庭状况、邻里关系等。教会根据会员的特质，将他们派往医院、儿童慈善机构、需要救助的社团和敬老院，教会会员定期聚会，向教会和牧师做报告，并学习其他人的经验（Richmond，1907）。这种基于教会会员的探访逐渐发展成为慈善救助的友善探访制度，进行探访的教会会员被称为友善探访员（friendly visitors）。基于友善探访的慈善救助，在帮助贫民摆脱贫困问题的同时，也出现了一些问题。如不同教会之间缺乏沟通，造成了一些贫民被重复救助，一些则得不到救助，这容易使得一些贫民产生依赖，或造成穷人孩子的贪婪，缺点暴露无遗，需要教会集中力量进行必要的改革（里士满，2018：162）。友善探访制度改革推动了慈善组织会社的出现。1869年，在Solly的倡议下，成立了伦敦慈善组织会社。① 慈善组织会社在弥补原友善探访制度缺陷的同时，受基督教人文主义的影响，形成了友善探访、个别化工作、注重贫困者自助互助的工作方法，Woodroofe（2008）将这种方法称为个案工作。美国慈善组织会社在沿用英国慈善组织会社渐臻成熟的自助理念和友善探访制度外，发展出了"科学慈善"（science charity）方法，将科学管理和有效组织社区资源的方法引入慈善组织运作和管理中。

几乎与慈善组织会社同时，英国基督教公益慈善活动中也出现了不同于慈善组织会社理念和做法的睦邻组织运动（Settlement House Movement）。

1844年，Williams和其他不同教派的12名成员，在伦敦成立了世界上第一个基督教青年会（Y.M.C.A），目的在于应对涌入城市的底层青年劳工行为和道德失范问题。1866年，纽约基督教青年会提出了"德、智、体、

---

① 伦敦慈善组织会社最初名为慈善救济及抑制行乞协会（Society for Organizing Charitable Relief and Repressing Mendicity），第二年才更名为慈善组织会社（Charity Organization Society）。

群"的行动原则,将服务从信徒、贫民,扩展至学生、产业工人、黑人等社会群体,转型为一个具有广泛对象的、有宗教背景的社会服务组织。

1864年,牛津大学的Denison住进伦敦东区的贫民区,组织社区的贫民共同研读《圣经》,教习历史、经济等课程。1875年,Barnet夫妇通过大学生与贫民共同生活以改善贫民生活环境和提升其生活质量的理念得到牛津大学学生的认可。随后,Barnet开始安排牛津大学的学生到社区中从事贫民服务工作,筹建伦敦地区的大学睦邻运动委员会,建立汤恩比馆(Toynbee Hall),开展贫民服务,服务内容主要涉及成年劳工和移民的各项教育课程、法律援助、老年服务、儿童和成人剧团、艺术长廊等。

受英国睦邻组织运动的影响,1886年美国纽约成立第一个睦邻组织——邻里公会(Neighborhood Guild),为新移民的社区适应提供服务和帮助。1889年,Addams在芝加哥成立霍尔馆(Hall House),在学前儿童照顾、儿童课后照顾、贫困儿童夏令营、成人文艺课程、移民语言和历史培训、新移民社区融入、少年法庭、劳工保险、妇女工作等方面开展服务,服务模式获得了成功,使得睦邻组织运动推及全美。

虽然都是救助济贫事业,目的都在于解决贫困问题,为人们提供美好的生活,但睦邻组织运动与慈善组织会社的理念、方法、工作者有所不同。在理念上,睦邻组织运动旨在通过改变不合理的社会结构和社会环境来救助贫民,解决贫困问题,慈善组织会社则旨在通过救助贫民个人或其家庭来解决贫困问题;在方法上,睦邻组织运动主张工作人员住进社区,与贫民生活在一起,开展社区教育、法律咨询、文艺娱乐、政策倡导等服务,慈善组织会社则通过"友善探访员"进行个案调查,为个体或家庭改善提供服务;在工作者方面,慈善组织会社以教会执事、担任"友善探访员"的中产阶级妇女为主,而睦邻组织运动以牛津大学青年大学生为主,其他社会成员也开始参与其中。

在这一阶段,政府、基督教会、社会组织共同进行贫困救助。宗教联结了政府和社会组织,特别是在这一阶段早期,无论是国家的救助制度还是社会组织的救助,都带有宗教背景,受宗教影响。政府与社会组织之间也相互影响,一些参加过伦敦睦邻组织运动的牛津大学的学生,在后来的职业生涯中也深受睦邻组织运动思想的影响,如发表著名的《贝弗里奇报告》的贝弗里奇(Walliam Beveridge)、二战后英国实践福利国家体制的工党首相艾德礼（Clement R. Attlee）等，他们从国家发展层面推动了社会组织的发展。总的来说，这一阶段的助人超出了早期以地域划分的教会救助为主的形式和内容，开展政府、社会组织、宗教组织共同实施的救助活动，救助的形式和内容由原来的个人救助发展到了公共救助，福利国家和社会工作方法都开始出现。

这一阶段，开展慈善救助的判断依据开始呈现多元化特征，相关证据包括国家立法、制度规定、宗教信仰和教义、社会组织救助中的一些具体做法等。例如，国家立法规定和济贫制度规定，宗教的教会信仰和宗教规定，慈善组织会社发展出来的救助申请调查、友善探访、信息收集、教育与培训等，基督教青年会发展的团体方法，睦邻组织提倡的社区和社会改革。慈善救助的内容涉及个体、家庭、群体和社会环境等不同层面。

（3）基于社会工作专业救助的科学证据（1917年以后）

尽管在宗教慈善救助、"国家-宗教-社会"慈善救助的过程中孕育出了个案、团体和社区的工作理念和方法，形成了"科学慈善"，出现了社会工作的雏形，但慈善组织由"老朽的牧师"担任主管是否合适的问题依然引起了人们的广泛关注，① 救助的专业性问题被明确提出来。随着社会发展更加迅速，贫民等社会问题越来越引起社会的关注，被视为稳定社会潜在的威胁，人们认识到仅靠慈善救助不能适应社会发展，需要用专业的知识和方法来解决。由此，贫困救济开始逐渐走出基督教公益慈善的影响，走向独立化、专业化的发展道路（卢成仁，2013）。

1907年，Patten（1907）最先将这种贫困救助命名为"社会工作"（Social Work）。② 1917年，里士满（Richmond，1917）出版了《社会诊断》，

---

① 1883年，美国布法罗慈善组织会社的罗斯诺（N. S. Rosenau）提出慈善组织由"老朽的牧师"等担任主管是否合适的问题，得到了人们的关注（林万亿，2002：70）。

② 帕滕（Simon N. Patten，1852-1922）是美国经济学家和社会理论家，是19世纪70~80年代在德国留学的数十名美国社会科学家的成员之一，美国经济学、社会学和其他社会科学高等教育的第一代领导者。因在 The New Basis of Civilization 一书中创造"社会工作"一词而受到赞誉。他对社会工作的两大贡献在于：一是他的教学、专著、文章都指向社会工作实践，旨在调整丰富的新经济；二是他在该领域的国家领导人的教育中发挥了重要作用，认为社会行动和社会工作专业的目标应该是促进对充裕发展经济的调整（Patten，1907）。1922年帕滕去世后，他的观点在社会工作中越来越被忽视，这在很大程度上是因为弗洛伊德精神分析方法的发展。参见 http://en.citizendium.org/wiki/Simon_Patten。

很多人将其作为专业社会工作开始的标志。此后社会工作的专业发展大致经历了个体治疗为主的社会工作（20世纪初到20年代末）、精神分析与心理治疗为主的社会工作（20世纪30~40年代）、结构性与系统性为主的社会工作（20世纪60~70年代）三个阶段后，进入了多元发展的社会工作阶段（20世纪90年代至今），其中，循证社会工作是多元化发展阶段的主流模式之一，产生了重大影响。

这一阶段，专业助人的社会工作诞生，逐渐形成了系统的理念、价值伦理、方法及其要素，其服务对象也从最初的贫困者扩展到其他领域，功能由问题的解决扩展至问题的解决、预防和发展。无论是偏向个体治疗的社会工作还是结构性的社会工作①，都具有其存在的历史背景和合理性，都具有社会工作的要素。随着社会工作发展阶段的变化，判断什么是好的社会工作，不仅与不同阶段社会工作发展特征有关，还与不同发展阶段的社会环境、资源、处境、工作者能力、社会工作教育状况等因素有关。

3.1.2 证据的认识论转向：从实证主义认识论到整合性认识论

不同认识论的取向决定了人们以相异的角度看待事物。何雪松的一篇论文里有这么一个故事。三个裁判围坐喝啤酒，一个裁判说："有好球也有坏球，是什么我就喊什么。"第二个裁判说："有好球也有坏球，我看到什么就喊什么。"第三个裁判说："有好球也有坏球，在我喊出来之前，它们什么也不是。"这个小故事生动而简洁地解释了三种不同的视角去看待事物，展示了三种不同的认识论取向（何雪松，2005）。人们应该运用何种立场与态度，与社会现象产生互动关系，才能了解现象的真实本质，是认识论关心的主要问题（文军，2006：61）。认识论是关于知识的理论，是我们

---

① 近些年学界批判社会工作走向"去社会变革化"的趋势，认为社会工作沉溺于个体服务，社会变革的使命被边缘化或抛弃。发表在《社会》杂志上的一篇文章在提出这样的观点时，认为这是社会工作专业的内部因素（专业化）与外部的政治（意识形态）、经济（市场化与管理主义）、文化（个人主义）等因素综合作用的结果（李伟，2018）。尽管笔者不完全赞同这样的批判，因为在整个社会工作发展的历史中，社会工作的发展随着社会的变化而变化，社会变革或是个体服务在社会发展的任何阶段都并没有完全消失，而是在一些社会发展阶段社会变革占主导地位，在另一些社会发展阶段个体服务占主导地位，"去社会变革化"有将社会工作的使命、工作方法等简单二分的嫌疑。但是，影响社会工作发展的综合因素是笔者非常认同的，不同发展阶段专业社会工作的内外部综合因素是判断好的社会工作服务的依据。

认识世界和为这种认识不断争论的基础（何雪松，2005）。这一基础，还决定着人们对事物本质的认定（本体论）及认定事物所采用的方法和策略（方法论）。认识论对以助人为宗旨的社会工作显得尤为重要。不同的认识论基础决定了人们以不同的视角去看待社会工作的理论、实践和研究。

（1）整合性认识论：循证社会工作认识论基础的转向

循证社会工作作为社会工作的一种模式，其与其他种类的社会工作的区别主要在于以"证据为本"的理念。之所以要以"证据为本"，是为了替代过去以"权威为本"的理念，在专业服务中以科学的证据为依据开展社会工作服务。社会工作实践经历了早期的经验临床实践和实证支持治疗后迈向循证实践，这一转变过程中的社会工作都遵循实证主义取向的认识论，把专业实践建立在实证的科学研究基础之上，奉行限于随机对照试验设计研究的狭隘的研究证据，试图将自己打造成像自然科学那样的实证科学。这一范式不仅遭到诠释主义、建构主义等人文主义范式的质疑和批评，也受到了专业实践处境的复杂性和多变性以及日常生活中实践智慧的挑战。事实上，作为以人类群体和社会问题为研究对象的社会工作，以"做"为特征的助人专业，因人类行为的主观能动性，其无法成为纯粹的实证科学，更无法脱离人文主义。在循证社会工作发展的20多年历程中，从循证社会工作概念的转变、不同发展阶段的侧重点、实践模式的拓展、争议及其回应等方面来看，循证社会工作的认识论基础逐渐由实证主义转向了整合实证主义和人文主义的整合性认识论。

（2）循证社会工作转向整合性认识论基础的表现

第一，从循证社会工作概念转变看。最初的循证社会工作概念基本上与循证医学的概念一致。后来无论循证医学还是循证社会工作，都结合自身特点不断发展，对循证概念进行了扩展和改进。1996年，Sackett等（1996）定义循证医学是"慎重、准确、明智地应用所能获得的最好研究证据来确定个体患者的治疗措施"。1999年，Gambrill（1999）提出在助人专业中用"证据为本"替代"权威为本"，认为应该用科学证据证明有效的实践方法代替传统缺乏效率的实践。后来借用循证医学的概念，Gibbs和Gambrill（2002）提出循证社会工作是"慎重、准确、明智地使用当前最好的证据来做出有关服务对象关怀的决策"。Sheldon（1998）也对循证社会工作做了类似Gambrill的定义。在这一定义中，强调了社会工作要利用最好的研究证据来做决策，社会工作的实践要立足于科学研究结果，并从众多研究结果中选择最好的研究证据来开展实践。这就要求：①通过科学的方式获取研究证据；②助人服务以科学研究指导实践；③了解如何阐释和应用研究发现；④研究发现以更加有效的方式传递给实践者。这一独特性以实证主义认识论为基础，体现了实证主义的基本原则。相较于传统的社会工作，循证社会工作是提升社会工作科学性、有效性和专业性的重要策略，但也受到了反对者的强烈质疑和批判。

2000年，Sackett等（2000）对循证医学进行了扩展，将其定义为："慎重、准确和明智地应用当前所能获得的最好的研究依据，同时结合医生的个人专业技能和临床经验，考虑病人的价值和意愿，将三者进行整合，制定出治疗措施。"这一扩展定义在原有循证医学定义的基础上，将医生的个人专业技能和临床经验、病人的价值和意愿明确地提了出来。2002年，Thyer（2002）对学者们对循证社会工作的误解和歪曲进行澄清，认为循证社会工作的与众不同在于：决策在提供何种服务时关注研究证据、案主的偏好和价值、社会情境、职业道德、实践者的技能和现有的资源。Thyer不仅将实践者的技能及案主的偏好和价值作为循证社会工作的要素，还将社会情境、职业道德和现有的资源也纳入循证社会工作。此后，其他社会工作学者也对循证社会工作概念进行了扩展，Rubin和Bellamy（2012：7）的概念中包含研究证据、专业实践经验、案主的需求和价值、环境因素，Soydan和Palinkas（2014）在Rubin和Bellamy的概念中加入了专业文化因素，《社会工作百科全书》（第20版）（Mizrahi & Davis，2008）将教育纳入循证社会工作中。经过扩展的循证社会工作概念不单单强调研究证据，案主需求和价值、实践者知识和经验、职业道德、资源、环境和教育等人文特征的因素也被纳入其中。这是在不断发展和完善过程中人们对循证社会工作认识上的转变，从最初的实证主义转向整合实证主义和人文主义的整合性认识论。

第二，从循证社会工作实践模型扩展看。随着对循证社会工作的认识不断改进，循证社会工作实践模型先后经历了原始模型、更新模型和跨学科模型。① 三个阶段模型的结构和内容都建立在对前一模型的改进和完善的

---

① 各模型介绍详见第2章文献综述的循证社会工作的发展阶段和实践模型。

基础之上。在这些模型中，相同的是，循证社会工作的宗旨在于进行实践决策，在决策的过程中，研究证据、实践者专业知识和技能、案主价值和意愿都是循证社会工作要考虑的要素。不同的是，在原始模型中，实践决策以当前"最佳证据"为依据；在更新模型中，实践者作为主体整合了特定环境中的研究证据、案主偏好和行动；在跨学科模型中，实践决策替代实践者的经验知识位于中心，决策是一个涉及实践者团队和案主的协作结果，研究证据、案主、实践者、环境、资源等越来越多的因素都成为循证社会工作决策的要素。实践模型的不断进化，在一定程度上也体现出人们对循证社会工作认识的转变，从最初的实证主义转向整合实证主义和人文主义的整合性认识论。

第三，从循证社会工作发展阶段看。在服务有效性诉求、社会工作自身发展、社会环境限制和循证医学影响等诸因素共存的现实背景下，社会工作的循证实践（EBP）是在继承和反思性批判经验临床实践（ECP）及实证支持治疗（EST）的基础上发展起来的。继承在于 EBP 继承了 ECP、EST 的科学研究方法，继承了使用有效证据来提供有效服务的理念。反思性批判在于 EBP 反对 ECP、EST 注重通过科学研究方法寻找有效证据，而不重视专业价值观、工作者实务工作经验、案主偏好和价值观、可用资源、环境限制等较难用 RCT 等试验方法控制的因素。循证社会工作强调将科学研究获得的证据、工作者经验、案主偏好、环境等因素有效整合起来，通过整合获得有效证据来提供好的社会工作服务。从这个角度来讲，循证社会工作很难做到完全实证主义，而是要整合实证主义和人文主义。

第四，从循证社会工作的争论看。总结对循证社会工作的争论，存在哲学层面不同理论范式的争论、研究方法（证据获得方法）上的争论、科学与价值的争论、理想模式与实际操作之间的争论、循证社会工作自身的不足、对循证社会工作认知缺失/误解导致的争论。[①] 支持者与反对者的论辩，在一定程度上有利于循证社会工作的改进和完善，也体现了人们对循证社会工作认识上的转变。循证社会工作兴起的原因在于追求助人的科学性、有效性和专业性，这正符合实证主义的内涵。在后期的发展中，在反对者的批评和支持者内部的争论下，循证社会工作的内涵不断改进和丰富，

---

① 不同争论的观点详见第 2 章文献综述的循证社会工作的争论和误解。

实践者经验、案主价值和意愿、环境、伦理道德、资源等人文性的因素都被纳入循证社会工作的决策中，成为影响循证社会工作的重要因素。循证社会工作兼具科学理性和人文关怀，只是强调科学性更多一点而已。① 从这个意义上看，循证社会工作可以说是整合实证主义和人文主义的。

第五，从循证社会工作的过程来看。循证社会工作在研究阶段以实证主义认识论和研究方法为主，目的在于研究证据，重在获取当前最佳研究证据，形成的是一套跨情境一般化的有效知识体系。在实践阶段则在于证据的使用，在证据使用时面临现实环境的影响，即面临地方性实践性知识的制约，则以人文主义认识论和研究方法为主。所以，从循证社会工作的整体过程来看，循证社会工作的整体过程是将研究和实践结合起来的过程，这也就意味着将支持研究和实践的实证主义和人文主义结合起来，具有整合性的特性。

(3) 整合性取向的证据

循证社会工作早期的发展基于科学有效的实证主义，但在其不断发展过程中，逐渐整合了实证主义和人文主义，建立起了整合性的证据取向。在这个转变过程中，人们对作为循证社会工作证据的认识自然也发生着转变。证据观、证据的内涵、证据的类型、证据的范畴、证据体系也都将与最初的通过系统评价、Meta分析和随机对照试验方式获取的研究证据有所不同。现阶段，如何认识证据、看待证据是正确认识和开展循证社会工作研究与实践的基础，也是解决当前西方和国内对"证据是什么"认识模糊不清的关键，还是决定通过何种方法和策略获得证据、评价证据和使用证据的基础。

3.1.3 证据观：从单一证据观到多重证据观

在证据证明方法的进化中，循证社会工作的证据和证据认识论都发生了转变，在这两个转变中，人们对证据内涵的认识也在不断扩展和延伸。概括这些认识和观点，可以发现，人们对证据的认识随着对循证社会工作

---

① 事实上，实证主义与人文主义不可能完全分离，传统的二元分离的观点具有片面性，现实中也显现了简单二元分离的"二元困境"。

认识不同而发生着转变，依据循证社会工作的发展阶段和实践模型①，本书将证据观大致分为三种，即单一的研究证据观、经验证据和研究证据结合的双重证据观、多重证据观。总的来说，根据循证社会工作的发展，这三种证据观应该先后出现，由研究证据观转向内外部证据结合的双重证据观，再转向多重证据观。但由于人们对循证社会工作或支持，或反对，或处于支持和反对的论战之中，对循证社会工作的认知能力和了解程度不同，因此，一些人对证据的认知还停留在研究证据观或双重证据观上。

（1）研究证据观（单一证据观）

英国著名流行病学家、内科医生 Archie Cochrane② 最早阐述了研究证据观，提出各临床专业应对所有的随机对照试验结果进行整理并做出评价，不断收集新的结果以更新这些评价，从而为临床治疗实践提供可靠依据。他使用系统评价（SR）和荟萃分析（MA）对随机对照试验（RCT）和已有研究（特别是对所有相关的随机对照试验结果）有效性进行评价。Cochrane 的观点和做法引起了学界对以 RCT 为主的研究证据的极大关注，促成了研究证据观和循证医学的蓬勃发展。1996 年，加拿大的流行病学家、内科医生 David Sackett、William Roseberg、Jamuir Gray、Rbrian Haynes、Wscott Richardson 等人定义了循证医学的概念，提出要用当前最好的研究证据进行临床决策。

在循证社会工作正式出现之前的 20 世纪 70 年代，社会工作的发展先后经历了经验临床实践（ECP）和实证支持治疗（EST）两个阶段，这两个阶段被看作循证实践（EBP）的前身。ECP 和 EST 致力于测量和标识实践效果，关注最佳的研究证据，证据大多是证实效果的事实或数据。其基本逻辑是：最佳研究方法—最佳研究证据—遵循最佳研究证据的最佳实践。1999 年，Gambrill（1999）提出用"证据为本"替代"权威为本"的社会工作实

---

① 详见第 2 章文献综述。
② Archie Cochrane 出生时患病，一生中伴随着健康问题。二战期间在战俘营任职医疗官，营地经历使他相信大部分的药物没有足够的证据来证明其使用的合理性，因此，在他的医生职业生涯中，他一直督促医学界采用科学方法，使药物有效。他对随机对照试验的倡导最终促成了循证医学的出现与发展，促成了 Cochrane 图书馆系统评价数据库的建立、牛津 Cochrane 协作网的建立，他被誉为流行病学之父和循证医学之父，是当时循证医学理念的创始人。

践，提出循证社会工作实践要通过系统综述的方式整合个人临床经验、最佳研究证据、案主价值和偏好。追求科学有效的时代背景、RCT的普遍应用、循证医学的巨大影响、社会工作科学性和专业性的诉求，使得通过科学方法获取最佳研究证据开展实践的循证观念深入人心，循证社会工作主要侧重于确定与临床问题或决策相关的最佳研究证据，人们注重研究证据的获取和评价，虽然研究证据不是唯一的依据，但是其是最重要的。由此，形成了单一的研究证据观。

（2）经验证据和研究证据结合的证据观（双重证据观）

随着循证社会工作的发展，证据概念内涵也在不断丰富，研究证据不再是实践强调的唯一依据，经验证据成为与研究证据同等重要的依据，经验证据和研究证据结合的双重证据观逐渐形成。这一证据观主要表现在循证社会工作的更新模型阶段[①]。Rubin、Gibbs、Gambrill、Haluk Soydan和Lawrence Palinkas等学者对循证社会工作概念及其实践模型都进行了进一步的发展和扩充，他们指出循证社会工作是整合现有"最佳证据"、实践者经验知识、案主偏好和行动、环境等因素进行的决策。实践者的经验知识要整合特定环境中的"最佳证据"、案主偏好和行动。其中，实践者经验知识是社会工作者通过实践经历所获得的熟练度和判断力，现有"最佳证据"是与案主的问题相关的研究，主要是被证实有效的实践研究。此外，在使用研究证据就具体情境做出决策时，实践者的经验判断、对研究证据的批判性评价都是循证社会工作的重要内容，实践者的个体经验证据占据了重要地位。由此，证据的内涵已由单一的研究证据扩展到实践工作者经验证据和研究证据并重，形成了经验证据和研究证据结合的双重证据观。

（3）多重证据观

在循证社会工作的继续发展中，学者们开始重新审视循证实践过程中不同学科和实践的背景。Allen Rubin、Bruce Thyer、Satterfield、Spring、Brownson、Mullen、Newhouse、Walker、Whitlock等学者对循证社会工作的更新模型做了进一步扩展，形成了跨学科模型[②]。在循证社会工作跨学科模

---

① 更新模型阶段循证社会工作详见第2章文献综述循证社会工作的实践演化。
② 跨学科模型阶段循证社会工作详见第2章文献综述循证社会工作的实践演化。

型阶段，实践决策取代了实践者经验，越来越多的因素被纳入决策中，包括现有最佳研究证据、案主相关的因素（包括特征、情形、需求、价值和偏好）、资源（包括实践者经验，如实施干预、开展评估、促进沟通、与案主和同事合作的能力等）、社会环境与组织环境。在决策情境越来越复杂的情况下，形成了多重证据观。自此，循证社会工作的证据观经历了从单一研究证据到研究证据和经验证据结合的双重证据观，再到多重证据观的转变。

3.2 证据的本质：基于本质关联的"事实选择"

正如前文论述的，既不同于法学的法律实用主义，又不同于哲学的逻辑实证主义，作为遵循证据助人的社会工作是在变化中发展的，证据证明的方法、证据认识论、证据观都在原初实证科学证据的基础上纳入了人文因素，转向了整合实证主义和人文主义的整合性认识论。也就是说，循证社会工作不仅涉及科学实证证据，还涉及复杂的现实生活。因此，认识循证社会工作的证据，既应当从科学实证的层面加以分析，又需要从真实生活环境之维度加以把握。这种分析和把握在基于科学实证的同时，也关联着人文的视域。这是讨论循证社会工作证据本质的认识论基础。讨论循证社会工作证据的本质，证据属性和证据特征是两个重要概念。证据本身是一个较难具体界定的概念，但通过证据属性和证据特征可以进一步明晰循证社会工作的证据本质内涵，将循证社会工作之证据与其他证据区别开来。

3.2.1 "关联性+"的多重证据属性

从字面意思上看，属性是一个事物所具有的性质或者所隶属的性质。从哲学上讲，属性是内在的东西，是事物质的规定性；证据的属性是其本身固有的区别于其他事物的特殊性，是无法分割的综合整体（何家弘，2007）。

（1）证据的关联性

不同学科证据的比较分析结果显示，"关联性+"是证据的属性表述，关联性是证据具有普遍意义的本质属性，"+"是用来区分不同的学科特征的属性。关联性是证据的本质属性，就是说证据之所以能够成为证据，是因为作为证据的内容事实与待证事实之间存在某种内在的联系，这种内在的联系才是证据的基础性条件。因此，关联性是循证社会工作证据的本质属性，证据的证明作用是以社会工作服务对象的问题或需求、证据、服务对象的问题或需求的解决方案之间的联系为基础的，这形成了证据的关联性。关联性是区别证据与其他事物的质的规定性。在社会生活中、社会工作中，具有客观性和主观性的东西很多，但这些并不一定就是证据。只有当某个东西关联其他事物且具有证明的作用时，才可以说它是证据。在社会工作中，无论是研究数据还是其他主观判断获得的结果，只有当它们与服务对象的问题或需求有关联，与服务对象问题解决或需求满足有关联时，才可以将它们看作循证社会工作的证据。无论它们的证明能力和证明效力是大还是小，都可以作为循证社会工作的证据。可以说，循证社会工作证据的关联性体现为证据与服务对象问题、证据与服务对象问题解决方案的有效对应关系。

（2）证据的主客观统一性

证据的主客观统一性，指证据既具有客观性，又具有主观性。客观性是指证据具有客观存在的属性，是客观存在的东西。具体来说，证据的客观性包括两个方面。第一，证据的内容具有客观性。这就是说，循证社会工作的证据是对服务对象面临问题或问题解决的客观反映，虽然这种反映可能会存在偏差和错误，但它们都以服务对象的问题及问题的解决为基础，或建立在工作者基于以往证实的相关内容的研究基础上，或建立在工作者已有知识经验基础上，或建立在二者共同的基础上。纯粹的主观臆断和毫无根据的猜测都不属于证据的范畴。第二，证据的形式具有客观性。这意味着证据本身以客观的形式存在，可以是客观存在的东西，如与服务对象问题或问题解决相关的经研究获得的数据、经证明有效的案例、文字记载等，也可以是人们以某种方式感知后总结提炼出来的事实，如工作者观察、访谈、参与活动后做出的判断依据等。

循证社会工作强调基于证据开展社会工作实践，强调证据的客观性，这并不意味着证据是纯粹客观的东西。事实上，所有证据都是人的主观认识与客观事物相结合的产物，证据还具有主观性。严格地说，任何形式的证据都具有一定的主观性。如循证社会工作中被认为是"最佳证据"的 RCT 结果，或是通过系统评价和 Meta 分析获得的客观研究证据，都是由研究者通过一定的方法获得的，其中包含了研究者主观上对客观存在的服务对象的问题认识的结果。再比如，通过质性研究方法获得的有关服务对象问题或问题解决的证据，都可能受到工作者自身知识储备、工作技能水平和现实环境限制的影响。因此，循证社会工作的证据具有主客观统一性。换个角度，从循证社会工作的过程来看，以证据为核心，可以将循证社会工作的过程划分为寻找证据、评价证据和使用证据三个阶段，其中寻找证据和评价证据也可以归结为一个阶段，那么循证社会工作的过程就简化为获取证据和使用证据两个阶段。在这两个阶段中，获取证据以经证实有效的研究为基础，为服务对象的问题确认或问题解决提供依据。而在使用证据方面，则要结合已获得的最好的研究证据、工作者的知识经验、服务对象的偏好和价值、要使用证据的现实环境等因素，将获得的研究证据转化为工作者可以实施、服务对象可以接受、适合现实环境的证据。如果获取证据对工作者提出了基于事实开展研究的要求，更注重证据的客观性的话，那么，使用证据则对工作者的判断和决策提出了实践方面的要求，更注重证据的主观性。因此，可以说，循证社会工作的证据具有主客观统一性。

（3）证据的伦理性

伦理性是循证社会工作的特有属性。社会工作伦理是社会工作价值在实践中的具体体现，价值观是社会工作的灵魂，也是将社会工作与其他助人专业区别开来的核心内容。一个合法专业最基本的特征就是这个专业拥有由基本原则组成的理论守则，并借此来规范专业人员的行为。社会工作专业的使命立足于一整套核心价值，包括服务、社会公正、个人尊严和价值、人际关系的重要性、政治、能力。这些贯穿于社会工作专业里的、为社会工作者所信奉的核心价值，是社会工作独特的目标与发展的基础。这些核心价值的组合反映了社会工作专业的独特性，核心价值和由此衍生的原则必须配合不同的人类社会环境及其复杂性而定。循证社会工作是基于证据开展的社会工作服务，实践服务工作的开展，都要在社会工作的伦理规范下。相应地，循证社会工作的证据也要在社会工作伦理规范下寻找、评价和使用。

3.2.2 多样性的证据特征

循证社会工作证据具有多样性，多样性特征包括循证社会工作证据的特有属性和循证实践证据的普遍属性。

(1) 循证社会工作证据的特有属性

证据属性与证据特征是两个既有联系又有区别的概念。从字面意思上看，特征是一个事物区别于其他事物的象征和标志。从哲学上讲，特征是外在的东西，是可以分开考察的个体表征，是事物质的规定性的外在表现，是属性的外在表现（何家弘，2007）。循证社会工作的证据有什么特征？从特征属性的外在表现上看，循证社会工作证据的属性都有相应的特征，表现为证据的关联性、伦理性和主客观统一性。具体来说，关联性表现出来的特征是证据的证明性；伦理性表现出来的特征是证据获取和使用要符合社会工作的伦理规范；主客观统一性表现出来的是证据的真实性和可误性，由于证据既有客观性也有主观性，所以证据既可以是客观存在的事实，也可以是工作者基于一定知识、经验、案主意愿和环境的主观判断。正是证据主客观统一的属性和特征，使得证据在获取和使用的过程中容易遭到批判和误解，成为循证社会工作证据研究和实践困难的根源。

(2) 循证实践证据的普遍属性

循证社会工作作为循证实践的组成部分，其证据特征具有循证实践普遍存在的特征，包括渐进性、相对性、兼容性和整合性。

渐进性指循证社会工作的证据是动态发展并不断累积的。首先，循证社会工作是一个动态发展的过程。在整个动态发展的过程中，一方面，随着时代的发展和科学技术的进步，循证社会工作的证据不断丰富，原有的一些证据则会变得很旧或过时，一些原本有效的证据在新时代会变得低效或者无效，进而被新证据取代；另一方面，一次经评估判定的循证社会工作实践，无论结果是有效的、低效的还是无效的，其结果、方法、技巧等都会成为下一次循证社会工作实践的新证据。如果评估结果是高效的，则可以作为下一次循证社会工作实践要遵循的好的新证据；如果评估结果是低效或者无效的，则可以作为下一次循证社会工作实践要避免的新证据。而下一次循证社会工作实践的结果则会成为再下一次循证社会工作实践的新证据，以此一直延续下去。其次，循证社会工作的证据是一个不断累积的过程。当没有证据时，社会工作者一边借鉴使用其他循证社会科学相关的证据，如循证心理治疗的证据、循证医学的证据，一边通过研究和实践生产证据，寻找社会工作专业学科的证据；当有证据但证据质量不高时，社会工作者一边使用这些质量不高的证据，一边努力寻找高质量的证据。在这种不断研究和实践的过程中，不断地寻找证据、使用证据、积累证据，证据从少到多，从单一到多元，从其他学科到社会工作本学科，不断丰富，逐渐形成循证社会工作的证据库。这种连续不断的发展和累积的特征，使得循证社会工作者成为一个终身学习者，要不断更新和发展自己的知识体系，以具备开展循证社会工作研究和实践的能力。这也将循证社会工作的研究和实践紧密联结在一起，进而提升循证社会工作的成效，推动循证社会工作事业和社会工作学科的发展。

相对性指开展循证社会工作实践所遵循的"最佳证据"是相对的。循证实践强调要遵循现有"最佳证据"开展实践工作，循证社会工作亦是如此。需要进一步强调的是，循证社会工作要遵循的"最佳证据"是现有的最佳证据，"现有"二字限定了"最佳证据"至少要满足两个条件。一是"最佳证据"是现在的最佳证据，而不是永久的最佳证据，这表明"最佳证据"具有明显的实效性。比如，在 20 世纪 30~40 年代，以心理诊断和治疗为主的社会工作实践可以说就是当时最好的社会工作，而在现阶段，将心理诊断和治疗认定为最好的社会工作实践就有所不妥。二是"最佳证据"是现在可以用的最佳证据，这表明"最佳证据"会受到工作者获取证据的能力、现实环境因素、服务对象意愿、服务的资金等各方面的影响。也就是说，经过验证获得的最高质量的证据，在使用到另一个问题相同但环境不同的情境中时，这一最高质量的证据就不一定是最好的证据了。

兼容性指循证社会工作的证据兼容多种不同的证据类型，社会工作者要保持一种开放的态度获取证据、使用证据。从循证社会工作证据观转向来看，证据的类型逐渐从单一研究证据转向多元化研究证据。从哲学基础看，实证主义、实用主义及经济理性主义等哲学思想都体现了循证的理念。实证主义强调经验证实的证据是循证社会工作的证据，实用主义坚信有用的证据都可以用于循证社会工作实践，经济理性主义认为规避最大风险、谋求最大成效的证据就是循证社会工作的证据。因此，一种社会工作理念、方法、技术，在符合社会工作伦理规范的前提下，不管出自哪里、属于哪一流派、采用什么方法，只要经研究证明对服务对象问题解决有效，在现有证据中最佳，都可以是循证社会工作采用或遵循的证据。反之，则不用。比如，有学者在一项借用社会工作方式探索本土循证矫正的研究中提到，社会科学三大认识论范式对循证实践的理解不同，使得人们对循证实践的证据在认识论上存在差异。其中，实证主义认识论认定的证据是根据RCT、准实验法、单个个案评估、案例报告等不同研究方法获得的证据；诠释主义认识论认定的证据是通过参与式观察和访谈获得的有关行为背后的意义理解的证据；批判诠释主义认定的证据则是通过道德评判和交往获得的证据（郭伟和，2017）。尽管不同认识论之间存在争议，但依据循证社会工作的哲学基础理解，有用、高效、低风险的证据都可以作为循证社会工作的证据。正如Sim和Ng（2008）借用"黑猫白猫，抓住老鼠就是好猫"的谚语所说的，在中国独特的社会、经济及政治环境中，社会工作作为一个新兴专业，在没有太多本土化的研究证据可供实践者参考的现状下，实用主义的方式是发展中国循证社会工作的有效方式。

整合性指循证社会工作将社会工作的研究和实践紧密联结起来，实现二者之间的相互转化。社会工作面临的一个很大的问题是，社会工作研究和社会工作实践是脱离的，二者之间存在巨大的鸿沟。循证社会工作的出现，为社会工作研究与实践之间的鸿沟搭建了桥梁。从证据生产和证据使用角度将循证社会工作的过程划分为两个阶段，前一阶段着重于证据的生产和评价，重点在于社会工作研究；后一阶段着重于证据使用和传播，重点在于将前一阶段的研究结果应用到现实世界的实践中。从表面上看，证据生产和评价属于社会工作的研究工作，证据应用属于社会工作的实践工作，但实际上并非如此。循证要求证据提供者的证据必须尽可能贴近实践，立足实践，着眼于解决实践问题。而证据使用者在分析要解决的问题时，需要在众多研究中找到最适合于问题解决的现有证据，这离不开研究。更进一步讲，循证社会工作是要将现有研究证据、实践者经验、案主意愿、环境因素等整合起来做决策，开展社会工作实践。也就是说，实践者在使用现有最佳研究证据时，也会结合使用自己的经验证据、案主的证据、环境因素的证据等做出最终决策。从这个意义上讲，证据使用者在一定程度上也是证据提供者。反之，证据提供者在一定程度上也是证据使用者。因为证据提供者在寻找证据、生产证据时，也会基于自己的经验判断，也会考虑证据使用者的实践成果。事实上，在循证社会工作中，工作者既是证据提供者，也是证据使用者。由此可见，在循证社会工作中，社会工作的研究和实践是融为一体的。

3.2.3 作为多层事实选择的证据本质

首先，基于本质关联性原则进行的选择。证据之所以能够成为证据，是因为其在既有事实与待证事实之间存在某种联系，其可以证明待证事实，是用以证明的根据，是实质性和证明性的结合。选择最基本的条件是既有事实和待证事实相互之间发生牵连和影响，是有关联的。这种关联可以是积极的、正相关的，也可以是消极的、负相关的，有相关性强的，也有相关性弱的，可以是单因素相关的，也可以是多因素相关的。积极的、正相关的证据是用来加强使用和推广的，消极的、负相关的证据是要避免或者抛弃的，强关联的证据比弱关联的证据具有更高的推荐强度（见图3.1）。

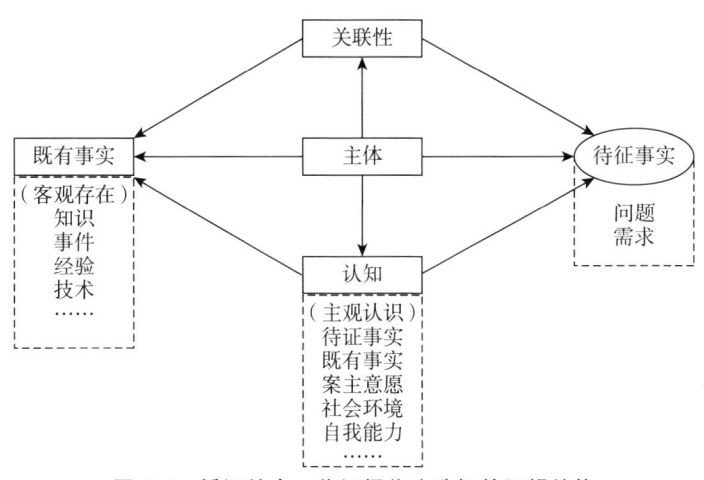

图 3.1　循证社会工作证据作为选择的逻辑结构

资料来源：笔者绘制。

其次，在既有事实中进行的选择。循证社会工作强调基于科学研究证据开展实践服务和政策决策活动。经科学研究获得的证据就是既有事实，可以是知识、事件、经验、技术、数据等客观存在的事实。在社会工作中，关于社会工作的既有事实有很多种，到底哪种（哪些）既有事实可以用来解决案主的哪种（哪些）问题或需求（待证事实），则需要在多种既有事实中做出选择。选择的条件首先涉及证据的关联性及其关联性的强弱，而如何判断事实之间的关联性及其强弱，取决于进行选择的主体。

再次，处理事实的主体进行的选择。既有事实可以作为待证事实的依据，是因为它们之间存在关联性，而如果没有选择主体对二者的认识和有条件、有目的的选择，二者的关联性就不会发挥作用。既有事实能够作为待证事实的依据并发挥作用，还必须依靠处理待证事实的主体，即人对客观事实的主观认识和主动性选择。在社会工作中，将案主的问题或需求（待证事实）与问题解决的服务方案（选择的既有事实）有效对应起来的是开展社会工作服务的工作者，在具体实务工作中主要是一线社会工作者。社会工作者不仅要通过系统的教育学习、职业培训，掌握社会工作的知识、技术、经验和伦理，而且要在实践中对案主的问题进行正确认识，然后整合既有事实、案主意愿、环境因素和自我实践能力，最终做出决策，制定并实施服务方案。社会工作者做决策时，要注重事实的客观性和对事实认知的主观性，社会工作者做出的最终决策，也要符合社会工作理论规范和价值观。这体现了循证社会工作证据的主客观统一性和伦理性。

最后，选择的内容要可以证明待证事实。这就是说循证社会工作证据的选择都是为了证明待证事实，即解决案主的问题。迪尔凯姆（1995：1）在解释社会事实时曾说："任何社会都存在着一定的因自身的明显特征而有别于其他自然科学所研究的对象的现象群。社会学家的第一步工作应该是界说他所研究的事物，以使自己和他人知道他在探究什么。"循证社会工作基于本质关联性原则进行的选择、在既有事实中进行的选择、处理事实的主体进行的选择，所有这些选择都是为了解决案主的问题。所以，准确识别案主的问题就显得非常重要。另外，在现代社会，案主的问题及案主所处的环境具有复杂性和变动性，循证社会工作实践要使用当前可用的最佳证据，承认这个证据不是最终的结果，而仅仅是一个对真实生活状况因果关系的现实估计（Soydan & Palinkas, 2014：1）。这一关于现有最佳证据的说法，使得循证社会工作的证据选择具有相对性、渐进性、兼容性和整合性。

3.3 扩展狭隘的研究证据

3.3.1 证据与研究证据的关系

关于证据与研究证据的关系，有两种不同的观点。一种观点认为研究证据就是证据，即把证据等同于研究证据。另一种观点认为证据不只是研究证据。

将证据等同于研究证据，是很多早期循证社会工作的支持者所持的一种基本观点。这不仅与循证社会工作的发展阶段有关，还与循证医学的证据观有关。即使到现在，循证医学还将证据局限于研究证据，这从国外各种证据等级划分标准中就可见一斑。在国内较早提倡循证医学的王家良、李幼平等学者的著作中，将证据等同于研究证据（王家良，2010：28），或证据等同于临床研究证据（李幼平，2003：17）。循证医学的证据观一直延续下来，很多循证社会工作的支持者几乎不假思索地把证据当成研究证据，认为"基于科学的最佳研究证据，开展社会工作实践，进行社会工作决策"就是循证社会工作。

有学者认为证据不只是研究证据。2003 年，Humphries（2003）提出疑问："还有其他什么可以作为循证社会工作的证据呢？"他认为采用参与式研究方式获得的证据比研究证据的范围广泛得多，它们提高了证据的有效性。Gooheart、Kazdin 和 Sternberg（2006：43-48）提出，进行心理治疗需要许多正确的、不同类型的证据，RCT、实效研究、过程-结局研究、元分析等研究证据，是证据的重要来源，但证据并不只是研究证据，各种文献、真实情境中关于治疗实效的数据、临床会谈或临床观察、案主对治疗的回应等均是证据。2015 年，Drisko 和 Grady（2015）提出，循证社会工作在制定实践决策的过程中有四个同等重要的部分：案主需求和环境情况，最佳研究证据，案主价值和偏好，实践者专业经验。尽管学术界和实践者都非常关注最佳研究证据，但最佳研究证据只是证据的一部分。实践者专业经验与案主需求和环境情况、案主价值和偏好以及最佳研究证据都集成在一起，因此循证社会工作不仅仅是关于研究。

3.3.2 从狭隘的"症状"研究证据到广义的"人"的研究证据

关于证据是不是研究证据的争论，一方面显示了循证社会工作的不断发展，另一方面也凸显了人们对循证社会工作认识的模糊性，对证据认识不清。从前文证据认识论转向和证据观转变的文献资料不难发现，关于证据是不是研究证据的争论，事实上涉及证据是针对"症状"的研究证据还是针对"人"的研究证据两种不同的认识。

如何解释并区分研究证据是针对"症状"还是针对"人"的？通过循证医学和循证社会工作的类比就比较容易理解和区分。"症状"对于循证医学而言，指病人所患"疾病的症状"，或称"病症"。对社会工作而言，可以指引发案主的问题或需求的情况，或与案主有关的心理、行为、认知、家庭、环境、制度等方面的某一具体问题。这一类"症状"研究证据，在医学上就是治疗方法对病症是否有效的证据，在社会工作领域就是某一干预措施对案主的问题解决是否有效的证据。这一类证据集中讨论的是治疗方法或干预措施对病症、症状的有效证据，而不涉及与病症和症状有关的其他方面。这一类研究证据观也主要体现在 ECP 阶段、EST 阶段和 EBP 的早期阶段。而"人"在循证医学里指"病人"，在社会工作中则指"案主"。相比于"人"，"症状"则具有部分性，属于人的一部分，人则具有全面性，体现了人的整体性。针对"人"的研究证据，在循证医学中是关于哪些治疗方法对病人在何种情境中最为有效的证据，在社会工作中是关于哪些干预措施对案主在何种情境中最为有效的证据。这一类证据不仅包含针对"症状"的研究证据，还包含了与"人"相关的其他方面的证据。如医学上的研究证据从治疗的证据，扩展至与治疗、预防、病因、危害、预后、诊断等相关的研究证据。社会工作的证据从干预措施的证据，扩展至包括干预措施、预防、发展、提高生活质量、环境改善等不同的证据。

证据等级和证据推荐使用也说明了这一点。早期关于证据的研究局限于"症状"的研究，研究重点在于关于某一干预测试对"症状"是否有效的证据。证据的等级划分和证据推荐使用都以此为标准。从证据金字塔层级可以看到，被纳入证据金字塔的证据，绝大多数是基于实证研究范式的实验研究（包括准实验研究、定量研究）结论，具体指 RCT、Meta 分析、定量系统评价、队列研究、横断面研究等，较少涉及行动研究、实践研究等这些质性研究，即使涉及一些，也是跟专家意见一起放在金字塔的最底层，被看作最低级别的证据。不仅如此，这种研究证据主要针对某一措施对案主的改变进行研究，较少涉及在实践过程中对实践者经验、案主意愿和实践过程进行研究。

因此，关于"症状"的研究证据是一种狭隘的研究证据。这种将"症状"证据等同于研究证据的观点，使得证据内涵和类型被窄化，形成了一种狭隘的证据类型，遭到了反对者的批评。尽管如此，人们开始探讨什么是证据、证据是否就是研究证据等问题，这对于作为新生事物的循证社会工作来说是一种进步和发展。随着循证社会工作的发展，证据不只局限于这种狭隘的研究证据，还将"症状"证据以外的其他证据也考虑进来，包括通过科学方法获得的关于问题解决的证据、实践中工作者具体实践的证据、关于服务对象特征的证据，还包括环境的证据，涉及资金、政策、伦理等方面。

以预防犯罪人员重新犯罪为例，针对"症状"的研究证据以研究矫治犯罪人员的犯罪心理或犯罪行为的证据为证据的主要来源，而针对"人"的研究证据，则不只是要矫治犯罪人员的犯罪心理或犯罪行为，还包括重构犯罪人员的社会关系、帮助解决就业问题、激发犯罪人员向善的内在动力等其他方面。因为犯罪心理和犯罪行为只是表象，而隐藏在表象背后的个人心理、社会关系、家庭结构、经济状况等关乎犯罪人员自身和社会的因素，可能才是影响一个人犯罪，或影响一个解矫人员重新犯罪的主要因素。因此，矫正社会工作者在进行犯罪干预时，不仅要针对犯罪人员的犯罪心理和犯罪行为进行干预，还要结合犯罪人员的具体情况，采取能够促使他们回归社会、融入社会、预防再次犯罪以及注重他们后期发展的干预措施。这些除了"症状"以外的证据，在针对"症状"的研究证据中并没有被考虑进去，这就是出现"证据不只是研究证据"的原因。需要说明的是，这些"症状"以外的证据，虽然可以通过各种文献、真实情境中关于治疗实效的数据、临床会谈或临床观察、案主对治疗的回应等方式获得，但并不是简单收集这些信息就可以将它们当作证据来使用，还要经过科学地研究、总结、提炼、评价后才可以将其当作证据来使用。

因此，证据可以是研究中获得的证据，也可以是从实践中获得的证据，无论通过哪种方式获得证据，都可以归纳为从"研究—实践—再研究—再实践"或"实践—研究—再实践—再研究"中获取的证据。实践过程中经验的积累、总结、提炼也是一种不同于试验研究的研究方式。在这两种方式中,通过实践总结提炼出来的证据也可以称为研究证据。所以,证据是包含"症状"的研究证据在内的"人"的研究证据,是一种广义的研究证据。广义的研究证据的分类也更多样化,根据不同的划分标准,有不同的类型。

3.3.3 研究证据的多种分类

(1) 传统的研究证据和重新包装过的研究证据

根据证据的来源,Palinkas 和 Soydan(2011:19-37)将研究证据划分为传统的研究证据和重新包装过的研究证据。其中,传统的研究证据包括原始研究(包括随机控制实验、准实验研究设计、观察性研究设计)和二次研究(系统研究综述)。重新包装过的研究证据指通过证据转化中心(Cochrane 和 Campbell 协作网)、手册、最佳实践建议、专家共识指南和其他一些数据库传播的研究证据。

(2) 研究证据、实践经验证据、案主证据和环境证据

Gilgun(2005)提出循证社会工作具有四大基石:研究与理论;实践智慧;实践者假设、价值、偏见、世界观;案主的反应。Drisko 和 Grady(2015)认为案主需求和环境情况、最佳研究证据、案主价值和偏好、实践者专业经验四个部分同等重要。在多重证据观中,人们认同研究证据、实践经验、案主偏好和环境因素共同作用于社会工作实践,这四部分成为循证社会工作的四要素。因此,根据循证社会工作要素划分,证据有研究证据、实践经验证据、案主证据和环境证据。其中,研究证据指研究者通过科学方法获得经证实有效的研究成果;实践经验证据涉及实践者的专业知识、工作技能和在工作中处理各种问题的能力等;案主证据涉及案主意愿、价值观、偏好和特征等;环境证据涉及宏观层面的社会环境和微观层面上案主所处的情境。这些都可以通过研究总结提炼形成普遍适用的证据。

(3) 判断关联性的证据和判断有效性的证据

按照证据功能划分,证据可以分为判断关联性的证据和判断有效性的证据。判断关联性的证据是关于案主特定问题的重要性及其与可预防的危险因素之间的联系的分析性资料。这类证据得出以下结论："某些事应该做。"判断有效性的证据关注各类干预措施解决某一案主特定问题的相对有效性。这类证据为研究者或实践者的具体决策提供依据，可得出以下结论："明确地说，这些是应该做的。"例如，在 Campbell 协作网上由国际发展小组审核通过的一项关于提高妇女权能的结果显示，经济自助组织对中低收入国家妇女的经济、社会和政治权利产生积极影响。具有培训成分的经济自助组织（例如金融、商业、教育或生活技能培训），比不涉及培训的计划具有更大的作用，培训内容应被视为经济自助组织设计的一部分（Brody et al.，2015）。在这一证据中，经济自助组织对提高妇女权能产生积极影响，说明经济自助组织与提高妇女权能呈正相关，属于判断关联性的证据，应该将经济自助组织运用于提高妇女权能之中。具有培训成分的经济自助组织对提高妇女权能效果更好，培训内容应被视为经济自助组织设计的一部分，则是判断有效性的证据。

（4）实证主义认识论下的证据、诠释主义认识论下的证据、批判诠释主义认识论下的证据

按照社会科学认识论范式对循证实践理解的不同，郭伟和（2017）提出证据可以分为实证主义认识论下的证据、诠释主义认识论下的证据、批判诠释主义认识论下的证据。实证主义认识论下的证据，根据研究方法的严谨性，存在一个从高到低的排序，分别是随机分配的临床试验法、准实验法、单个个案评估、随意的案例报告；诠释主义认识论下的证据并不能通过客观量表测量来衡量效果，而是通过参与式观察和访谈，获得有关行为背后的意义的理解；批判诠释主义认识论下的证据则在实践人员对自己的案主进行评估和干预时，对彼此的道德判断进行澄清和批判的过程中获得（郭伟和，2017）。尽管三大认识论之间存在争议，但这些争议在一定程度上促进了社会工作的多元化发展，也促使不同认识论都对各自持有的观点进行不断反思和改进。

（5）"做决策的证据"和"支持决策的证据"

根据证据与决策的关系，证据可以分为"做决策的证据"和"支持决策的证据"。Cheetham 曾指出，社会工作中任何评估介入效果的研究都必须

对介入过程进行分析才有意义（Webb，2001）。循证实践是为了社会工作者做出专业决策时，以科学证据为依据，然而，结果是在此过程中社会工作者仍要依赖自身的判断（何国良，2017）。由此，Webb 提出证据是用来做决策的（to determine），还是用来支持决策的（to support）。Webb、何国良、Plath 等学者都更偏向于将证据划归为支持决策的证据，认为证据只是用来支持，甚至为了一个决策做辩解（Webb，2001；何国良，2017；Plath，2006）。从这个角度来看，尽管循证社会工作的证据遭到了批判，但不可否认的是，正如 Howe 提出的社会工作理论应该包括"为社会工作的理论"和"社会工作的理论"（何雪松，2007：2）一样，循证社会工作的证据也可以分为"做决策的证据"和"支持决策的证据"两大部分。前者关注的是循证社会工作的本质、目标、特色和过程，后者关注与循证社会工作相关联的人与社会的本质、人类行为与社会环境之间的关联。

（6）服务设计阶段的证据、服务实施阶段的证据、服务评估和传播阶段的证据

根据社会工作过程划分，证据分为服务设计阶段的证据、服务实施阶段的证据、服务评估和传播阶段的证据。第一个阶段可以称为证据的生产阶段，第二、三个阶段称为证据的使用阶段。由于循证社会工作是一个多主体参与的决策过程，因此，在循证社会工作过程中的不同阶段，证据会涉及各个不同的主体，只是各主体之间的比重有所不同。由此，也使得循证社会工作过程中各阶段的主要任务有所不同。具体来讲，服务设计阶段的证据更注重研究证据的获取以及对研究证据的评价，通过经验证有效的证据结合案主意愿，为服务计划的设计奠定理论基础。服务实施阶段更注重实践者的经验证据，因为在具体实施服务计划阶段，如何将研究证据与现实情境、案主意愿有效结合起来，需要实践者的智慧和技能。服务评估和传播阶段，研究证据、经验证据、环境和案主相关的证据都很重要，但更注重环境和案主相关的证据。这是因为，一方面服务评估依赖于实践者开展，而服务评估结果的好坏将影响研究证据的积累；另一方面服务的传播是建立在上一个服务实施的基础之上，而下一个服务与上一个服务有着类似的案主问题，不仅会面临不同的社会环境、案主特性、具体情境、资源等因素，还会面临证据转化、传播、使用中的挑战。

(7) 有效的证据、不确定的证据、无效甚至有害的证据

根据证据评价结果划分，证据可以分为有效的证据、需要进一步验证的证据（不确定的证据）、无效甚至有害的证据。有学者提出面对检索到的证据，具体的实践有三种可能：接受它、改造它或放弃它（杨文登，2012：160）。循证矫正的经典文献《预防犯罪：什么有效、什么无效、什么有希望》（Sherman et al.，2019）和《循证矫正：什么是有效的》（MacKenzie，2000）正好说明了这一观点。文章内容显示，基于循证矫正的证据审查制度，审查者判定循证矫正的某一项目是有效的、低效的、无效的还是不确定的，由此决定是要推广该项目、修改后推广该项目还是放弃该项目，并制定相关政策。文章中提及的很多矫正项目涉及矫正对象的心理、认知行为、道德、家庭、人际关系等方面，这与社会工作所关注的领域具有重合之处，也是司法社会工作介入犯罪矫正的空间。根据循证矫正的证据审查制度下对证据的划分，循证社会工作的证据也可以分为有效的证据、不确定的证据、无效甚至有害的证据。其中，有效的证据用来推广和使用，不确定的证据经过进一步的验证后再做出判定，无效甚至有害的证据则是在实践中需要避免的。Palinkas 和 Soydan（2011：10）倡导的证据转化与实施研究，从侧面支持了这一证据划分标准。他们认为，为了让社会工作专业人员和其他人类服务人员有效、及时地利用现有最佳证据，需要了解哪些证据有效，哪些证据有害，需要对循证社会工作实践结果进行传播，开展实施研究。

除上述不同分类外，证据分类还有：根据证据的来源不同分为"基于研究的证据"与"基于实践的证据"（Eraut，2004：91-101）；根据证据应用于现实的普遍性不同分为"科学的证据"和"当下的证据"（Rousseau & Gunia，2015）；根据关注的主题不同分为"效果证据""执行证据""态度证据""经济证据""伦理证据"（Hansen，2014）。可见，循证社会工作的证据分类是复杂的，不可能将所有的分类囊括进一种分类之中，做出必要的舍弃是根据具体情境而为之的策略。

3.4 证据体系：证据—证据链—证据库

任何事物都是内容与形式的统一。在哲学中，内容指事物内在要素的

综合，形式指事物内在要素的结构和组织。循证社会工作的证据亦是内容和形式的统一。证据的内容和形式构成了证据体系。从内容上看，根据不同的分类标准，证据可以划分为不同类型；从形式上看，循证社会工作的证据可以是单个证据，也可以是由多个证据联结而成的证据链，还可以是多个证据或证据链组成的证据库。

循证社会工作以其科学有效性引发了学者们的普遍关注，无论是支持者还是批判者，都认为循证社会工作的证据具有前提性意义。有学者提出了单一证据观，有学者提出了多重证据观。分析这些研究，发现它们都是就某一证据来讨论证据，即使多重证据观者在讨论这个问题的时候也都是在单个证据分离的前提下进行整合提出的，但是，实质上证据是一个体系，这些证据之间是怎样联结起来形成证据体系的？

潘光旦先生曾提出"社会学的点线面体"，何雪松（2015）认为"点线面体"正好暗示了社会工作的不同维度，以此建构中国社会工作理论体系的基本线索。从前文关于循证社会工作的证据探究和证据本质看，"点线面体"学说在形式上对循证社会工作的证据体系极具启发意义。循证社会工作的证据（点）、证据链（线、面）、证据库（体）联结起来，形成了循证社会工作的证据体系（见图 3.2）。与潘光旦先生对"点线面体"具体内涵解释不同，循证社会工作证据的"点线面体"有着自己的解释。

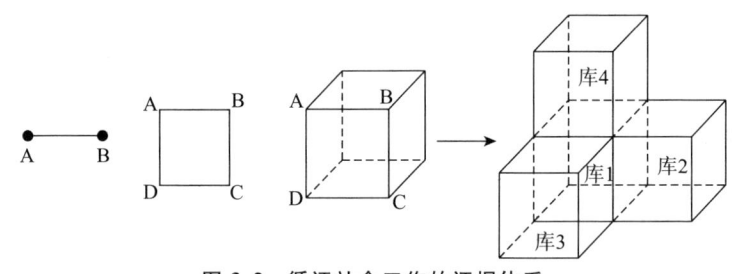

图 3.2 循证社会工作的证据体系

资料来源：笔者绘制。

点是单个的证据。证据具备前文循证社会工作证据的内涵、属性、特征，同时，证据也符合后文将要论述的证据获取和评价，以及证据使用和推广的内容。循证社会工作的核心是证据，循证社会工作的研究和实践都围绕证据而展开。线是证据链，是点与点之间的联结，是多个不同的证据联结而成的证据链。面也是证据链，是多种不同类型的证据联结而成的证据链。证据链并非证据之间的简单联结，构成证据链的证据至少要满足三个条件：一是不同证据或不同类型的证据都是与要解决的问题相关联的证据；二是能够证明要解决问题的全部或者某一方面；三是证据之间能够相互印证，可以增强或减弱证据使用的推荐强度。体是证据库，是点线面的总和，是不同类型的证据和不同形式的证据的累积。证据库可以是针对同一问题或同类问题的证据库，也可以是针对不同问题的证据库。

证据体系是多个证据库的组合，是由多个证据库根据某种关系联结而成的。在社会工作中，证据库可以是问题库（如图3.2库1所示），也可以是问题解决的方案库（如图3.2库2、库3、库4所示），是问题库与方案库基于证据本质关联属性联结起来的。之所以说证据库可以是问题库也可以是问题解决的方案库，是因为案主的问题大多是多重的，不同问题交织在一起构成一个复杂的问题丛。

以社会工作干预社区服刑人员社会融入难为例。按照循证社会工作的实践步骤，首先要建立一个可回答的问题，然后根据要回答的问题检索证据。关于"社区服刑人员重新融入社会难"可回答的问题有：①什么因素影响社区服刑人员融入社会？②社区服刑人员融入社会时面临的阻碍是什么？③社区服刑人员为什么难以融入社会？④社会工作者如何帮助社区服刑人员融入社会？⑤社会工作者帮助社区服刑人员提升何种交往能力以帮助他们融入社会？选取哪个问题作为要回答的问题，与具体的情境有关，如何回答所选取的问题，与案主面临的具体问题有关。

如果选取问题④"社会工作者如何帮助社区服刑人员融入社会？"，那么，这个问题包含两个小问题：第一个是社区服刑人员融入社会面临的问题有哪些，第二个是社会工作者采取何种干预措施可以帮助他们顺利融入社会。对于第一个小问题，研究证实社区服刑人员在社会融入中面临个人心理问题、生存问题、生活问题、家庭问题和社会问题，这些问题交织在一起，构成复杂的"问题丛"。这个"问题丛"就是社区服刑人员融入社会难的问题库。个人心理问题、生存问题、生活问题、家庭问题和社会问题，其中的任何一个问题都是一个点（单个证据），这几个问题当中的两个问题或者两个以上问题联结在一起就是一个线或者面（证据链），所有这些问题交织在一起就组成一个体（证据库）。对于第二个小问题，社会工作者采取何种干预措施可以帮助社区服刑人员顺利融入社会？其中，社会工作者采取的干预措施就是要寻找的证据。服务方案的提供要与社区服刑人员的具体问题相关联，可以是针对整个问题库的各种服务方案（证据库），也可以是针对问题库中的某一个或某几个问题的服务方案，如通过改善家庭关系的措施和改善生存的措施来帮助社区服刑人员融入社会（证据链），还可以是单一解决生存问题中的就业问题（单个证据）来帮助社区服刑人员融入社会。

事实上，在社区服刑人员融入社会难的问题库中，并不是所有的社区服刑人员都会遇到问题库里的所有问题，而是会遇到问题库中的一个问题或者几个问题。这就需要在问题库中选择社区服刑人员具体遇到的问题（比如生存问题或生存问题和家庭问题交织的问题），然后针对这个具体的问题在方案库中选择可以解决这个问题的服务方案，这就是问题与服务方案的有效关联，并且是由社会工作者在整合考虑现有服务方案、社会工作者实践能力、社区服刑人员特征和意愿、环境等因素的情况下做出的选择，这种问题与服务方案的有效对应就形成了证据体系。

上述社区服刑人员融入社会难的证据体系中，正体现着循证社会工作证据作为拟处理事实（问题）主体以本质关联性原则在既有事实（解决问题的方案）中进行的选择。分别是：在既有事实（社区服刑人员融入社会面临的问题、解决问题的服务方案）中进行的选择、基于本质关联性原则（针对具体问题选取服务方案）进行的选择、处理事实的主体（社会工作者整合现有服务方案、社会工作者实践能力、社区服刑人员特征和意愿、环境等因素）进行的选择。

可以说，证据体系在形式上表现为证据、证据链和证据库，在内容上包含着证据的内涵、属性、特征、分类等循证社会工作证据的内在特质。因此，证据体系是证据内容和形式的统一。

第4章 循证社会工作的"最佳证据"：证据的生产

循证社会工作的独特之处在于基于"最佳证据"开展社会工作实践，由此提供高效的、专业的社会工作服务。这就涉及一个问题，即什么样的证据是循证社会工作的"最佳证据"？要回答这个问题，首先要厘清证据如何生产和证据如何评价这两个问题。本章通过探究循证社会工作证据的生产方法、证据的评价标准和"最佳证据"，尝试对循证社会工作的证据生产和评价进行系统论述，解决"如何生产证据以及什么样的证据是循证社会工作的'最佳证据'"这一问题。

4.1 证据生产的方法

4.1.1 通过科学研究获取证据

科学研究的方法有很多种，涉及的内容非常复杂且广泛，因笔者能力有限和书稿篇幅限制，无法全部详尽介绍。因此，本书主要选取在循证社会工作中最常使用和常出现在"证据金字塔"里的研究方法做介绍。

（1）随机对照试验研究

随机对照试验研究首先在自然科学中使用并成为主要的研究方法。1972年，英国著名流行病学家、内科医生Cochrane（1972）在其专著《疗效与效益：健康服务中的随机对照试验》中提倡使用随机对照试验，他指出由于资源有限，应使用已被证明的有明显效果的医疗保健措施，其中应用随机对照试验证据很重要，因为它比其他任何证据更为可靠。他对随机对照试验的倡导最终促成了 Cochrane 图书馆系统评价数据库的建立、牛津英国 Cochrane 中心的建立以及国际 Cochrane 协作网的建立，推动了循证医学的兴起与发展。随机对照试验在实验情境中使用大样本，将这些受试样本随机分派到实验组和控制组，通过控制和观察变量之间的因果关系以得到具有明确意义的结论，在控制其他变量的情况下对受试者进行干预，如果受试者有显著改变，那么改变的效果就可以归因于干预。

受循证医学研究方法的影响，评价治疗方法有关的问题和获取证据的研究设计在循证社会工作中也受到广泛关注。在相关研究中，最著名的方法是随机对照试验（RCT），RCT 经常被认为是评价治疗方法疗效的"金标准"。RCT 虽然不是评价治疗效果的唯一方法，但通常被认为是最好的方法（Reynolds，2000：26）。RCT 被当作循证医学和循证社会工作最重要的证据来源。

在相关文献中，随机对照试验研究的数量远远超过证据层级和实验内部效度都低的研究数量（Rubin & Bellamy，2012：100）。美国社会工作研究方法的著名学者 Allen Rubin 和 Jennifer Bellamy（2012：99-125）在《循证社会工作实践研究指导手册》（第2版）一书中对随机对照试验设计进行了详细介绍，根据 Rubin 和 Bellamy 的介绍，本书在此处选取常见经典前后测控制组设计、控制组后测实验设计、所罗门四组设计、替代治疗方案设计进行介绍。

经典前后测控制组设计（classic pretest-posttest control group design）。在实验设计中，最常用的是经典前后测控制组设计。该实验设计的逻辑如图 4.1 所示。

$$R \begin{matrix} O_1 & X & O_2 \\ O_1 & TAU & O_2 \end{matrix}$$

图 4.1 经典前后测控制组设计逻辑

资料来源：Rubin & Bellamy（2012）。

其中，R 表示随机分配（random assignment）；O_1 表示前测（stands for the pretest）；X 表示干预（intervention）；TAU 表示常规处理或者不处理（treatment as usual or perhaps no treatment）；O_2 表示后测（the posttest）。

将参加自尊水平提升实验的 100 名案主进行经典前后测控制组设计，经典前后测控制组设计阐述了两种结果。一种是支持干预的有效性，另一种则不支持干预的有效性。在第一组经典前后测控制组设计及其测量结果［见图 4.2（A）］中，对实验组进行某种干预，对控制组不进行干预，结果显示，实验组的自尊水平从前测的 40 上升到后测的 80，自尊水平翻倍，而控制组自尊水平没有变化。这说明对实验组的干预是有效的。在第二组经典前后测控制组设计及其测量结果［见图 4.2（B）］中，同样对实验组进行某种干预，对控制组不进行干预，结果显示，实验组和控制组的自尊水平增加了同样的量。因此，这时将案主自尊水平的提高归因于干预有效就是不符合逻辑的。相反，合乎逻辑的解释是把案主自尊水平的提高归因于一些替代的解释，比如归因于历史或时间的流逝。因此，尽管干预接受者的自尊水平有所提高，但没有证据证明干预是有效的。

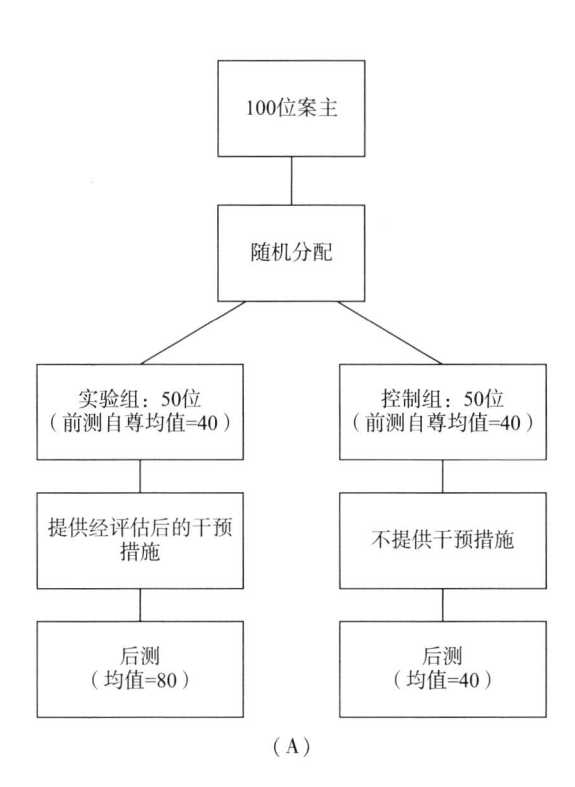

```
              ┌─────────────┐
              │  100位案主   │
              └──────┬──────┘
              ┌──────┴──────┐
              │  随机分配    │
              └──────┬──────┘
        ┌────────────┴────────────┐
┌───────┴────────┐        ┌───────┴────────┐
│ 实验组：50位   │        │ 控制组：50位   │
│（前测自尊均值=40）│     │（前测自尊均值=40）│
└───────┬────────┘        └───────┬────────┘
┌───────┴────────┐        ┌───────┴────────┐
│ 提供经评估后的 │        │ 不提供干预措施 │
│     干预措施   │        │                │
└───────┬────────┘        └───────┬────────┘
┌───────┴────────┐        ┌───────┴────────┐
│     后测       │        │     后测       │
│  （均值=80）   │        │  （均值=40）   │
└────────────────┘        └────────────────┘
```

(A)

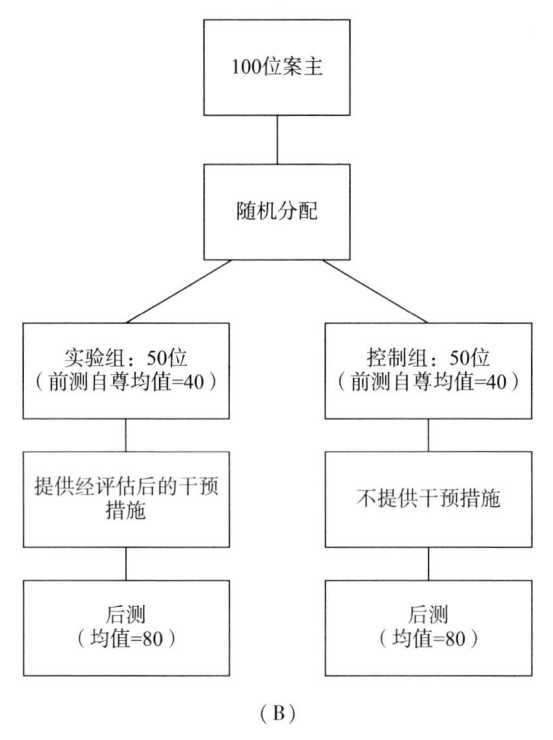

```
                    ┌─────────────┐
                    │  100位案主   │
                    └──────┬──────┘
                           │
                    ┌──────┴──────┐
                    │   随机分配   │
                    └──────┬──────┘
                    ┌──────┴──────┐
              ┌─────┴────┐   ┌────┴─────┐
              │实验组：50位│   │控制组：50位│
              │(前测自尊均值=40)│ │(前测自尊均值=40)│
              └─────┬────┘   └────┬─────┘
              ┌─────┴────┐   ┌────┴─────┐
              │提供经评估后的│   │不提供干预 │
              │  干预措施  │   │  措施    │
              └─────┬────┘   └────┬─────┘
              ┌─────┴────┐   ┌────┴─────┐
              │   后测   │   │   后测   │
              │ (均值=80)│   │ (均值=80)│
              └──────────┘   └──────────┘
```

(B)

图 4.2　经典前后测控制组设计

资料来源：Rubin & Bellamy（2012）。

有一点需要澄清，在判定某一干预要素是否有效时，当一个控制实验设计消除了同时期的其他可能对研究问题产生影响的因素时，就可以判定该实验设计中的干预因素是有效的。相反，它只意味着这个设计使我们能够从逻辑上确定历史或时间的流逝（或其他对内部有效性的威胁）是否可以解释实验组和控制组间观察到的任何差异的合理性。

控制组后测实验设计（Posttest-Only Control Group Design）。当经典的实验设计在没有预先测试的情况下进行时，称为控制组后测实验设计。该实验设计的逻辑如图 4.3 所示。

$$R \begin{matrix} \nearrow \chi & O \\ \searrow TAU & O \end{matrix}$$

图 4.3　控制组后测实验设计

资料来源：Rubin & Bellamy（2012）。

其中，R 表示随机分配；X 表示干预；TAU 表示常规处理或者不处理；O 表示后测。

在一些研究中，进行前测是不切实际的，或者根本没有意义。比如，在一项旨在对预防囚犯再犯被捕的计划进行评估的实验中，该计划根据再次被捕率来评估结果。不管他们被分到实验组还是控制组，研究中的每一个囚犯都被逮捕并关进了监狱，只有事后测试才有意义，它会产生一个二分的结果，即释放的囚犯是否会再次被捕。每个人都是从监狱开始的，两组之间没有预先测试的差异。同样地，也不需要比较从测试前到测试后的变化程度，因为没有变化的增量，他们要么再次犯罪被捕，要么没有。同样的逻辑也适用于无数其他类型的两分预防结果，比如评估干预措施是否能防止辍学、儿童虐待等。

所罗门四组设计（Solomon Four-Group Design）。在一些罕见的研究中，为了控制实验的效果同时不牺牲前测数据，常采用所罗门四组设计。所罗门四组设计包含两个组，两个组分别适用于前后测的设计以及两组适合后测的设计，通过所有四组结果的比较，可以将测试效果与干预效果分离出来。该设计的逻辑如图 4.4 所示。

其中，R 表示随机分配；X 表示干预；TAU 表示常规处理或者不处理；数字表示良好的育儿知识。

如图 4.4 所示，三组关于评估家长育儿有效性的所罗门四组设计结果中，第一组图 4.4（A）结果显示，实验组和控制组之间的后测差异完全是干预效应的作用，表示干预有效果但没有测试效应。这是因为接受两次测试的实验组和只接受后测的实验组的后测分数相同，而且比正常治疗组（TAU）表现更好。第二组图 4.4（B）结果显示，通过后测的比较能够反

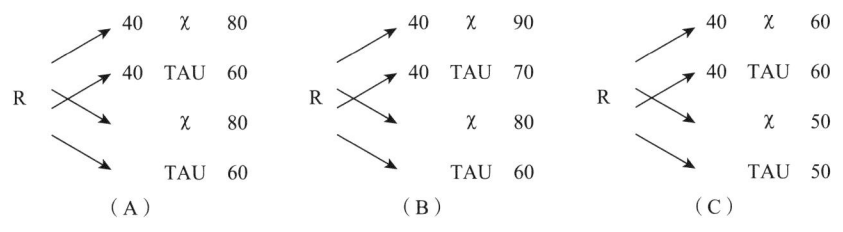

```
        40   X    80              40   X    90              40   X    60
R       40  TAU   60      R       40  TAU   70      R       40  TAU   60
             X    80                   X    80                   X    50
            TAU   60                  TAU   60                  TAU   50
        (A)                        (B)                        (C)
```

图 4.4　所罗门四组设计

资料来源：Rubin & Bellamy（2012）。

映出一些测试效应和一定的干预作用。这是因为被测两次的实验组得分最高,只接受后测的实验组比两个控制组的得分都高,但低于被测两次的实验组。第三组图4.4(C)结果显示,干预没有效果,但有测试效应。这是因为被测试两次的实验组和被测试两次的控制组都提高到了同等的水平,而只接受后测的实验组与只接受后测的控制组的后测得分相同。

替代治疗方案设计(Alternative Treatment Design)。替代治疗方案设计主要用于比较实验中两种新的不同治疗方法的相对有效性。当没有控制组,将案主随机分配到其中一个或者另一个可能有希望的治疗方案中时,替代治疗方案设计的逻辑如图4.5(A)所示,如果一项干预A的实验者比另一项干预B的实验者有明显改变,则干预A提供了强有力的证据来支持该干预的有效性。

虽然这种设计也可以不使用前测,但如果可能的话最好使用前测,以防止两组方案设计的改进程度相同。也就是说,如果两组在没有任何前测的情况下,在后测中得到相同的分数,那么就没有证据支持两种干预措施是都有效还是都无效。

但即使有预试,如果两组的改善率相同,也不能确定干预因素是否有效。没有一个控制组,就不能排除历史或时间推移是两组改善的原因。因此,图4.5(B)的设计更为有用。与图4.5(A)的设计相比,图4.5(B)中加入了控制组,如果两个干预组改善幅度相同,且都明显高于控制组,则可以排除历史和时间因素的影响,从而推断两个干预组都有效,且效果相同。

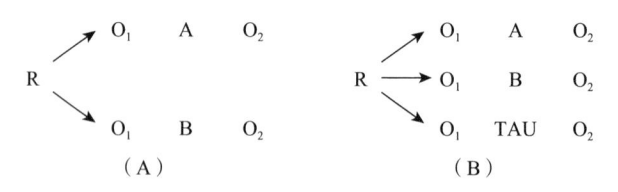

$$R \begin{matrix} \nearrow O_1 \ A \ O_2 \\ \searrow O_1 \ B \ O_2 \end{matrix} \qquad R \begin{matrix} \nearrow O_1 \ A \ O_2 \\ \rightarrow O_1 \ B \ O_2 \\ \searrow O_1 \ TAU \ O_2 \end{matrix}$$

(A) (B)

图4.5 替代治疗方案设计

资料来源:Rubin & Bellamy(2012)。

其中,R表示随机分配;O_1表示前测;A表示干预;B表示干预;TAU表示常规处理或者不处理;O_2表示后测。

以上几种随机对照试验在医学、社会工作、心理治疗等领域中较为常用，除此之外，还有拆卸设计（dismantling design）①、安慰剂对照组设计（placebo control group design）②。在随机实验中，实验需求和实验者期望（experimental demand and experimenter expectancies）③、干扰性观察和非干扰性观察（obtrusive versus unobtrusive observation）、补偿均衡和补偿竞争（compensatory equalization and compensatory rivalry）、厌恶抵抗（treatment diffusion）、治疗扩散（treatment diffusion）、治疗的忠诚（treatment fidelity）④、实践者差异（practitioner equivalence）⑤ 和磨耗（differential attrition）⑥ 等都会影响实验效果，在实验设计中需要进行处理。

（2）准实验研究

在现实世界的实践中，通常不可能使用随机程序将案主分配到不同的问题解决条件下。一方面，因为随机对照试验在现实世界的助人过程中不太可能完全实现；另一方面，因为如果将一些案主随机分配到控制组或等候名单，不对他们开展任何服务或干预，这在社会工作伦理上是不道德的。因此，准实验研究是将实验的方法用于解决实际问题的一种研究方法。它不能完全控制研究条件，在某些方面降低了控制水平，尽管如此，它却在接近现实的条件下，尽可能地运用实验设计的原则和要求，最大限度地控制因素，进行实验处理。因此，准实验设计具有与实验设计相同的目的和大部分相同的结构特点。二者最大的区别在于准实验设计采用非随机分配，对干预措施、规划和正则的有效性进行内部评估。虽然从内部有效性的角度看，准实验设计不如随机实验设计，但如果使用得当，它们几乎是一样可取的。此外，准实验的实验结果较容易与现实情况联系起来，现实性较强。较常用的准实验研究主要有两种形式，分别是时间序列设计实验和单一个案设计实验。最初提出准实验研究概念的心理学家是 Cook 和 Campbell，

---

① 拆卸设计通过随机分配将接受实验者分配到干预组合方式各异的小组中去，看哪些组合方式起了主要的效果，哪些组合方式甚至可能不需要。
② 安慰剂对照组设计是针对研究过程中接受实验者的安慰剂效应、新奇和干扰效应而设计的。
③ 实验需求和实验者期望主要针对研究者的偏见和研究结果的偏倚而言。
④ 忠诚指除了检测控制条件的保真度外，研究人员还应检测所测试的干预措施是否得到了有效的实施和是否达到了预期的效果。
⑤ 实践者差异指提供不同干预措施的从业者在专业教育、经验、技能等方面是否真的是同等的。
⑥ 磨耗指实验完成之前退出的参与者。

他们于 1979 年出版的《准实验研究：现场背景的设计和分析》一书，为准实验研究提供了坚实的理论基础。其实，早在 1969 年 Campbell 就对美国康涅狄格州自 1951 年至 1959 年的交通事故死亡数据进行收集，并用图解说明了他对实施限制车速措施所产生的效果的研究分析，这其实是使用了时间序列设计。

时间序列设计（Time-Series Design）。当一个实验无法获得一个比较组时，最常使用时间序列设计。时间序列设计指对某个被试组或被试个体进行周期性的一系列测量，并在这一时间序列中的某一点上呈现实验处理变量，然后观察施加实验处理之后的一系列测量数据是否发生了非连续性变化，从而推断实验处理是否产生效果。时间序列设计主要包括简单时间序列设计（Simple Time-Series Design）和多重时间序列设计（Multiple Time-Series Design）两种。当一个时间序列设计不包括对照组时，称为简单时间序列设计。当一些时间序列研究试图通过在时间序列分析中同时包括实验组和对照组来提升其内在有效性时，该时间序列设计被称为多重时间序列设计。

单一个案设计（Single-Case Design）。一些研究将时间序列设计的逻辑应用于单个案例。虽然它们应用时间序列逻辑，代表了时间序列设计的变体，但它们的设计通常被称为单例、单系统或单主题设计。为了简化事情，将它们称为单一个案设计。单一个案设计也是循证社会工作经常使用、被认为是级别较高的证据来源之一。单一个案设计主要有四种设计形式，分别是：AB 设计（AB design）、ABAB 设计（ABAB design）、多基线设计（multiple baseline design）和多组件设计（multiple component design）。AB 设计也叫简单基线设计，A 为基线水平，指在干预前对被试的行为进行多次测量建立的基线水平。B 为干预后的水平，指对被试进行干预，重复测试干预后的水平。如果干预后的行为水平与基线水平差异显著，则表明该行为水平的改变是由干预引起的，干预是有效的。ABAB 设计是在治疗过程中，不断进行"提供治疗—消除治疗—提供治疗"的循环，重复测试基线水平与治疗后水平，以确定治疗是否存在效果。

(3) 非实验定量研究

并非所有的循证实践问题都与对干预、计划或政策的有效性进行因果推断有关。一些循证实践问题与加深社会工作者对案主的问题和社区困境的理解、预测服务质量与案主期望之间的差异、其他工作者和案主的经验有关。加深这方面的理解，有助于工作者选择最适合案主和社区环境的干预计划，并以对工作者、社区和案主体验更敏感的方式提供干预。对于这些问题，非实验设计比实验设计和准实验设计更适合。因此，获取上述提及方面的证据，可采用非实验定量研究或定性研究。

虽然非实验定量研究和定性研究比实验研究和准实验研究更适合回答与因果推断无关的循证实践问题，但它们也可以用于与有效性相关的问题。只是通过它们获得的证据层级，位于通过实验研究和准实验研究获得的证据层级之下，因此必须谨慎地看待它们的结果。然而，当尚未进行更具内在有效性的研究，或者当非实验研究揭示了实验研究或准实验研究的外在有效性时，它们可能是有用的（Rubin & Bellamy，2012：216）。本书主要介绍以下几种循证社会工作中常用的非实验定量研究。

调查研究（Surveys）。调查研究通过询问人们问题，或让人们完成一个测量某种现象的量表（或几个量表）来收集数据。调查研究可以通过多种方式进行，如通过邮寄方式、使用问卷、面对面访谈、电子邮件或者网站调查。每种方式都有其优点和缺点。但是，对于调查研究的目的来说，无论使用哪种方式，需要处理的关键问题是一样的。一般而言，调查研究要处理好以下几个关键问题：关于测量的问题，收集的信息是否有效、无偏倚；调查对象的抽样是否能代表目标人群；无反应偏见；合理使用抽样方法；注重数据分析和研究结论的适当性。

横断面研究和纵向研究（Cross-Sectional and Longitudinal Studies）。横断面研究和纵向研究也是非实验定量研究常用的研究方法。调查和其他类型的研究，可以在一次或一段时间内进行。横断面研究只在一个时间点检查一种现象或变量之间的关系，它不能评估历时性的变化。因此，横断面研究在探测因果关系或仅仅描述现象的轨迹方面作用是相当有限的。然而，横断面研究可以提供一些关于事物如何随时间变化的初步信息，还可以辅助纵向研究更好地收集有关案主的信息。以疾病患者看护者为例，看护者可能会被问及他们看护患病家人的疾病阶段，他们照顾家人多久了，以及可以通过多变量分析来控制的各种其他变量。为了更好地了解现象是如何随时间变化的，纵向研究可以在一段较长的时间内、在不同的时间点收集他们的数据。因此，一项纵向研究可以在不同时间评估相同照顾者的照顾负担，以了解负担的性质和水平如何与照顾时间和被照顾者的条件变化相关。

案例控制研究（Case-Control Studies）。案例控制研究在流行病学中被称为病例对照研究。病例对照研究是流行病学研究方法中最基本的研究类型，是一种验证病因假说、由果及因的回顾性研究。病例对照研究以确诊的患有某种特定疾病的病人作为病例，以不患有该病但具有可比性的个体作为对照，通过询问、实验室检查或复查病史，收集既往各种可能的危险因素的暴露史，测量并比较病例组与对照组中各因素的暴露比例，经统计学检验，若两组差别有意义，则可认为因素与疾病之间存在统计学上的关联。这种研究方法也被用于社会工作领域中，用来寻找与案主有关的研究证据，称为案例控制研究。案例控制研究可以在一个时间点收集数据，也可以询问人们关于过去的事件，作为回顾性的纵向研究。案例控制研究的一个关键特点是使用了对照人群，这些对照人群和服务人群具有可比性。通过使用多元数据分析技术，案例控制研究试图确定哪些个人属性和过去的经历最能区分服务人群和对照人群。其中，过去的经历可以是与他们一生相关的任何事情，包括接受特定的干预。

（4）质性研究

与定量研究不同，质性研究倾向于采用流动性的方法，通常使用少量的研究参与者样本来寻求可行的设计，并产生初步的新见解、深刻的理解和理论上丰富的观察结果（Rubin & Bellamy，2012：244）。陈向明（2009：12）将质性研究定义为："质的研究是以研究者本人为研究工具，在自然情境下采用多种资料收集方法对社会现象进行整体性探究，使用归纳法分析资料和形成理论，通过与探究对象互动对其行为和意义建构获得解释性理解的一种活动。"陈向明还指出，质性研究实际上处于社会学三种不同传统（范式）的张力之中。一方面，它注重对研究对象做后实证的、经验主义的考察和分析，强调的是自然主义传统，注重对研究结果的"真实性"和"可靠性"进行研究；另一方面，它要求研究者对研究对象进行"解释性解释"，强调的是阐释主义传统，关注研究者与被研究者之间的主体间性和"视域融合"（fusion of horizons）。而与此同时，它又意识到任何研究都受到一定政治、文化、行为和社会阶层的影响，注意研究中的权力关系以及研究对知识建构和社会改革的重要作用（陈向明，2009：13）。因此，可以说三大传统范式都有可能采取质性研究方法。只是不同范式对质性研究的影响各有所长，也各有所短。实证主义在质性研究中只被视为整个研究的前导部分，质性研究最适合用来展现诠释路径所欲展现的社会世界的形貌，批判路径的经验研究也常常采用质性研究方法，其目的通常是发掘社会的深层结构，以便进行批判。常用的质性研究方法有：访谈法、观察法、焦点小组讨论、文献法、民族志、历史研究、扎根理论方法、叙事分析、行动研究、多元方法等。

质性研究是否可以作为循证社会工作的证据来源？从循证社会工作证据向多重证据观的转化来看，质性研究也是循证社会工作证据的来源之一，只是在证据等级的排序中，通过质性研究方法获得的证据处于较低等级，处于"证据金字塔"的底端。之所以出现这种情况，与当前人们对质性研究的效度和代表性的质疑有关。效度和推广是循证社会科学用来衡量研究结果的可靠性和可推广性的重要指标。而在质性研究中，导致效度"失真"的记忆问题、研究效应、文化前设、简介资料来源等因素，以及质性研究通过小样本得出的研究结果如何推广的问题，都成了导致通过质性研究获得的证据低等级的因素。事实上，在以人为本的助人专业社会工作中，好的质性研究结果不都是低效的，也不是都不可进行推论，而是需要采取一种不同于定量研究的方式。关于证据的效度和可推广性在后文将专门论述，此处不再赘述。

（5）系统评价和 Meta 分析

系统评价（Systematic Review，SR）和 Meta 分析（Meta Analysis，MA）作为科学的研究方法，不仅在自然科学领域、医学领域中被广泛应用，在社会科学研究中也逐渐被人们使用，发挥着重要作用。

Petticrew 和 Roberts（2006：2）将系统评价定义为："系统评价是一种理解大量信息的方法，是一种有助于回答什么有效、什么无效以及不同类型问题的方法。通过系统评价可以形成一幅地图导引，认识到针对要解决的问题，哪些研究较少，哪些根本没有进行相关研究，哪些需要新的研究。"杨克虎等（2018：3）认为："系统评价是按照一定的纳入标准，广泛收集关于某一方面问题的所有相关研究，对纳入研究进行严格的偏倚风险和证据质量评估，将该研究结果进行定量合并分析或定性客观评价，以对该问题进行系统总结的一种证据综合研究方法。"Rubin 和 Bellamy（2012：178-180）指出，系统评价和 Meta 分析位于证据层次的顶端，用于回答哪些干预、项目或政策具有最佳效果的基于证据的实践问题。这两个证据来源试图从不同的研究及其不同的发现中整合并建立证据结论。与其他文献综述相比，这两种方法旨在提升其可信度并减少偏见。如果系统评价和荟萃分析（Meta 分析）是准确的、无偏倚的、值得信赖的，那么它们可以为工作者节省大量时间，以便搜索和评估研究，并确定哪些替代干预措施、规划或政策具有更强的、更有益的社会效果。然而，系统评价本身也存在缺陷，要谨慎开展系统评价，减少偏倚，以防止误导决策。Cochrane 协作网上将系统评价看作一种使用被称为"证据综合"（evidence synthesis）的方法（包括荟萃分析）来寻找特定问题的答案的学术研究，目的是总结关于该特定问题的最佳可用研究（The Cochrane Collaboration，2019）。

通过上述学者对系统评价的定义发现，尽管人们对系统评价的认识存在差异，但是，可以确定的是，系统评价至少具有以下特征：①系统评价是一种针对特定问题的证据综合的研究方法；②系统评价旨在确定某一干预措施、规划或政策是否有效；③系统评价包括定量系统评价和质性系统评价两大类[1]，而不仅仅是定量系统评价；④系统评价同样存在挑战，系统评价可以发现证据不足的领域，但它本身不能弥补这些不足；⑤进行系统评价需要较高要求，进行系统评价研究时需要谨慎，如果系统评价使用不当，则可能会导致错误的结果，进而误导决策。

如何评价系统评价？即如何进行系统评价的质量评价？2007 年，Shea 及其团队发表了评价系统评价质量的工具 AMSTAR（Assessment of Multiple Systematic Reviews），主要用于评价随机对照试验的系统评价（Shea et al.，2007）。2017 年，Shea 及其团队（Shea et al.，2017）对 AMSTAR 进行了修订，发表了 AMSTAR-2 评价工具，将非随机对照试验的系统评价也纳入其中。Shea 等人开发的系统评价工具主要用于医学领域，那么，在社会工作

---

[1] 定量系统评价是指针对某一具体问题，全面收集所有已发表和未发表的相关研究，采用 Meta 分析的方法对同类研究的数据进行合并分析的一种统计方法。质性系统评价是指针对某一研究问题，经系统全面地收集所有相关研究后，纳入符合标准的原始研究进行客观评价、分析得出结论的一种研究类型（杨克虎等，2018：3~20）。

领域如何评价系统评价质量呢？Rubin 和 Bellamy（2012：191）认为可以从 14 个问题进行严格评价（见表 4.1）。

表 4.1 评价系统评价质量要问的 14 个问题

序号	问题
1	它是否详细说明了一个范围较窄且定义明确的问题？
2	以下问题是否明白易懂？
3	它的检索程序和纳入标准是否足够全面？
4	它的排除标准是否太严格？
5	那些赞助者、资助者或进行审查者是否在其结论中涉及既得利益？（综述者应报告他们是否参与了综述中包含的任何研究，以及他们是否与被综述的任何问题有任何关系，或在其中有任何经济利益关系）
6	它是否批判性地评价纳入研究的质量？
7	它是否根据研究质量对证据进行分类？
8	它是否根据案主特征对证据进行分类？
9	它是否不恰当地将有临床意义的结果指标和无临床意义的结果指标混为一谈？
10	它是否使用了至少两名独立综述者来评估研究的质量并从研究中提取结果？
11	如果对 10 的回答是肯定的，那么综述者的评估和发现是否一致？如果有分歧，如何解决？
12	它是否描述了处理丢失数据的策略？
13	它是否采取措施防止审查过程中的偏见？
14	它是否清楚地表达了实践的实际意义？

资料来源：Rubin & Bellamy（2012：191）。

4.1.2 通过证据库获取证据

证据不仅可以通过科学研究获得，还可以通过证据库获得。正如第 3 章中讨论的，证据是循证社会工作的核心，证据并非只能通过科学研究获取，证据的来源是多元化的，除了通过科学研究获得证据外，社会工作理论与服务相关研究结果的数据库、指南（行业标准）、手册等组成的证据库也是证据的重要来源，证据库将不同证据生产者生产的不同类型证据组织、整合并存储起来，为循证社会工作的决策提供依据。

（1）数据库

当前国内外常见的证据库有：Cochrane 协作网（Cochrane Collaboration，CC）、Campbell 协作网（Campbell Collaboration，CC2）、家庭访视有效性证

据网（HomVEE）、美国循证刑事政策中心（the Center for Evidence-Based Crime Policy，CEBCP）、中国儿童与老年健康证据转化平台（CCET）等。这些证据库有国际范围的，也有不同国家、地区范围的，旨在通过"生产证据—让证据可用—传播证据—有效服务"的证据服务，实现循证决策，增进人民福祉，让世界更美好。

在众多数据库中，最为大家熟知的是 Cochrane 协作网和 Campbell 协作网。Cochrane 组织和 Campbell 组织被看作提供证据的姊妹组织。它们都是国际公认的生产高质量系统评价证据的非营利性国际组织，它们组织研究人员、从业者和消费者到不同审查小组中，通过提供原始资料、提供方法学支持、提供培训支持、促进合作、促进传播等方式，生产、保存、更新和传播高质量证据。Cochrane 组织始建于 1993 年，提供有关卫生保健干预效果的研究综述，是循证医学实践、政府公共卫生决策等领域可靠证据的重要来源。2000 年成立的 Campbell 协作网关注社会福利、教育、犯罪和司法等社会科学领域。

除了这种国际性的数据库外，一些国家和地区也逐渐建立了针对特定领域的证据数据库平台。如美国卫生与公共服务部以及儿童和家庭管理局建立的家庭访视有效性证据网、中国儿童与老年健康证据转化平台、美国循证刑事政策中心等。一些相关的学术数据库，如 Web of Science 数据库、EBSCOhost 数据库、ProQuest 数据库、中国知网、维普期刊资源整合服务平台、万方数据知识服务平台、中国社会科学引文数据库等国内外学术数据库也可以成为证据的来源。

上述三类数据库的不同之处在于 CC 和 CC2 数据库提供的是全球范围内的、经审查后的针对某一特定问题的证据，HomVEE、CCET、CEBCP 这一类的证据的范围则较小，绝大多数证据也是经过专门的组织审查确认后的证据，针对的是某一特定领域的特定问题的证据。而学术数据库中的证据则比较杂乱，证据质量参差不齐，证据类型也不同，这类证据的获取需要工作者进行检索、评价、验证。相同的是，由于现实世界的纷繁复杂，在选取、使用这些证据时，都需要根据实际情况对获取的证据进行评估、转化。

总的来说，当前可获取证据的数据库存在许多不足，如数据库数量少，有些数据库内有效证据的介绍内容少，没有专门的社会工作数据库，数据库建设耗时耗力耗资金等，这都需要大家共同努力建设。

(2) 指南和手册

指南和手册也是证据的来源之一。指南和手册所提供的证据可以是对某个具体问题的具体建议，也可以是针对工作者的行为、伦理道德的规范，还可以是对社会工作发展的政策导向，或是对社会工作实践者实践的指引。指南和手册有着千丝万缕的联系，也有着一定的区别。共同点在于指南和手册都是为了促进社会工作发展，增强服务效果，主要使用者都是实践者，都不强制执行。区别在于指南更多提供可参考的原则和建议，是工作者在实践中要注意的普遍原则；手册则更多的是某种具体服务的使用说明，是关于具体实践的描述。在这里，笔者将社会工作伦理守则、国家颁发的政策、法规、意见和中长期规划都归为指南。常见的指南有：社会工作伦理守则、民政部在社会工作服务领域发布的多项推荐性行业标准、政策意见、中长期规划等。

手册的形式也是多种多样的。比如，在社会工作精神健康领域最常用的由美国精神医学学会（APA）从 1952 年起制定的 DSM（Diagnostic and Statistical Manual of Mental Disorders），迄今为止出版了 DSM-V，因为它有一整套临床工作用的诊断标准，对于美国的甚至世界各国的精神病学家来说，其不论对于临床工作还是科学研究，都有很大帮助。我国也有相应的中文翻译版本。再比如《中国儿童重大疾病救助资源信息手册》《儿童和青少年循证治疗手册》等。

4.1.3 收集"散在"证据

"散在"证据，也被称为"灰色"证据。这里指没有被纳入数据库、指南和手册证据库，但可以为循证社会工作各主体要素提供借鉴的数据、资料、信息等。如可以是类似于国际环境与发展研究所（IIED）、全球环境研究所（GEI）、《牛津研究百科全书》（Oxford Research Encyclopedias）、北京大学开放研究数据平台等这样较权威的组织和网站上所提供的一些数据、案例、方法等信息，也可以是一些电子文献数据库和手机 App 收集到的相关信息，还可以是已完成但未公开发表的、常以会议论文和内部资料形式存在的证据。随着计算机技术和互联网的迅速发展，有关社会工作、人类生活与社会发展的研究结果、实践经验、操作方法和技巧等信息将被越来越多的人所了解、认识、传播和使用。这也正是循证社会工作所倡导的开放、交流与共享。

总的来说，在循证社会工作中，通过这些方法获取的证据都可以作为"最佳证据"的来源。支持循证社会工作的学者通常认为通过这些方法获得的证据等级是不一样的。由此，出现了大同小异的"证据金字塔"和对"最佳证据"的评判标准。但是，无论哪种证据来源，都需要工作者通过一定的方法和技能获取，都需要在特定的情境中使用。

4.2 证据评价的两种标准：研究方法与证据质量的选择

证据的内涵不断扩展，证据属性和证据特征也转向多元化，社会工作者面对的一个重要问题便是：如何评价繁杂多样的证据，在众多证据中如何评价证据并选用证据？于是出现了对"证据等级"和"最佳证据"的研究。

4.2.1 以证据研究方法严谨程度评价证据等级

20世纪60年代，美国社会学家Campbell和Stanley首次提出了"证据分级"的概念，评价教育领域部分原始研究的设计，将随机对照试验的质量定为最高（陈耀龙等，2008）。1972年，英国流行病学家、内科医生Cochrane（1972）的经典著作《疗效与效益：健康服务中的随机对照试验》唤起了人们对医学决策科学性和卫生资源合理配置、高效使用的深刻反思。1979年，加拿大定期体检特别工作组（Canadian Task Force on the Periodic Health Examination，CTFPHE）首次对研究证据进行系统分级，并给出推荐意见（见表4.2）。

表4.2 1979年CTFPHE证据等级及推荐强度

	证据等级	定义
证据分级	I	至少一项涉及良好的随机对照试验
	II-1	设计良好的队列或病例对照研究，尤其来自多个中心或研究组
	II-2	比较了不同时间、地点的研究证据，无论有无干预措施；或重大结果的非对照研究
	III	基于临床研究、描述性研究或专家委员会的报告，或权威专家的意见

续表

证据推荐	推荐强度	定义
	A	定期体检中支持考虑该疾病的证据充分
	B	定期体检中支持考虑该疾病的证据尚可
	C	定期体检中支持考虑该疾病的证据缺乏
	D	定期体检中不考虑该疾病的证据尚可
	E	定期体检中不考虑该疾病的证据充分

资料来源：Canadian Task Force on the Periodic Health Examination (1979)。

此后，出现了多个证据等级和证据推荐强度的标准。我国学者陈耀龙等（2008）系统比较了1979~2007年50个主要组织和机构的证据分级标准和推荐意见强度，遴选出11个最具代表性的证据等级标准（见表4.3）。表4.3展现了医学领域证据等级标准的概貌，从侧面反映出一个事实，即当前医学领域的证据等级评价的标准并没有统一。

表4.3 陈耀龙等遴选的11个最具代表性的证据等级标准

年份	国家	制定者	等级	特点	用途
1979	加拿大	CTFPHE	三级	首次基于实验设计对研究证据分级	预防体检
1986	加拿大	Sackett	五级	考虑证据质量	临床用药
1992	美国	AHCPR	四级	纳入Meta分析	临床指南
1996	英国	NEEBGDP	三级	纳入系统评价	临床指南
2001	英国	SIGN	八级	同时将系统评价、Meta分析、RCT作为最佳证据	临床指南
2001	美国	SUNY Downstate Medical Center	九级	纳入动物实验和体外研究	临床指南
2001	英国	CEBM	五级	提出分类概念，拓展到治疗以外的7个领域	卫生保健
2004	国际	GRADE	四级	考虑研究的设计、质量、结果一致性和证据的直接性	卫生保健
2004	中国	李幼平等	五级	探索非医药领域分级	科学研究
2005	美国	Aragon	四级	针对动物研究分级	基础研究
2006	中国	李幼平等	五级	探索决策与管理领域证据分级	政府决策

资料来源：陈耀龙等（2008）。

20世纪90年代循证医学问世以来，证据等级也经历了不同阶段，其中以"老五级"、"新五级"、"新九级"和"GRADE"为各阶段的证据等级划分标准,分为四个阶段。

"老五级"证据等级指 1992 年由美国卫生保健政策研究所（AHCPR）制定的临床实践指南,该指南将随机对照试验的 Meta 分析作为最高级别的证据（见表 4.4）。

"新五级"是 2001 年由英国牛津大学循证医学中心（Oxford Centre for EBM）制定的证据分级标准,以同质 RCT 的系统评价为"最佳证据"（见表 4.5）。"新五级"是使用较为广泛的一个标准,我国循证医学的教材中就使用了这一证据等级划分标准,如李幼平（2003）主编的《循证医学》和王家良（2010）主编的《循证医学》（第 2 版）,都使用了这一证据划分等级和推荐强度。

表 4.4　1992 年 AHCPR 证据等级及推荐强度

证据等级	定义	推荐强度	定义
Ⅰa	随机对照试验的 Meta 分析	A	Ⅰa
Ⅰb	至少 1 项随机对照试验		Ⅰb
Ⅱa	至少 1 项设计良好的非随机对照试验	B	Ⅱa
Ⅱb	至少 1 项设计良好的准实验研究		Ⅱb
Ⅲ	设计良好的非实验研究,如对照研究、相关性研究和病例研究		Ⅲ
Ⅳ	专家委员会报告、权威意见或临床经验	C	Ⅳ

资料来源：转引自 Hadorn et al.（1996）。

表 4.5　2001 年牛津大学循证医学中心证据等级及推荐强度（治疗部分）

证据等级	定义	推荐强度	定义
1a	同质 RCT 系统评价	A	1a 或 1b 或 1c 级证据
1b	单个 RCT（可信区间窄）		
1c	全或无病案系列		
2a	同质队列研究的系统评价	B	2a 或 2b 或 2c 或 3a 或 3b 级证据
2b	单个队列研究（包括低质量 RCT,如随访率<80%）		
2c	结果研究、生态研究		
3a	同质病例对照研究的系统评价		
3b	单个病例对照		

续表

证据等级	定义	推荐强度	定义
4	病例系列研究（包括低质量队列和病例对照研究）	C	4级证据
5	基于经验未经严格论证的专家意见	D	5级证据

资料来源：转引自 Phillips et al. (2009)。

"新九级"是在2001年，由美国纽约州立大学医学中心推出的证据金字塔（见图4.6）。"新九级"首次将动物研究和体外研究纳入证据分级系统，拓展了证据范畴。在这些证据中，位于金字塔顶端的系统评价和Meta分析被认为是"最佳证据"，具有最高推荐强度，位于金字塔顶层的证据比位于下层的证据更具推荐强度。其他表格形式的证据等级也展示了相同的观点，只是金字塔的形式与表格相比，形象更直观，更易于广泛传播。

1999年循证社会工作的出现，循证社会工作对循证医学概念、内涵、证据等级等的学习和借鉴，使"新九级"的"证据金字塔"在社会工作领域也得到了广泛传播和使用。在借鉴和使用的过程中，社会工作领域的一些学者也意识到了循证医学模式在社会工作中的不适应性。因此，他们修正了循证

图4.6 2001年纽约州立大学医学中心证据金字塔

资料来源：Wagoner et al. (2004)。

医学的证据等级标准，提出了社会工作循证实践的证据等级划分标准。Thyer 和 Pignotti（2011）列出了 14 条社会工作循证实践的证据分级标准，根据证据推荐强度由高到低依次是：信誉良好的组织所做的系统综述、单一被试的随机对照试验、大规模多样本的随机对照试验、单个的随机对照试验、大规模多样本的准实验研究、单个的准实验研究、可重复前实验结局研究、单个前实验结局研究、单一被试实验研究、相关研究、叙事案例研究、专家的临床意见、可靠的理论、专业团队的建议。杨文登（2014）对 Thyer 和 Pignotti（2011）列出的证据等级进行了转化，以金字塔的形式展示出来（见图 4.7），他将这一证据等级标准归入研究证据，并指出：从第 1 级到第 14 级，证据采用的方法越来越严谨，证据的级别越来越高，在社会工作的循证实践过程中，实践者只有在没有高级别的证据的时候，才可以使用低级别的证据。

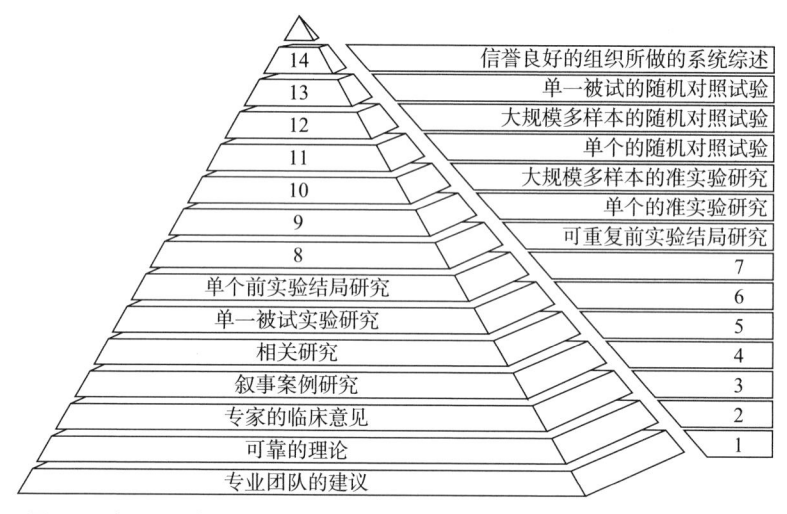

图 4.7 杨文登对 Thyer 和 Pignotti 列出的证据等级转化后的证据金字塔
资料来源：杨文登（2014）。

Fraser 等（2018）在社会工作干预研究中提出了评估干预有效性的证据等级金字塔结构（见图 4.8），Fraser 等人还指出，这一证据等级标准很多专业组织（如美国精神医学学会、美国心理学会、Campbell 协作组织、Cochrane 协作组织、兰德公司）都在使用，并结合其他标准，来保证干预设计的有效性。

从上述这些证据等级划分和推荐强度来看，无论是在医学领域还是在社会工作领域，都将系统评价和 Meta 分析看作"最佳证据"。从不同等级

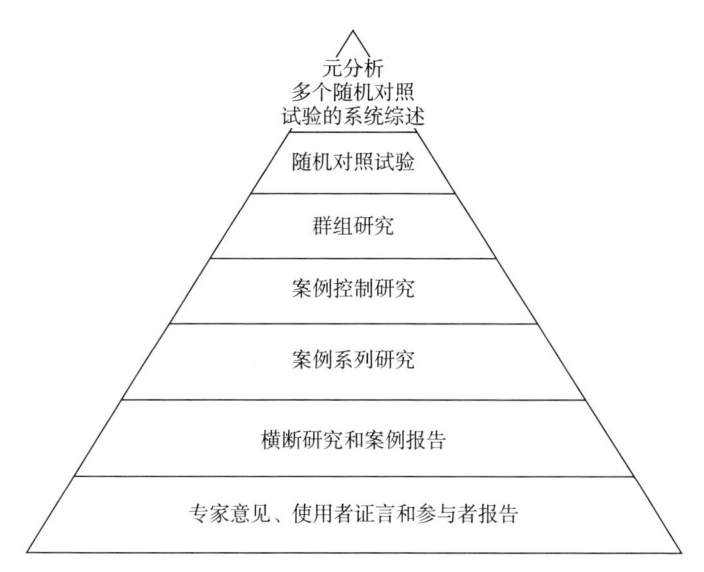

```
        元分析
       多个随机对照
      试验的系统综述
     ─────────────
       随机对照试验
     ─────────────
        群组研究
     ─────────────
       案例控制研究
     ─────────────
       案例系列研究
     ─────────────
     横断研究和案例报告
     ─────────────
  专家意见、使用者证言和参与者报告
```

图 4.8　Fraser 等的社会工作证据金字塔

资料来源：Fraser 等（2018：13）。

的证据内容不难发现，尽管不同学者纳入证据等级的证据内容稍有差异，但在证据等级和推荐强度的评价标准上，都是以研究方法的严谨程度为划分依据，即以研究本身质量得到保证为划分标准。以研究方法的严谨程度为依据划分证据等级，与循证社会工作的发展阶段有很大的关系。从社会工作专业性、科学性、有效性的提出，到经验临床实践（ECP）阶段、实证支持治疗（EST）阶段，再到循证实践（EBP）阶段，人们采取的措施首先是在方法上进行科学化，以此来提升专业性和有效性，在 ECP 和 EST 发展阶段，随机对照试验、系统评价、Meta 分析、单案例设计等方法已经从其他学科引入社会工作及其相近领域，且这些方法在自然科学和医学中都已经被证实是科学有效的，被广大学者和实务工作者所接受。

因此，这种以研究方法的严谨程度为"最佳证据"的评价和推荐的方式，有利于社会工作的科学化，但缺乏对服务实践者、服务对象的关注，较少考虑研究者、服务提供者与案主之间动态的互动关系，忽视了他们的相关证据。同时，还忽视了社会工作实践进程的证据。事实上，社会工作的预估、问题/需求的确定、服务方案的设计、服务方案的实施和评估等，都需要证据的支持。尽管社会工作领域学者对循证医学的证据等级进行了改进，但改进后的证据等级，依旧没有跳出以研究方法的严谨程度（研究本身质量得到保证）划分循证社会工作证据等级的观点。

4.2.2 以证据质量高低评价证据等级

本质上，循证医学和循证社会工作都是为了实现"好的实践"，为人类提供好的医疗服务和好的社会工作服务，因此，提倡基于"最佳证据"进行决策，提供好的服务。而用研究方法来判断证据等级，这就将"最佳证据"与"最严谨的方法"等同起来（如将通过系统评价获得的证据看作"最佳证据"），在此基础上将"好的实践"与"严谨的方法"等同起来。尽管"严谨的方法"对于一个"好的实践"是必要的，但将二者完全等同起来，就犯了方法中心论的错误。不仅如此，循证社会工作包含四大要素，在循证社会工作实践中，各要素都很重要，将"严谨的方法"等同于"好的实践"，着重于研究证据，这就有点"研究证据为本"的意思，与备受批评的"权威为本"一样存在问题。

循证实践的过程可以划分为证据生产和证据使用两个阶段，证据等级的划分就会对证据生产及其所生产的证据进行评价，判定哪些证据是最佳证据，其目的是使用这些证据，进行有效决策，以提供好的政策或好的服务。所以说，证据生产和证据使用紧密联系在一起，相互影响。

证据生产和证据等级金字塔的建立，使得循证医学率先崛起，成为其他循证实践学习和借鉴的模式，但是循证医学按照研究方法的严谨程度划分的证据等级在使用的过程中弊端也逐渐暴露出来。随着研究和实践的深入，证据分级扩展到不同临床问题，包括治疗、预防、病因、危害、预后、诊断等（李幼平等，2016）。在证据的使用中发现，高级别证据不等于研究本身质量得到保证，不同临床问题的证据类别存在差异。为此，2000年，Gordon Guyatt、Andrew Oxman 等来自世界各地的卫生专业人员、研究者及指南开发者共同成立了 GRADE 工作组，2004年发布了一套证据质量和推荐强度分级系统，即 GRADE 证据评价系统（Oxman，2004）。GRADE 证据评价系统突破了单从研究设计角度或研究方法上考虑证据质量的局限性，它根据具体情况，综合考虑众多因素，根据对疗效进行估计的信息是否足以支持其推荐的程度，将证据质量分为高、中、低、极低四个等级，将推荐强度分为"强""弱"两级（见表4.6）。

表 4.6　GRADE 证据质量等级及证据推荐强度

	证据质量	具体描述
GRADE 证据质量等级	高	未来研究几乎不可能改变现有疗效评估结果的可信度
	中	未来研究可能对现有疗效评估有重要影响，可能改变评估结果的可信度
	低	未来研究很有可能对现有疗效评估有重要影响，改变评估结果可信度的可能性较大
	极低	任何疗效的评估都很不确定
	推荐强度	具体描述
GRADE 证据推荐强度	强	明确显示干预措施利大于弊或弊大于利
	弱	利弊不确定或无论质量高低的证据均显示利弊相当

资料来源：Balshem et al.（2011）。

GRADE 工作组在《临床流行病学》杂志上发表 GRADE 系列文章，共 20 篇（见表 4.7）（Guyatt et al.，2011），系统介绍了证据质量和证据推荐强度评价系统。目前已有包括 WHO 在内的 60 多个国际组织、协会采纳 GRADE 证据评价系统，GRADE 证据评价系统成为证据分级与推荐发展史上的里程碑。

GRADE 证据评价系统在社会工作循证实践中并没有得到足够的重视，绝大多数循证社会工作的文献中依然呈现的是改进后的证据金字塔的证据等级和推荐强度，系统评价、Meta 分析和 RCT 依然是最高级别证据的主要来源。这可能有两个原因。一个是循证医学的影响已经远远超出了医学学科，其基本原则和方法已经转移到其他专业实践领域。不可避免的是，这种转移并不是直接而简单的，特别是在该专业的基本原则与循证医学的基本原则不同的情况下（Trinder & Reynolds，2000：33）。另一个是一些社会工作研究者和实践者已经意识到了循证医学证据评价存在的不足，也知道不能照搬循证医学的证据评价体系，需要结合社会工作的特点寻找、评价、使用证据，并且在致力于寻找循证社会工作的证据评级系统。

那么，在社会工作的循证实践中，如何评价证据等级，选取"最佳证据"并基于"最佳证据"进行实践呢？笔者认为，GRADE 证据评价系统的证据质量等级和证据推荐强度极具启示意义。沿用 GRADE 证据评价系统中"证据质量"[①] 这一术语，结合社会工作的特质，来评价循证社会工作的证

[①] "证据质量"（quality of evidence）由 GRADE 工作组在 2004 年推出 GRADE 证据评价系统时提出。

据等级及推荐强度,重新解释"最佳证据"。根据 GRADE 证据评价系统(Guyatt et al.,2008b),证据质量高低的评价标准为未来研究对现有疗效评估是否有重要影响和改变评估结果可信度的可能性大小,证据推荐强度则以干预措施利弊大小的明显程度为准。GRADE 工作组在另一篇关于证据质量的文章中提出,研究设计是决定证据质量的重要因素,但有五个因素会降低证据质量,也有三个因素会提高证据质量,这些因素都会影响证据的推荐强度(Guyatt et al.,2008b)。

表 4.7 GRADE 工作组在《临床流行病学》杂志上发表的 GRADE 系列文章结构内容

引言文章
  1. 引言与结果总结表
  2. 建构问题并确定结果的重要性
  3. 评价证据质量——引言
证据质量评价
  4. 证据质量评价——偏倚风险
  5. 证据质量评价——发表偏倚
  6. 证据质量评价——不精确性(随机误差)
  7. 证据质量评价——不一致性
  8. 证据质量评价——间接性
  9. 证据质量审计
  10. 资源利用证据的质量评价
总结证据
  11. 总结单个结局的证据质量及总结多个结局的证据质量
  12. 准备结果总结表——二分类结局

总结证据
  13. 准备结果总结表——连续性结局
诊断性试验
  14. 将 GRADE 应用于诊断性试验
做出推荐
  15. 从证据到推荐——强和弱推荐的含义
  16. 从证据到推荐——推荐方向与强度的界定因素
  17. 从证据到推荐——资源利用
GRADE 与观察性研究
  18. 利用观察性研究的特殊挑战

续表

最后的文章
19. 小组方法、GRADE 的变更及 GRADE 的进一步发展——第一部分
20. 小组方法、GRADE 的变更及 GRADE 的进一步发展——第二部分

资料来源：Guyatt et al.（2011）。

GRADE 证据评价系统的意义在于：首先，这一评价系统突破了以研究方法的严谨程度来划分证据质量等级和证据推荐强度的标准，用"证据质量"划分证据等级，修正了证据评价以研究方法为主的评价方式的不足；其次，这一评价系统将其他影响证据的因素纳入证据评价系统，使证据从狭隘的"研究证据"的误解中解脱出来。

尽管循证社会工作与循证医学有所不同，但 GRADE 证据评价系统的理念和方法值得我们借鉴。在循证社会工作中，我们不否认科学研究方法在证据等级中的重要性，研究设计是决定证据质量的重要因素，而不是唯一因素。方法的科学性很重要，方法的科学性是一项研究得以实现的重要保障，但是，单一方法的科学性对社会工作这个以助人为宗旨的人文专业来说，具有明显的不足。工作者应在注重证据质量的基础上，结合实践者经验、案主和环境等循证社会工作各要素的共同影响，作为证据推荐强度的依据，这是较研究证据的严谨程度（研究本身的质量）标准更符合社会工作的证据评价标准。

因为在进行社会工作决策时，案主、工作者都必须在特定的环境下权衡各种服务方案的优劣利弊，对预期利弊的最佳估计及决策者对这些估计的信心和特定环境因素都会影响最终的决定。在这样的证据评价方式下，高质量证据不一定是强推荐证据，低质量证据也可以成为强推荐证据，专家意见在以研究方法严谨程度为证据评价标准上被列为低级别证据，但在特定情况下，也可以是强推荐证据。这是因为，每一项研究都有局限性，事情也并不只有黑和白，与实践相关的研究领域不仅有典型的研究，也存在一些错误的研究，还有许多灰色地带。工作者需要在各种证据的引导下保持一定程度的谨慎，不同类型的证据引入将在一个连续体中存在。此外，要得出一种干预措施可以作为"最佳证据"的结论并不总是那么容易，工作者可能会遇到一些更好的相关证据。不仅如此，工作者的实践经验、案主特征和偏好往往会影响工作者的决策和行动，有时甚至会让工作者在证据不足的情况下做出选择（Rubin & Bellamy，2012：51）。

4.3 "最佳证据"：特定环境下最适合解决案主问题的证据

4.3.1 高质量证据取代高级别研究方法证据

如何判断哪些证据是"最佳证据"？传统的以证据研究方法严谨程度为依据的判断方法存在缺陷，也遭受着反对者的批评和指责。医学领域的 GRADE 证据评价系统对传统证据评价方法进行了修正，注重证据质量，并将其他因素纳入证据评价系统，但还是没有明确地说出哪些证据是"最佳证据"。循证公共卫生领域的学者认为证据的优劣可以从对患者特定需要的有效性、重要性和可应用性三个方面来判断（布朗逊等，2012：2）。在循证心理治疗中，证据的判定标准是个老大难的问题，至今仍未得到很好的解决。从影响心理治疗的哲学背景看，"最佳证据"可以是实证主义中的实证的证据，也可以是实用主义中的最有效的证据，还可以是经济理性主义中的高效益的证据（杨文登，2012：62~69）。超越以研究方法严谨程度作为判定标准的证据等级评价是大势所趋，"矩阵结构"与"分类系统"是未来可能的选项（杨文登，2017）。循证社会工作的倡导者 Thyer 和 Myers（2011）提出，"最佳可用证据"并不意味着只考虑最高质量的证据，而意味着要考虑所有证据，但要更加重视可用的更可靠的证据形式。多个证据中最占分量的证据更具推荐强度（Thyer & Pignotti，2011）。

总之，证据的评价标准在各学科循证实践中都是一个说起来容易，做起来难的难题。随着循证社会工作的发展和证据观的转变，循证社会工作要遵循的证据，不再只是早期 EST 关于治疗方法对病症是否有效的证据，而是关于"人"的证据，是关于"哪些服务对哪些案主在何种情况下最为有效的证据"。

4.3.2 匹配证据与案主的问题

循证实践是问题导向的，开展循证实践，首先要确定问题。这一点在循证社会工作的实践步骤中得到了很好的体现。循证社会工作是一个把最佳证据、实践专长、案主价值和环境因素整合起来的决策过程。这个过程包括六个具体的步骤①：①提出问题；②寻找证据；③评价证据；④应用证据；⑤评估实践效果并改进；⑥传播与实施新证据。其中，提出问题、寻找证据、评价证据就是将证据和问题匹配的过程，应用证据、评估实践效果并改进是将证据和服务匹配的过程，传播与实施新证据是将问题、证据和服务整合起来的过程（后两个过程将在第5章中详细介绍，这里主要介绍证据与问题匹配）。其次，针对这个可回答的问题寻找证据，并评价证据。"最佳证据"的确定建立在理解问题的性质和能够最好地回答它的基础之上，这就需要根据要回答的问题确定需要哪些不同的证据类型，批判性地鉴别证据的效果和效用。

证据与问题如何匹配？首先要考虑的是确定服务对象的需求或问题，将服务对象的需求或问题转化为一个可回答的问题。可回答的问题具有的特征如下：它可以把工作者寻找答案的焦点集中在当下情景的需求上；把工作者寻找答案的焦点集中在可以补充知识基础的信息上；帮助工作者和其他人沟通有关的情景；协助工作者设计出高产出的策略；提示工作者所需要的证据形式；帮助认定工作者做的事情和其他事情有什么不同；帮助工作者打破偏见去探讨意料之外的事情（陈树强，2005：157~171）。为了提出这样一个可回答的问题，研究者使用了PICO框架（见表4.8），使用PICO框架可以帮助工作者清晰地表达问题，并有助于工作者开发能够捕获这些重要元素的搜索词。

表 4.8　PICO 框架

PICO	描述
P（Patient, Client, Population, Problem）对象	对象是病人或案主或人群或问题，一般指有特定问题或需求的群体，对选择干预或评估工具具有重要影响的关键特征

---

① 在现有的循证实践（包括循证社会工作）文献中，循证实践都包括五个步骤，即正文中提到的六个步骤中的前五个，笔者在五个步骤的基础上将证据的传播和转化作为循证实践的第六个步骤（笔者在文献综述部分对此也进行了详细说明），这是因为，一项有效的研究和干预措施，如何被其他案主、机构、地区甚至国家采用，可持续且大规模使用，都需要进行传播、转化与实施。这也是循证社会工作要关注的问题。早期的循证实践并未将这一点着重进行研究，有些人注意到了传播、转化与实施的重要性，但将其方法在证据的使用中简单介绍。现阶段关于证据如何传播、转化和实施在美国等国家开始受到重视，从政府部门到学者，再到实务工作者，都开始重视证据的传播、转化和实施，形成了"实施科学"（Implementation Science）的研究。

续表

PICO	描述
I（Intervention）干预	干预措施，考虑需要研究何种事项的效果
C（Comparison）对照	一般指对照组或另一种可用于比较的干预措施，考虑比较什么，比完全不介入或比其他介入更好还是更坏
O（Outcome）结果	干预的结果，一般指干预的效果是什么

资料来源：Richardson et al.（1995）。

1995年，美国医师学会的Richardson等（1995）在《完善的临床问题：循证决策的关键》一文中，提出了PICO框架。他们认为要建构一个好的临床问题，首先这个问题应该与当前面临的问题直接相关，其次这个问题的措辞应该便于寻找准确的答案。要实现上述两个条件，这个问题必须集中明确的病人或问题（P）、考虑干预措施或暴露措施（I）、相关时比较干预措施或暴露措施（C）、感兴趣的临床结果（O）四个部分，并且清晰地表达出来。他们还发现，绝大多数的临床问题来自以下六个方面的临床工作：①临床证据，如何准确收集临床发现并且正确解释它们；②诊断，如何选择并说明诊断测试；③预后，如何预测病人可能的病程；④治疗，如何选择利大于弊的治疗方法；⑤预防，如何筛查并降低疾病风险；⑥教育，如何教会自己、病人和家人需要什么。

PICO框架提出后被广泛应用于临床医学、护理学等医学研究领域，用于建构治疗性临床问题，成为建构一个好的具体临床问题的国际通用模型。随后，医学问题的其他领域（医学中常见的治疗、诊断、病因和预后等问题领域）和社会科学领域（如心理治疗、犯罪矫正、社会工作等社会科学领域）也广泛采用这一框架，用以建构研究问题。

随着循证实践的进一步发展，有研究表明，PICO框架对临床问题的建构并不总是能获得满意的结果，而且，PICO框架更适用于治疗性问题，对诊断、病因、预后等其他问题的建构并不完全适用（Cheng, 2004）。为此，基于多重证据观的理念，PICo问题框架、PICO-Co问题框架、PI-Co问题框架、CoCoPop问题框架、PIRD问题框架、PEO问题框架、PCC问题框架等不同的循证问题框架被扩展出来，通过单独使用其中一个问题框架或混合使用不同的问题框架，来修正PICO框架的不足，并尽可能地在更多领域使用循证问题。有学者将这些不同类型的循证问题框架进行了总结，其适用领域如表 4.9 所示。

表 4.9 循证问题及其适用领域一览

系统评价类型	问题构成
有效性评价	PICO
质性研究评价	PICo
成本与经济评价	PICO
发病率和流行趋势评价	CoCoPop
诊断性试验评价	PIRD
病因和风险评价	PEO
文本和专家意见评价	PICo
混合性研究评价	PICO 或 PICo 或 PIRD 或 CoCoPop 或 PEO 或其他
系统评价再评价	PICO 或 PICo 或 PIRD 或 CoCoPop 或 PEO 或其他
系统的文献范畴综述	PCC
证据应用	PIPOST

资料来源：朱政等（2017）。

与此同时，有研究发现 PICO 框架并不适用于质性研究，质性研究的循证问题建构得到了更多关注（Booth，2001；Cooke et al.，2012）。因质性研究主要通过观察、体验、访谈等方式来收集资料，且样本小、无干预组和对照组、没有确定的可量化的结局指标等特征，无法直接使用 PICO 框架，为此，Cooke、Smith 和 Booth 对 PICO 框架进行了一系列拓展，提出了 SPIDER 框架（见图 4.9）。Cooke 等（2012）提出标准化的系统搜索策略有助于提升研究的严谨性，而目前的搜索工具侧重于定量研究的检索。他们基于 PICO 框架，开发了 SPIDER 工具，形成了 SPIDER 框架结构（见表 4.10），将

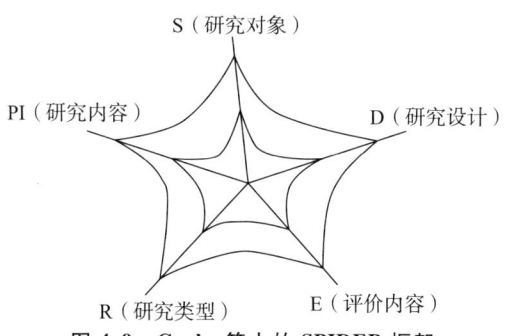

图 4.9 Cooke 等人的 SPIDER 框架

资料来源：Cooke et al.（2012）。

其应用于定性和混合方法的研究,从而将思维拓展到 PICO 框架之外。但他们也强调,需要改进数据库中定性文章的索引,要构建 PICO 框架的可行替代方案,需要在更广泛的主题上对 SPIDER 框架进行细化和测试。

表 4.10 基于 PICO 框架开发的 SPIDER 框架说明

PICO	SPIDER	修改原因说明
P-Patient/Client/Population/Problem(对象)	S-Sample(研究对象)	小群体的参与者更倾向于定性研究而不是定量研究,因此样本比人群更适合定性研究
I-Intervention(干预)	PI-Phenomenon of Interest(研究内容)	定性研究的目的是了解某些行为、决定和个人经历的方式和原因。因此,在定性研究问题中,干预/暴露本身并不总是显而易见的
C-Comparison(对照)	D-Design(研究设计)	定性研究中所使用的理论框架将决定所使用的研究方法。由于推论统计学在定性研究中不被使用,研究设计的细节将有助于对研究和分析的稳健性做出决策。此外,这可能会增加对数据库中标题和摘要非结构化的定性研究的检测
O-Outcome(结果)	E-Evaluation(评价内容)	定性研究与定量研究的相同之处在于最终结果都使用结果测量的方法。与定量研究不同的是,定性研究更侧重于一些无法测量的主观指标(如态度和观点等)的评价,因此用评价比结果更合适
	R-Research Type(研究类型)	有 3 种研究类型可供检索:定性研究、定量研究、混合研究

资料来源:Cooke et al.(2012)。

在 PICO 框架的众多扩展的问题框架中,PICo 问题框架和 SPIDER 问题框架备受关注。Methley、Campbell 和 Chew-Graham 等(2014)对 PICO、PICOS[①] 和 SPIDER 框架进行了对比研究,并对 SPIDER 框架进行了测试,结果显示:与 SPIDER 搜索相比,PICO 搜索的命中次数更多,灵敏度更高。SPIDER 搜索对每个数据库显示出最大的特异性。改进后的 PICOS 显示出与 SPIDER 搜索相同或更高的敏感性,以及与 SPIDER 搜索相同或更低的特异性。改进的 PICOS 比 PICO 搜索具有更低的灵敏度和更高的特异性。由此得出的实践建议是,使用 PICO 工具进行全面的搜索,但是 PICOS 工具的时间和资源有限。由于不识别相关论文的风险,不建议使用 SPIDER 工具(Methley et al.,2014)。

---

① PICOS 是在 PICO 基础上,加入了研究类型(Study Type),与 PICo 相似。

因此，尽管有众多扩展后的 PICO 问题建构框架，但 PICO 框架依然是各循证学科最常使用的模型。SPIDER 框架也逐渐引起人们的关注，开始在定性研究中受到重视。在循证社会工作中建构可回答的问题时，也遵循着这一问题框架。

4.3.3 "证据在环境中"：证据获取的关系处境

证据不是一个意义明确的词，且通常未被明确定义，但它存在于一定情境中，具有特殊的意义。判断一个证据的好坏，离不开它所处的环境。社会工作实务中的核心概念"人在环境中"对社会工作理论基础及其实践取向产生核心影响。"人在环境中"所表达的理念，与证据所处的环境具有内在的一致性。

使用"证据在环境中"这一说法，是因为早在 20 世纪初，Marry Richmond 和 Jane Addams 在慈善组织会社和睦邻组织运动中都推行"人在情境中"（person-in-situation）理念，强调在情境中理解人的行为，利用环境资源促进人的改变和提升（法利等，2010：55）。到了 20 世纪 70 年代，系统论被引入社会工作，"人在情境中"的理念进一步得到确立，"人在环境中"（person-in-environment）取代原来的"人在情境中"，以强调更加广泛的环境因素对个体行为的影响（李伟，2018）。在"人在环境中"理论中，"人"泛指在社会生活中功能受到损害的个体、家庭、群体或社区，而"环境"是指个体可以随时认识到的所处环境的重要组成部分，对个体问题的产生和解决具有重大影响（陈钟林、吴伟东，2005）。这一理论不仅确立了专业社会工作聚焦个体和环境的基本使命，还强调了社会工作服务对象所处环境的复杂性，实务工作者在介入个体问题之前，必须对服务对象所处的环境有完整的认识，并在此基础上评估个体的问题和需求。

证据作为循证社会工作的核心，亦是如此。证据的获取、评价和使用都是针对"人"与"环境"的证据。证据的获取、评价和使用都是在特定的环境中针对特定的问题，证据的获取和评价离不开证据生产的复杂环境和人的特殊需求，证据的使用必须在人的特殊需求和特定的环境中。循证社会工作强调将研究证据、实践经验、案主意愿和环境整合起来开展社会工作研究和实践，这就是说循证社会工作不是单个实践工作者的工作，而是整个过程中研究者、实践者、案主、环境等多元主体协同的结果。

在"证据在环境中"和多元主体协同的过程中，判定"最佳证据"，就需要考虑研究证据、工作者经验、案主意愿、环境各方面的因素。笔者以为，根据不同证据与问题关联性的强弱，进行证据的三角测量①，或许可以成为寻找"最佳证据"的一个途径。三角测量普遍应用于工程领域，两个或三个指标通常被视为适当的，三角测量的原则适用于所有的测量方法。在循证社会工作中，可以对不同实践主体进行三角测量，以选择最合适的证据进行实践。

4.3.4 兼顾效果和效用的证据有效性

除了证据与问题的匹配、"证据在环境中"的复杂因素外，判定最佳证据还需要考虑证据的效果（efficacy）和效用（effctiveness）。效果指基于证据的服务方案或干预措施对具体问题的有效程度，类似于实验研究中的内部有效性，它要回答的问题是证据的可靠程度；效用指基于证据的服务方案或干预措施在实际情境中的难易程度以及可以解决问题的程度，类似于实验研究中的外部有效性，效用回答的问题是证据在跨情境中的可推广性和可行性。效果和效用的目标是不一样的，效果的最终目的是决定某个方案能够引起积极的案主改变，其直接目标是将服务改变的效应从其他变量中分离出来。而效用的最终目标是决定一个能够引起案主改变的方案可以在类似的其他真实情境中实施。由于真实情境的复杂性，相比效果研究使用的 RCT 等统计学方法，效用研究没有合适且成熟的方法论，更多以动态的、宽泛的结论评价效用，比如，以社区服刑人员重返社会为例，社区矫正这一非监禁刑罚对犯罪人员有没有帮助，不只是看矫正对象有没有生活在社区当中，重新犯罪率有没有降低到 0.2% 以下，还要看社区矫正这一措施在犯罪人员的社会关系重建、社会功能恢复、有没有被社会接纳、能不能真正像正常人一样生活等方面的作用。

基于此，选择服务方案时，选择高效果的证据还是选择高效用的证据，

---

① 将三角测量作为循证社会工作"最佳证据"的判定方式之一的观点，源自美国圣路易斯华盛顿大学 Carolyn Lesorogol 教授在西安交通大学高级社会工作研究方法培训班上对肯尼亚桑布鲁地区基于社区的野生动物保护的实践案例讲述的启示。从物理环境、社会结构和殖民政策改变三方面获取证据，这些证据不仅可以让村民维持生计，也能确保受到威胁的野生动物可持续地生存。

如何选择"最佳证据"？从循证社会工作发展的三个阶段来看，ECP、EST两个阶段和 EBP 的最初阶段，以研究方法的严谨程度为标准判断"最佳证据"，形成了以 RCT 为金标准的评价标准，"最佳证据"以证据效果的好坏为选择的依据。而随着 EBP 阶段对证据认识的转变，对社会工作服务效用研究越来越重视，由此对"最佳证据"的评判采取了更加包容和整合的标准，与案主有关的其他因素也被纳入了评价体系，以证据质量为依据的证据评价体系逐渐形成。由此，可以看到循证社会工作的证据不再是固定的、以研究方法的科学性为标准的、预先就确定好的证据，而是在整个服务过程中随着不同因素影响而动态发展的证据。循证社会工作的"最佳证据"要结合效果和效用综合考虑。

综上，判定循证社会工作的"最佳证据"，其实就是判定哪些证据在何种情况下最适合案主的哪些问题。在判定"最佳证据"时，要将证据与问题匹配起来，要注重证据的复杂环境，要考虑证据的效果和效用。正如 Muir Gray 所说："所有的科学证据都是不完美的，循证决策并不会因为证据的不完美而不可能实现。"（布朗逊等，2012：5）我们需要的是在特定环境下最适合解决特定问题的"最佳证据"，而不是可能的"最佳证据"。

4.4 "最佳证据"生产和评价的挑战

总结相关研究和实践来看，循证社会工作"最佳证据"生产和评价的挑战主要体现在以下三个方面：一是人们对证据及证据获取方法存在误解和狭隘认知；二是将好的社会工作实践与科学研究方法简单等同起来；三是循证社会工作面临的现实困难。

首先，从人们对证据及证据获取方法存在误解和狭隘认知方面看。从前文证据生产的方法可以看到，人们对循证社会工作证据的来源更多地集中在科学的研究方法上，并且集中体现在实验研究、准实验研究和定量研究方面，对于定性研究获得的证据的认可度较低。这在一定程度上反映出人们对证据本身认知的不足，还将证据限定在解决某一具体问题或提供某一具体服务措施方面，也就是说，对证据的认识还处在循证医学兴起阶段强调的针对某种"病症"有效的证据，而不是针对整个"人"的证据，这是一种静态的狭隘证据观。这一证据观不仅误解了循证医学的动态发展，而且将循证社会工作局限于医学的视域中,忽视了社会工作的人文特性,限制了循证社会工作证据的学科特性。

其次,从将好的社会工作实践与科学研究方法简单等同起来方面看。循证社会工作兴起的直接原因是回应社会工作服务低效甚至无效,追求专业、有效的社会工作服务,以提供好的社会工作实践,实现社会工作专业助人使命。这就是说,循证社会工作最终的目的是提供高效的社会工作服务,即提供"最好的实践"。而什么样的实践是"最好的实践"或者说"好的实践"呢?循证社会工作主张基于"最佳证据"开展的实践是好的实践,这就又涉及什么样的证据能够成为"最佳证据"。按照现有证据生产和评价标准来看,研究方法最科学的证据被认为是"最佳证据"。从这个逻辑来看,循证社会工作的逻辑是:将"好的实践"简化为"遵循最佳证据进行实践",再将"遵循最佳证据进行实践"简化为"研究方法最科学的证据"。

根据前文关于证据生产和证据评价的论述发现,循证社会工作的这一逻辑并没有错,不足之处在于以研究方法最科学的证据为依据判断最佳证据的标准,这一标准在循证社会工作这一复杂的、以助人为宗旨的专业中并不完全适用。将社会工作"好的实践"建立在科学研究的"最佳证据"基础之上是循证社会工作将研究和实践联结起来,弥补社会工作发展不足的重要举措。但是将"最佳证据"简单与系统评价、Meta 分析等研究方法等同起来,则不是循证社会工作追求的好的社会工作实践。社会工作作为一个具有强烈价值观的助人专业,所助的人是处在复杂的社会环境中的,是具有能动性和主观意识的,这就需要在人与环境的互动中全面地看待人,而不是简单地以科学方法规定人。

最后,从循证社会工作面临的现实困难方面看。循证社会工作的宣称有助于提升社会工作服务的有效性,提升社会工作的专业性。但与此同时,也会增加社会工作实践的难度。一方面,基于研究证据的社会工作实践要求有可用的证据或经累积形成的证据库,而现阶段无论是证据还是证据库,都是缺少的,甚至是没有的;另一方面,循证社会工作基于研究证据实践的主张,可以将研究和实践有效联结起来,解决社会工作长期以来研究和实践脱节的问题,但将研究和实践联结起来也对社会工作者的实践能力提出了更高的要求。社会工作者实践能力不足成为影响循证证据生产和评价的因素。

第 5 章 循证社会工作的"好的实践"：证据的应用

社会工作要通过"做"来解决社会问题，并帮助服务对象发生改变。如何"做得好"是社会工作的老话题。早在 1917 年，里士满（Richmond, 1917: 13）就提出"社会工作如何做得好？"的问题。她认为，应该欢迎社会工作者放弃仅基于善意的服务转向以证据为本的服务。以证据为本的循证社会工作，将"做"建立在科学研究的证据基础上，旨在通过"生产最佳证据—应用最佳证据—提供好的实践"，使社会工作"做得好"。这一实践逻辑针对社会工作者如何将已生产的"最佳证据"有效应用到现实实践中提出了问题。社会工作生产证据，不只为了社会工作的研究，更是为了社会工作的实践。通过证据将研究和实践有效联结起来，也是循证社会工作实现好的社会工作实践的策略。上一章节已经探讨了如何生产"最佳证据"，本章则主要探讨现实世界中"最佳证据"的应用，尝试对循证社会工作的证据应用进行系统论述，解决"证据在现实世界中如何用"这一问题，以实现循证社会工作的"好的实践"。

5.1 "好的实践"：在现实世界中应用"最佳证据"

证据之所以成为证据，在于它的本质属性——关联性，在于它可以将"问题—证据—实践"关联并且有效对应起来。众所周知，一旦把通过科学研究获得的有效证据应用到现实世界（the real world）的具体实践情境中，就不是理论上说得通、逻辑上合理就可以，也不是通过简单论说就能解决的问题，它涉及现实处境中循证社会工作不同实践主体之间的关系问题和不同类型知识之间的关系问题。

5.1.1 "证据在情境中"：证据应用的现实处境

(1) 证据应用的过程及其理论基础

社会工作的最大特点在于其行动性，即通过"做"来解决社会问题，并帮助服务对象发生改变（王思斌、马凤芝，2011：154）。以证据为本的循证社会工作实践，则是基于"科学知识"（研究证据）支撑来"做"，以帮助服务对象改变并解决社会问题。

在循证社会工作过程中，遵循证据是重要的，如何基于证据"做"也是重要的。Gambrill、Gibbs、Haluk Soydan、Allen Rubin、Bruce Thyer 等社会工作学者都针对循证社会工作的实践步骤进行过论述。[①]循证社会工作是一个有结构地解决问题的过程，这一命题是社会工作学者们的共识。虽然各学者对循证社会工作实践步骤的阶段划分不尽相同，但他们都认为循证社会工作存在一个通用的过程，不同阶段划分说明了循证社会工作实践过程是一个有弹性的、各阶段有时交叉重叠的过程，同时说明循证社会工作实践过程是一个系统化的程序。结合学者们的观点，笔者将循证社会工作的实践步骤，或称为实践过程，划分为提出问题、寻找证据、评价证据、使用证据、评估成效、证据传播和实施六个步骤。[②] 在这六个步骤中，前三个步骤的目的在于寻找"最佳证据"，后三个步骤的目的在于将"最佳证据"应用于现实世界的实践中。

由于社会工作的专业目标涵盖范围非常广泛，服务对象又多种多样，而这些个人、群体和组织间存在密切的相互作用，因此社会工作专业需要各种有关人与社会的知识，这些知识构成了社会工作实务的理论基础，是社会工作专业使命的知识依托（王思斌、马凤芝，2011：161）。这些知识

---

① 学者们对循证社会工作实践步骤的具体论述，详见本书第 2 章文献综述的循证社会工作的实践步骤。
② 将循证社会工作的实践过程划分为六个步骤的原因详见本书第 2 章文献综述的循证社会工作的实践步骤。

也成了循证社会工作的证据来源，是影响循证社会工作证据在现实世界中应用的重要因素。这些知识主要有人类行为与社会环境的相关知识、系统理论的相关知识。循证社会工作作为社会工作的其中一种，讨论循证社会工作的证据及其证据的应用，也必须将证据放在复杂的环境中和系统中考虑。

首先，在现实世界中应用证据，受到复杂环境影响，也受到证据与环境关系的影响。"人在情境中"（person-in-situation）是社会工作对人与环境关系的概念化的表达。与人与环境的关系类似，证据的使用受环境的影响（王思斌、马凤芝，2011：138）。借助"人在情境中"这一概念化表达，证据面临的复杂环境及二者之间的关系可以用"证据在情境中"（evidence-in-situation）来表述。这种"证据在情境中"和"证据与环境"交互作用的视角成为证据应用的重要理论基础。其次，系统理论，特别是生态系统理论，与社会工作实务中"人在情境中"的观念一脉相承。一般系统论认为，系统是由各部分（要素）组成的具有一定层次和结构并与环境发生关系的复杂整体，其功能取决于它的组成部分以及这些部分之间的相互关系（王思斌、马凤芝，2011：162）。

（2）证据应用过程中的四要素

采用系统的观点，证据应用过程是循证社会工作各要素的互动过程。前文通过文献综述发现，循证社会工作的要素主要有"三要素"说和"四要素"说。"三要素"分别是研究证据、实践者技能和案主特征与意愿。"四要素"是在"三要素"基础上引入了其他因素，"其他因素"主要有环境、文化、职业道德、社会情境等。其中，环境涉及范围最广、涵盖内容更多，在社会工作这一助人实践中影响最大，成为人们讨论最多，最受关注的因素，其随着循证社会工作的发展逐渐被越来越多的人重视，被当作与研究证据、实践者技能、案主特征与意愿同等重要的要素。

由此，循证社会工作的要素就包含了研究证据、实践者技能、案主特征与意愿、环境四要素。这就是说，循证社会工作证据的生产和证据的应用都会涉及这四要素，受到它们当中任何一方或者其中几方的影响，甚至是四要素交互作用的影响。循证社会工作证据应用的过程，是工作者基于循证理念和已有"最佳证据"进行实践决策的过程。在这一实践决策过程中，社会工作者需要整合研究证据、实践者技能、案主、环境因素，在现有最佳研究证据、社会工作者的专业经验和能力、案主特征与意愿、现实环境限制四者之间取得一种平衡。四要素中的任一要素都会影响证据的应用，影响社会工作"好的实践"的实现，这是循证社会工作证据应用中需要引起重视的现实处境。

（3）证据应用过程中的现实问题

尽管循证社会工作提倡研究证据、实践者技能、案主特征与意愿和环境四要素及每一要素在循证社会工作实践中的重要性，但综观当前循证社会工作的研究和实践，四要素在实践中并没有被放在同等的地位上。研究证据是被大力强调的部分，环境常常被提及，而实践者技能和案主特征与意愿是被弱化的部分。在循证实践中，研究证据得到了前所未有的重视（杨文登，2014）。人们较重视研究证据，特别是重视研究证据的获取方法和证据等级的排序，与研究证据相关的内容也是常产生争议的内容。环境的复杂性是人们常会注意到的内容，而实践者技能和案主特征与意愿则较少被详细讨论。研究证据、实践者技能、案主特征与意愿、环境之间的关系问题较少涉及。

这种理论上强调各部分同等重要，但实践中不平等对待的方式，给循证社会工作的研究和实践带来了很多争论和误解[①]，也造成了实践中的困难。以经审核发表于 Campbell 协作网的一个系统评价为例，由 Murray、Farrington、Sekol 和 Olsen（2009）联合发布，由犯罪矫正小组审查，名为《父母被监禁：对儿童反社会行为、犯罪和心理健康的影响》系统评价的研究结果显示：与父母没有被监禁的儿童相比，父母被监禁的儿童遭受反社会行为和心理健康状况不良的风险大约是其两倍。除一项研究外，其余研究均显示父母被监禁可能导致儿童在这些方面的不良后果增加（即：即使在控制了协变量后，影响效应仍为正向）。然而，这些因果关系测试可能存在系统性偏差，因为大多数研究未能充分控制儿童先前的行为、父母的犯罪背景以及与父母被监禁相关的其他重要混杂因素。此外，由于研究数量有限，尚无法对父母被监禁与儿童的不良后果之间关系的调节因素进

---

① 详见第 2 章文献综述的循证社会工作的争论和误解。

行探索性分析。评审员的结论为：父母被监禁的儿童比同龄人更容易产生不良后果。但是，目前尚不清楚父母被监禁是否会导致儿童遭受的风险增加，或者儿童生活中的其他不利因素是否导致这种关联。学者们对"父母被监禁对儿童可能产生的影响"的研究兴趣日益增加。而重要的是进行新的研究，以更准确地估计父母被监禁对儿童的影响，并调查其影响的调解员和调节者。

从该系统评价的研究结果和评论员的结论，即研究证据中可以发现，研究证据所显示的是针对特定问题的概况和总结，介绍研究结果，并提供了具体的证据支持。这些研究证据有助于帮助研究者、实践者和政策制定者对该特定问题形成全面的认识，并可以指导实践者开展实践服务的方向或政策制定者制定政策的方向。但是，这些研究证据并未细致到可以开展具体的实践，如何制定实践方案、开展实践则更多地取决于实践者和案主的意愿及案主所处的环境。最终的决策取决于何人以何种方式将不同要素整合起来做出选择。这就涉及证据应用过程中两层关系的认知和平衡。第一层关系是不同实践要素间的联结，这需要各要素之间的关系建构；第二层关系是实证知识与实践智慧的整合，这需要实践能力建设。

5.1.2 证据应用的关系建构：不同实践要素的联结

循证社会工作与传统社会工作的不同之处在于基于证据进行决策，通过证据弥合社会工作研究与实践之间的鸿沟，以开展有效的、好的服务。循证社会工作将研究证据、实践者技能、案主特征与意愿、实践的具体环境整合在一起纳入社会工作研究和实践当中。理论上讲，这四部分在循证社会工作中同等重要，都发挥着重要作用，任何一个部分都不可或缺。然而，在现实实践中，如何将四部分有效整合起来，却是一个难题。正如 Rubin 和 Bellamy（2012：23）所说的，这是一件说起来容易，做起来难的事情（a lot easier said than done）。做起来难，至少可以从两个问题体现出来。第一个问题是，搜寻和获取可以指导实践决策的最佳研究证据可能是困难的和耗时的。在一些实践领域，可能很少有严谨的研究证据，尤其是在健康和心理健康领域以外。当人们参与社会工作的循证实践过程时，可能会发现相关研究中存在巨大的空白。第二个问题是，即使找到了"最佳证据"，用它们来指导实践决策也是不容易的。通过几种不同的情形来说明这一问题。

情形1：有两个或多个证据对同一个问题具有相同的有效性。如在评价用暴露疗法（Exposure Therapy）与创伤治疗（EMDR）治疗创伤后应激障碍（PTSD）疗效的大量文献中，认为暴露疗法优于创伤治疗的严格的临床结果实验数量与认为创伤治疗优于暴露疗法的严格的临床结果实验数量基本上相同（Rubin，2003）。这种情况下选择哪种疗法更好呢？

情形2：一些搜索无法找到任何严格的研究，以明确提供强有力的证据支持特定干预方法的有效性。相反，可能会发现许多有严重缺陷的研究，这些研究每一项都支持一种不同干预方法的有效性。而有些调查可能只是发现哪些干预措施是无效的。这种情况下，可能会对决定哪些事情不能做有帮助，却无法提供哪些事情可以做的依据。

情形3：一些搜索可能会发现最好的科学证据支持一种干预方法，但是，它不符合某一确定实践情境的某些方面。以情形1中Rubin教授提到的PTSD的治疗为例，虽然暴露疗法和创伤治疗两者都有强有力的证据证明治疗PTSD的有效性，但是，有的案主会拒绝参与治疗，因为他们担心在治疗过程中让他们回忆并且讨论创伤的细节，这对他们来说太痛苦了。此外，如果这些干预措施是在并发障碍得到缓解之前提供给这些患者的，则可能对有药物滥用障碍或有自杀倾向的患者有害。

情形4：一些具有"最佳证据"的干预措施可能从未在某一特定的案主群体中进行过评估，而这一特定的案主群体或许在某些重要方面与参与评估的案主群体有着不同的属性。例如，一个关于治疗遭受过身体或性虐待以及患有PTSD的阿拉斯加女孩的项目，查阅有关PTSD有效治疗方法的文献后，发现最好的证据支持暴露疗法、EMDR或认知重建等干预措施的有效性，然而没有发现对阿拉斯加人参与的上述评估的严格评价（Rubin & Bellamy，2012：24）。

情形5：人们确实发现许多文章讨论了在遭受过身体或性虐待的阿拉斯加本地女孩中，有着药物滥用并发症的高发病率。这说明了另一个不同之处。对于这些治疗的有效性，大多数提供"最佳证据"的评估排除了PTSD与药物滥用并存的参与者。因此，如果人们试图根据最佳评估来制定治疗方案，将面临双重打击。面临的一个严峻的问题是，这些研究的结果是否可以推广到阿拉斯加本地的女孩或具有并发症的女孩。即使种族问题无关紧要，并发症问题也可能很重要。

上述 5 种情形分别从一个方面或多个不同方面涉及了研究证据、实践者技能、案主特征与意愿、环境因素对社会工作实践的影响。任何一种要素的改变，或四要素之间关系变动都会影响证据的应用，甚至改变实践的决策。与此同时，上述 5 种情形也反映了证据应用中面临的几种问题，如实践者的经验和能力、面对不同环境或不同案主时实践者如何决策、研究病人与真实病人之间的差异、证据推广到不同情境中的应用等。

如何在上述这些情况下做出决策，实现社会工作"好的实践"，这就需要在不同实践要素间建立良好的联结关系。为此，社会工作学者与实践者一方面建构了循证社会工作实践的操作框架，形成了具有可操作性的实践步骤；另一方面建构了循证社会工作实践模型，将研究证据、实践者技能、案主特征与意愿和环境因素都纳入实践模型中，并对实践模型不断进行改进，依次形成了三种不同的实践模型，模型的结构也显示了四大要素之间的联结关系。其中，最后一种跨学科模型是有效整合各要素联结关系的最好的模型。① 但是，在具体实践中也不是完全能起作用的。因为这还涉及第二层关系，即实证知识和实践智慧的整合关系。

5.1.3 证据应用的能力建设：实证知识与实践智慧的整合

在循证社会工作的发展过程中，由于其最初秉持实证主义认识论范式，以实验研究、准实验研究、定量研究等为主的研究方法生产证据以及评价证据的做法，使得证据受到了极为热烈的关注和争论。争论的焦点在于拔高了证据的科学性，而忽视或者贬低了证据的人文因素。

事实上，系统梳理循证社会工作的发展会发现，随着循证社会工作的不断发展，其认识论范式逐渐转向整合实证主义和人文主义的"实证人文主义"，循证社会工作在基于研究证据决策时，研究证据的内涵得到了扩展，人们也开始逐渐重视实践者技能、案主特征与意愿、环境的作用。需要注意的是，即使在最初实证主义认识论范式下，人们也没有完全否定实践者技能、案主特征与意愿和环境因素的作用，而是将它们放在低于研究证据的处境中。

由此，将"最佳证据"应用到现实世界的专业实践中时，需要实践者

---

① 实践步骤和实践模型详见第 2 章文献综述。

结合案主的具体情况在特定的环境中使用现有"最佳证据",这成为共识。"联结研究与实践的桥梁"(Rubin,2014)、"技术与艺术的结合"(杨文登等,2017)、"价值观、方法和技术之间的平衡"(张昱、彭少峰,2015)、"静态最佳实践与动态决策过程的兼顾"(Mullen,2002)等都成了对循证社会工作实践的描述。

理论上讲确实如此,循证社会工作证据的应用要将研究和实践联结起来,结合社会工作的技术和艺术,平衡社会工作价值观与技术,兼顾静态最佳实践和动态决策过程。然而,问题在于如何实现桥梁的作用,如何将技术与艺术结合起来,如何平衡价值观和技术,如何在实现静态最佳实践的同时完成动态决策过程?这些都涉及一个关键问题,即如何在现实处境中使用有效的研究证据。

如何在现实处境中使用有效的研究证据,社会工作领域中较少论述。但是,在社区矫正的循证实践领域,郭伟和教授对上述问题进行了详细论述,极具借鉴意义。他指出循证矫正基本上是可以经受住检验的,体现了普遍有效性,但是循证矫正实践也存在类似上述循证社会工作中存在的实践和理论的矛盾。循证矫正不能仅局限于对实证知识的简单、机械套用,用一种工具理性的策略来控制现实情境,并化约为对个体行为的治疗(郭伟和,2017)。作为一种改变罪错行为机制的专业,社区矫正专业当然需要学习犯罪社会学和犯罪心理学的实证知识体系,但是社区矫正的专业属性和专业能力不能停留在对实证性知识和工具性技巧的掌握上,还必须具备对地方情景的洞察能力(郭伟和,2019)。他将这些归结为两类知识体系的实践关系,即一般化有效性知识和地方性实践性知识的实践关系(郭伟和,2017)。在后来的一篇文章中,他将这两种知识体系的实践关系进一步阐述为专业实践中的实证知识和实践智慧的辩证关系(郭伟和,2019)。尽管这些主要针对循证矫正,但是循证矫正与循证社会工作有着循证理论基础的一致性,这决定着社会工作专业与恢复性矫正的有效因素有着亲和关系。因此,实证知识与实践智慧的辩证关系一说,为回答如何在社会工作实践的现实处境中运用科学有效的研究证据提供了研究理路。

借鉴实证知识与实践智慧的辩证关系说,笔者认为循证社会工作实践中证据的应用,其背后隐藏的实质性问题是整合实证知识与实践智慧的能力问题。再具体点讲,是整合实证主义与人文主义认识论范式下,经验证有效的"实证知识"与现实情境中的"实践智慧"的有效整合的实践能力问题。① 也就是说，循证社会工作证据应用背后隐藏的实质性问题是整合实证知识与实践智慧辩证关系的实践能力。如何理解这一判断？可以从以下三点解释。

一是证据的应用。证据的应用就是把获得的最佳研究证据应用到现实实践中。而将证据应用到现实实践中存在两种不同的情境：一种是将有效的实验方式验证的证据应用到现实实践情境中；另一种是将有效的非实验方式验证的证据从一个现实实践情境应用到另一个现实实践情境中。第一种涉及实验情境与现实情境的差异，第二种涉及不同现实情境之间的差异。无论哪一种证据应用情境，都涉及已获得的"最佳证据"与现实实践情境的融合过程。在这个融合过程中，对于被推广的研究证据而言，研究证据被应用到其他实践情境中时，有些部分在应用过程中可能会丢失，影响着证据的效果（内部有效性）；对于接受研究证据的现实实践而言，实践者技能、案主特征与意愿、环境的变化都影响着证据的效用（外部有效性）。而要在现实实践情境尽可能地保障证据的效果和效用，实现"好的实践"，实践智慧就显得尤为重要。

二是对实践智慧的认识和理解。实践智慧作为哲学范畴的概念，可以追溯到古希腊亚里士多德对它的论述，他认为实践智慧与实践背景下的明智、审慎的判断相联系（杨国荣，2013：271）。实践智慧处理的是具体事实，所以它不能靠知识推理，而是要靠类似于对一个数学命题做出直觉判断的那种感觉来做（郭伟和，2019）。这种直觉判断和感觉，以观念的形式内在于人并作用于实践过程（杨国荣，2013：271），对于社会工作这个以实践为主的助人专业而言，实践智慧让很多人对它产生一种难以言表的感觉，或者更多地将它当作默会的知识对待。尽管后来在实践和行动研究的集大成者中，布迪厄用"习性"（habitus，也被译为"惯习"）这样一种实

---

① 需要说明的是，笔者想要说的实证知识与郭伟和教授所讲的实证知识有所不同。郭伟和教授所说的实证知识主要还是实证主义认识论范式下的、实证科学研究出来的实证知识。这种实证知识具有一定的局限性，与第4章中笔者所说的狭隘的证据类型一样。笔者在前文中论述了循证社会工作证据从实证主义向整合实证主义和人文主义的认识论转向，也讨论了实证主义认识论下狭隘的研究证据，将证据类型扩展为整合实证主义与人文主义认识论下的广义研究证据。

践感来解释现实世界的、结构化的实践活动（布迪厄，2012），吉登斯用"结构二重性"中对社会规则的自觉意识（它首先体现为实践意识）来说明社会行动者和时空结构关系（吉登斯，1998：78~85），但二者都把人的行动放在实践的背景和过程中去理解，都借助实践感觉或实践意识把实践情境的客观结构特征通过身体化反应呈现在行动过程中（郭伟和，2019）。他们关于实践的论述也都成为社会工作实践中的重要理论依据。但是，他们的"实践感觉"和"实践意识"依然没有跳出杨国荣教授所说的实践智慧作为观念的形式，在现实实践中依然是难以操作化的。

三是实践智慧与实践能力的关系。正如杨国荣（2013：271~272）所说的："作为智慧的实践体现或智慧在实践之域的具体形态，实践智慧以观念的形式内在于人并作用于实践过程，其中既凝结了相应于价值取向的德性，又包含着关于世界与人自身的知识经验，二者融合于人的现实能力。价值取向涉及当然之则，知识经验则不仅源于事（实然），而且关乎理（必然）；当然之则和必然之理的渗入，使实践智慧同时呈现规范之维。在成己与成物（成就世界与成就人自身）的过程中，实践智慧联结了对世界的解释与对世界的变革，展现为'是什么'的理性追问与'应该成为什么'以及'应当做什么'的价值关切之间的统一。它在赋予智慧以实践品格的同时，也使实践获得了智慧的内涵。"而循证社会工作实践中隐含的对经验知识和价值取向（实践智慧）的怀疑主义也是古老的。实践智慧是有效实践的充分基础，这种怀疑并不意味着经验知识和价值取向是无关紧要和不必要的，而是因为仅靠它们是不够的（Rubin & Bellamy，2012：4）。

通过上述三个解释，循证社会工作不能只依靠实证知识和工具性技术开展实践，也不能只依靠经验知识和专业价值开展实践。从这一点上讲，证据应用就不能停留在对实证知识和工具性技术的应用上，还必须在现实情境中能够使用经验知识，并且葆有价值关怀。现实情境中使用实证知识和经验知识，同时具有技术支撑和价值关怀，二者融合于人的实践能力，体现为人的实践能力。

实践能力如何界定？从前文论述可知，将证据应用于现实实践情境，需要整合最佳研究证据、实践者技能、案主特征与意愿、环境各方面的因素。由谁如何整合上述不同方面的因素，是证据应用的关键。证据应用的过程，是循证社会工作实践开展的过程。在这个过程中，实践者作为主导整合各部分因素开展循证实践过程。由此，可以说，证据的应用，就是由实践者整合最佳研究证据、案主特征与意愿及环境因素开展具体的社会工作实践的过程。由此，可以将实践者需要整合不同要素开展具体实践的能力称为实践能力。

综观相关研究，循证医学和循证社会科学都论及临床技能。在循证医学中，Sackett 等（1996）认为临床技能有很多，但最主要体现在临床医生在治疗中能结合自己的临床经验和技能，更熟练地识别并共情地考虑病人的困境、权力和偏好，做出更有效果和效用的诊断决策。美国医学研究所将临床技能界定为临床实践者能利用临床技能及过去经验、迅速地识别每一个病人独特的健康状态、进行正确的诊断、计算治疗可能产生的风险与收益并了解病人的价值观与期望的能力。在循证心理治疗中，临床技能指治疗者通过教育、训练及治疗者结合自身实践经验而获得，在综合考虑病人特征与偏好等因素的基础上，将最好的研究证据与临床数据整合起来，以达到最佳的治疗效果的能力（杨文登，2012：140）。循证心理治疗临床技能的 8 个主要成分，分别是：①评估、诊断系统的案例解释及治疗计划；②临床决策、治疗实施及对病情进展的监控；③人际交往技能；④持续的自我反省与技能获得；⑤评价与应用研究证据；⑥了解在治疗过程中个体、文化及情境差异对治疗的影响；⑦按照需要寻求其他可能的资源；⑧为临床干预策略或治疗计划寻找有说服力的理由或证据（杨文登，2012：142~144）。在循证社会工作中，临床技能指利用教育、人际技巧和过去的经验，评估案主的功能、问题及（包括环境因素在内的）其他情境，以及理解案主的价值与偏好的能力（McNeece & Thyer，2004）。

临床技能就是实践能力吗？从上述临床技能的阐述发现，尽管临床技能主要针对实践者而言，但它不是与研究证据、案主特征与意愿、环境因素分开的，而是和它们紧密联结在一起的。临床技能不是传统意义上讲的实践者临床经验，而是比临床经验更复杂，内涵也更丰富，可以通过教育、训练、实践经验累积获得。不仅如此，临床技能还反映出一些社会工作者的价值伦理以及要具备的理论知识、实务技巧和反思性批判，反映出一些临床技能产生的后果和临床技能包含的内容，但也反映出一个问题，即奉行个体主义，过分看重实践者的技术能力。案主的问题解决取决于实践者技能，认为直接为案主提供服务的实践者就是解决问题的全部，而没有意识到问题背后的社会因素，及支撑实践者的整个社会工作学科。实践者本身作为导致社会工作实践结局改变的一个主体因素，其临床技能确实非常重要，不同的实践者即使使用同一方法开展社会工作实践，也可能会有不同的结局。具体到现实世界的社会工作实践中，循证社会工作实践过程是一个多元主体整合实践，各主体能力之间不是断裂的，而是相互关联的。一个好的实践者能够把各主体要素的能力整合成为一个有机整体，促使各主体要素之间产生互动，把不同主体的共同元素转化成为实践效果。

因此，实践能力不只是实践者的临床技能，还涉及其他方面的能力。由此，可以说临床技能内涵大于实践者经验，却小于实践能力。实践能力包括临床技能，还应包括与其他实践要素建立关系的能力、链接资源的能力、持续自我反思与自我改进的能力、识别文化和制度差异的能力等。在证据应用中，最主要的是要具备寻找、接受、应用证据的能力，传播和实施证据的能力。实践能力的获得和实践能力的大小，就像证据库中研究证据不断更新积累一样，需要持续地学习、实践和研究才能逐渐建设起来。如何建设实践能力？社会工作专业教育、职业技能培训和社会工作实践积累是最常见的方式，也是比较容易实现的方式。如何通过研究建设实践能力？雷杰和黄婉怡（2017）用"实用专业主义"寻找家庭综合服务社会工作者"专业能力"体系及其背后的判定逻辑，费梅苹（2007）采用行动研究总结青少年社会工作者的专业能力，郭伟和（2019）通过将关键事件放回特定处境中的反思性对话和多方参与，培养矫正社会工作者对研究证据的应用和在现实生活中实践的能力。类似的研究还有很多，这些研究都是从社会工作的不同领域建设实践能力。

总之，整合了实证知识与实践智慧的实践能力，是证据应用的基础，在实践要素之间的有效联结方面有着积极的促进作用，是开展社会工作"好的实践"的保障。

5.2 "好的实践"：在不同处境中传播和实施新证据

循证社会工作实践，需整合研究证据、实践者技能、案主特征与意愿和环境。每次实践后经过效果评估，其结果无论有效、低效还是无效，都会化作下一次实践的新证据。若评估为高效,可作为下次实践遵循的证据;若低效或无效,则是下次需规避的证据。如此循环,实现循证社会工作证据的持续累积与更新。在当前大数据驱动下,各种新证据大量涌现,由于时间、数据挖掘技术、精力、经费、能力和复杂环境等各方面的原因,很多实践者无法获取这些新证据,或者获取这些新证据非常低效。这就面临如何将有效的新证据传播给实践者,以帮助实践者应用这些新证据开展社会工作"好的实践"的问题。因此,证据应用包括两个阶段:第一阶段主要考虑将现有最佳研究证据应用到现实实践或政策决定之中;第二阶段主要考虑将好的实践成果(新证据)进行传播,使得这些研究和实践成果能在不同的对象、机构、地区甚至国家应用。

需要说明的是,证据应用的这两个阶段不是分开的、独立的阶段,而是紧密联结、交织在一起的,是"现实情境中应用证据—传播新证据—现实情境中应用新证据应传播新证据"的循环阶段。两个阶段都是证据应用的阶段,也都是将实践与研究联结在一起的过程,还是证据不断累积更新的过程,也都生产新的证据。不同在于,第一阶段更注重研究证据在现实实践中的应用,第二阶段更关注好的证据的传播,目的还是研究证据在实践中的应用。为了将证据应用说得更清晰明白,笔者才将证据应用分为两个阶段来阐述,并将传播中的证据称为新证据。

5.2.1 实践路线

有研究发现,多达五分之一的儿童和青少年受到心理健康障碍的困扰,导致他们及其家庭功能受损和生活质量下降。幸运的是,有些针对青少年心理健康需求的社会心理治疗方法已获得"基于证据"的标签。不幸的是,这些疗法应用尚不广泛,将它们广泛应用于社区估计需要长达17年的时间(Beidas & Kendall,2016:1)。还有研究表明,在针对严重精神障碍患者的精神卫生服务中,临床治疗服务与社区实践中的治疗服务存在较大差距;以指南为基础的干预措施没有在一般卫生保健环境中得到广泛实施;儿童和青少年的心理健康服务通常实施缺乏有效性证据的价值导向干预,而在现实社区环境中,以有效性和有效性证据为支持的干预措施的实施仍然是一个例外(Brekke et al.,2007)。

上述研究表明,研究证据的不断累积并不必然导向证据的传播和应用。

因为新证据的生产与其在现实实践领域的应用之间存在巨大的鸿沟,证据应用在不同层面上面临诸多障碍。这就好比联结在新的研究发现(循证实践结果)和实践应用(常规实践)之间的"漏水或破裂的管道"(a leaky or broken pipeline between discovery and application)(Brownson et al.,2012:XI)。为了理解并且填补这个纰漏,一种新的实施科学(Implementation Science)出现。它有着转化研究(translational research)、知识转化(knowledge translation)、知识交换(knowledge exchange)、技术转移(technology transfer)、转化与实施(translation and implementation)、传播与实施(dissemination and implementation,D&I)等不同的概念表述(Brownson et al.,2012:XI),但是它内含的基本原理是简单的,即将研究转化为实践,促进研究证据快速、便捷、低成本地被一线实践者掌握和采用,让目标人群受益的速度更快、范围更广。

实施科学源于解决与使用研究相关的挑战的愿望,以促进专业实践领域实现更多的循证实践(Nilsen,2015)。实施科学也是对方法的科学研究,以促进常规研究中对研究结果和其他循证实践的系统吸收,提高服务质量和有效性(Eccles & Mittman,2006)。

有关实施科学的表述有所不同,最常用的效用(effectiveness)、扩散(diffusion)、传播(dissemination)、转化(translation)和实施(implementation)等几个术语与实施科学密切相关。Palinkas 和 Soydan(2011)对这几个术语的内涵和功能做了界定。效用指的是当一个项目或实践应用到现实情境中时是否像预期一样好处多于坏处。效用研究与效率研究不同,效率是在理想或最佳条件下进行的,旨在消除潜在的重要混杂因素。效用研究的目标是建立最终转化为实践的证据基础。然而,由于研究证据获取的最佳条件往往是人为的,因为它们很少完全符合现实世界的实践,因此,效用研究是转化过程中的一个重要步骤。扩散被描述为缺乏目标受众的被动的、无计划的扩散过程。扩散的内容主要是期刊文章,这些文章常常只被具有强烈动机的信息搜寻者主动寻找,而工作繁忙的一线实践工作者不太可能有时间搜索、检索、评价和阅读这些期刊文章。传播和转化都是一个有意的过程,在这个过程中,信息根据目标群体的需要进行筛选和调整后积极地传达给他们。一般情况下,系统研究综述、实践指南和共识声明是被传播的主要内容。实施是传播或转化的一部分,通过识别和促进一项干预措施的机制，以促进该干预措施的使用。

可以看到，效用、扩散、传播、转化和实施目的都是促进研究证据在现实实践中更好地应用，只是不同术语所能达到的扩散证据的程度不同。不同术语的使用还是学者们对实施科学界定不同、对实施科学阶段划分不同的必然结果。尽管如此，但越来越多的人一致认为，实施科学是一个把研究转化为服务的有效过程。多种术语的出现，一方面说明对证据传播和实施的研究日益受到重视，极具必要性；另一方面也反映出对证据的传播、转化和实施方面的研究，处于初始阶段，但极具潜能。通过现有介绍实施科学的图书名称和论文标题，[①] 笔者认为，实施科学就是关于证据传播和实施的研究，是在日常环境中，将研究证据（循证实践的结果）纳入现实实践中的过程和策略的研究。

随着2006年《实施科学》在线期刊创办和2007年由美国国立卫生研究院（National Institutes of Health，NIH）的行为与社会科学研究所（the Office of Behavioral and Social Sciences Research，OBSSR）联合其他研究所举办"传播与实施"会议，传播与实施研究已经发展成为一门新兴科学。通常情况下，新知识的发现会带来更多的发现（下一个研究），而对于如何将研究进展应用于现实世界的公共卫生、社会服务和卫生保健设置却很少有人关注。不仅如此，政府部门和一些机构投入大量的资金想获得回报。为此，美国国立卫生研究院最早支持公共卫生、社会服务和健康照顾等领域的传播和实施研究。在一份预防青少年精神、情感和行为障碍的报告中，创新性地提出了证据传播与实施研究的流程图，该流程图成为NIH推动证据传播与实施的路线图（Aarons et al.，2011）。基于NIH关于证据传播与实施的路线图，Ross Brownson、Graham Colditz、Enola Proctor团队和Lawrence Palinkas、Haluk Soydan团队分别提出了健康照顾领域和社会工作领域的证据传播与实施的路线图，如图5.1（A）和图5.1（B）所示。

两个路线图都显示出，传播与实施是循证实践的最后一个阶段。传播

---

① 之所以根据图书名称和论文标题将实施科学概括为传播和实施，是因为一本书或者一篇文章的标题具有高度概括性和凝练性。实施科学对于笔者而言是一个全新的概念和领域，事实上，在整个循证社会工作领域中实施科学本身是一个将研究证据有效应用到现实实践中的全新领域。不同研究者对其有不同的名称界定，要表达的意思却是相同的。因此，笔者用最常用的传播（dissemination）和实施（implementation）这两个术语来概括实施科学。

与实施研究阶段都是在干预前（preintervention）研究、效果（efficacy）研究和效用（effctiveness）研究①后进行的。针对传播与实施研究阶段，图5.1（A）着重于传播与实施研究的探索—改编/准备—实施—维持四个阶段的主要研究内容。其中，探索阶段侧重于确定或扩大那些表示有兴趣使用或提供特定干预、战略或计划的组织或社区；改编/准备阶段关注的是与正式决定实施相关的因素，或与增加干预或计划的采用相关的策略；实施（或实施保真度）阶段涉及在现场改进方案可靠性的策略；维持（并向规模化发展）阶段包括维持干预措施的实施或在社区或组织中扩大干预措施的使用。图5.1（B）着重说明传播与实施研究的三个目的，分别是：评估干预或基于证据的实践在现实环境中实现特定结果的有效性（效用）；评估并协助向特定的社会工作、公共卫生或临床实践受众分发信息和干预材料（传播）；评估并可能促进或促进其在此类环境中的采用、使用和可持续性（实施）。Aarons、Hurlburt 和 Horwitz（2011）将图5.1（A）中探索、改编/准备、实施、维持四个阶段看作传播和实施的关键阶段，并分别从内外部环境因素分析了四个阶段的影响因素。

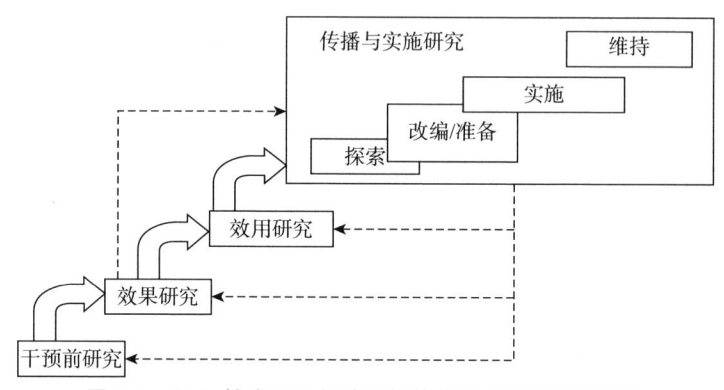

图 5.1 （A）健康照顾领域证据的传播与实施研究路线
资料来源：Brownson et al.（2012）。

---

① 效果指基于证据的服务方案或干预措施对具体问题的有效程度，类似于实验研究中的内部有效性，它要回答的问题是证据的可靠程度；效用指基于证据的服务方案或干预措施在实际情境中的难易程度以及可以解决问题的程度，类似于实验研究中的外部有效性，效用回答的问题是证据在跨情境中的可推广性和可行性。

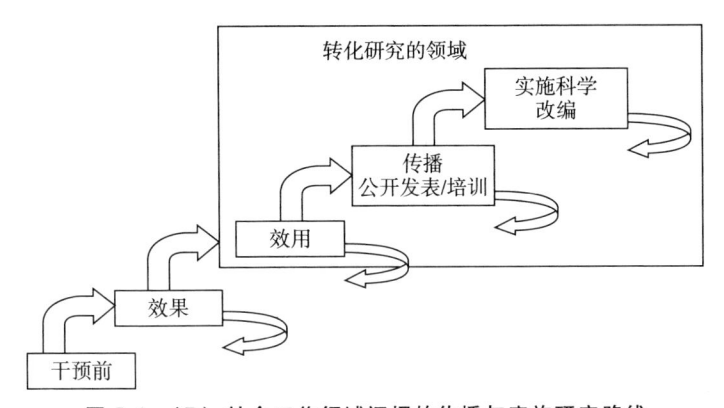

第 5 章 循证社会工作的"好的实践"：证据的应用　151

图 5.1　（B）社会工作领域证据的传播与实施研究路线

说明：回转的箭头代表每个阶段干预结果和改编后干预结果的反馈。
资料来源：Palinkas & Soydan（2011）。

5.2.2　概念模型

每一个社会工作者、每一个社工机构都想为服务对象提供好的服务。好的服务仅按照可靠的实践路线是不够的，还需要充分考虑证据传播和实施的不同阶段中来自各方不同的影响因素（包括阻碍因素和促进因素）。证据的传播和实施需要一个综合的概念模型（conceptual model）[①]，这种将现实世界中的信息提取出来建构成具体概念信息结构模型的方式，可以将该领域的现实信息进行概念上的整合，形成一种综合的结构性视角，并对证据传播和实施进行指导。为此，Proctor 等人从策略（strategies）与产出（outcomes）建构了证据传播与实施概念模型，如图 5.2 所示。

在图 5.2 所示 Proctor 等人的证据传播与实施概念模型中，分为策略（strategies）、结果（outcomes）和研究方法（research methods）三部分。策略部分包括干预策略（intervention strategies）和实施策略（implementation

---

[①] 概念模型用于信息世界的建模，是现实世界到信息世界的第一层抽象。为了把现实世界中的具体事物抽象、组织为某一数据库管理系统支持的数据模型，人们常常首先将现实世界抽象为信息世界，然后将信息世界转换为机器世界。也就是说，首先把现实世界中的客观对象抽象为某一种信息结构，这种信息结构并不依赖于具体的计算机系统，不是某一个数据库管理系统支持的数据模型，而是概念级的模型，称为概念模型。构建概念模型，需要从场景中提取各种"对系统目标有用"的概念。通常的方法是通过识别主要领域的词汇，或者通过已有的概念目录检查表来查找。

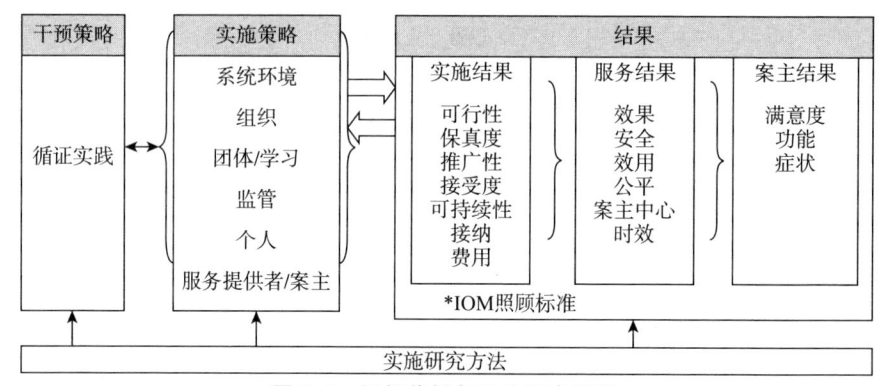

图 5.2 证据传播与实施概念模型

资料来源：Proctor et al.（2009）。

strategies）。干预策略关注干预是否采用基于证据的实践，实施策略涉及系统环境（system environment）、组织（organizational）、团体/学习（group/learning）、监管（supervision）、个人（individual）、服务提供者/案主（providers/consumers）等方面。干预策略和实施策略相互影响，相互促进改变。二者的不同在于干预策略主要指的是"是什么的"，指一些新的可以被传播和实施的证据（如项目），而实施策略主要指的是"如何"，指这些新的证据如何被传播和实施。结果部分包括实施结果（implementation outcomes）、服务结果（service outcomes）和案主结果（client outcomes）。其中，实施结果主要测量可行性（feasibility）、保真度（fidelity）、推广性（penetration）、接受度（acceptability）、可持续性（sustainability）、接纳（uptake）和费用（costs）；服务结果主要测量效果（effiency）、安全（safety）、效用（effctiveness）、公平（equity）、案主中心（patient-centeredness）和时效（timeliness）；案主结果主要测量满意度（satisfaction）、功能（function）和症状（symptoms）。研究方法采用混合法（mixed methods）。为什么使用混合法设计实施研究，Palinkas等（2011）认为同时使用定量和定性方法比单一使用任何一种方法都能更好地理解研究问题。定性方法用于探索和深入理解实施成功或失败的原因，或确定实施策略；定量方法用于测试和确认基于现有概念模型的假设，并确定成功实施的预测因素。那么，如何确定使用哪种方法的顺序呢？Proctor等（2009）认为，可以是"定量—定性"，即先用定量数据，再用定性数据加深理解，也可以是"定性—定量"，即首先使用定性数据来探究或生成假设，然后用定量数据来检验假设。① 此模型将需要具有如上所述的明确定义的结构的语言、这些关键结构的度量模型以及假设度量结构之间的链接的分析模型。

不同的人对同一个场景进行研究，提炼出来的概念模型可能不一样。以公共健康改善为例，1980 年，J. Richmond 提出了健康的社会策略（Social Strategy）。该策略主张借助健康服务提供者、管理条例，以及推动社区层面（包含个人和组织层面）的变革，来促进公共健康状况的改善，这一策略被用于指导健康人群的相关工作以及国家营养指南的制定（Richmond & Kotelchuck，1991）。Colditz 将 Richmond 的社会策略看作一种有关健康的概念模型，并认为现在可以吸纳创新、沟通渠道、实践和社会制度等实施研究的元素扩展 Richmond 的健康概念模型。与此同时，Colditz（2012：14）将 Richmond 的健康实施的概念模型与 Proctor 等人的模型进行了对比，认为 Proctor 等人特别强调了一个干预研究实施想要改变的层级。改变的层级可以是大的系统或环境层面、机构组织层面、团体层面或个体层面。而 Richmond 则聚焦政策层面、照顾者层面、个人和社区层面。

由此，可以说 Colditz 给了我们一个启示：证据传播和实施的概念模型会因人、因时、因环境不同而有所差异。不同的人对同一个场景进行研究，提炼出来的概念模型可能不一样，所以说这是颇受主观认识影响的一个过程。因此，证据传播和实施的概念模型的质量对整个系统的影响至关紧要，这就要求模型建构者具备丰富的实践经验和极高的实践能力，以及有效应对证据传播和实施过程中复杂环境的策略。Proctor 作为美国社会工作与社会福利科学院院士，致力于实施科学的教学和研究，并领导了多项旨在促进传播和实施研究的国家计划，是公共健康领域和社会服务领域证据传播和实施研究的倡导者和领路人之一。

5.2.3 实施策略

从证据传播和实施的概念模型建构我们知道，环境（context）的复杂性对证据传播和实施的影响巨大。证据的传播和实施需要应对复杂环境的策

---

① 图中没有显示出的内容及后文关于实施策略的部分内容，来自 Proctor 于 2019 年 7 月在西安交通大学社会工作高级研究方法培训班的课程讲授内容。

略。这个环境是一个大环境的概念，涉及证据传播与实施的很多方面，如证据的来源、证据的质量、证据获得的环境、证据应用的特定情境、利益相关方（服务体验者、家庭、提供者、管理者、自助者、机构、政府部门）的诉求等。任何一个方面都存在很多要回答的问题，比如 Colditz（2012）在文章中问道：我们如何收集有关有效干预措施的信息以形成证据基础？干预措施是否适用于我们的设定？我们应该用什么方法来决定传播或实施什么？哪些策略将对人口健康产生最大影响？如果我们正在取得进展，应该跟踪哪些结果？需要多长时间才能看到进展，什么时候才能看到进展？

要回答上述问题，探究如何传播和实施研究证据，实施策略的选择就显得尤为重要。Powell 等（2012）提出了健康与精神健康领域的策略汇编，共分为 6 类 68 个单项策略。6 类分别是计划（plan）、教育（education）、资金（finance）、调整（restructure）、质量管理（manage quality）、关注政策环境（attend to policy context）。计划策略需要提前考虑实施研究的"探索—准备—实施—维持"四阶段的需要；教育策略以提供培训、找"成功者"探讨优势、教授现有新的干预措施为主；资金策略涉及寻找新的资金支付新的项目和运用新干预的奖励系统；调整策略以执行新任务的任务转移为主；质量管理策略包括健康结果的数据、对结果给予反馈、尝试改进、重复评估；关注政策环境策略需要明确干预的规则、政策程序、与行政人员交谈尝试采取新的干预措施。Powell 等人的策略汇编给社会工作领域的证据传播和实施策略提供了借鉴意义，策略汇编给我们提供了要关注的策略的范围和内容，却没有提及如何使用策略汇编，在什么层面上使用策略汇编。

基于什么层面使用何种证据传播和实施的策略？Proctor 等（2009）对 Shortell（2004）的"评估组织性能改进的经典多层结构模型"改编后，提出了四层级变化评定框架（four levels of change for assessing），如图 5.3 所示。图中左侧为评估变化的四个层级，自上而下分别是系统/环境、组织、团体和个体层面。右侧是可能改变的关键点的预测，分别对应左侧不同层面。在系统/环境层面，补贴政策、法律政策、监管政策是关键；在组织层面，结构和策略是促使改变的关键；在团体层面，合作、协调、知识共享是促使改变的关键；在个体层面，知识、技能和经验是促使改变的关键。因此，作为证据的传播者和实施者，要考虑以下几个问题：①证据传播和实施在四个层级的哪个层面？②证据传播者和实施者本身立足于哪个层面？

③不同层面促进证据传播和实施的关键因素有哪些？④用什么样的方式传播和实施证据？明确了四个问题，然后再基于不同层面的特定环境和实施者的能力，集中可能改变的关键点，选择相应的实施策略。

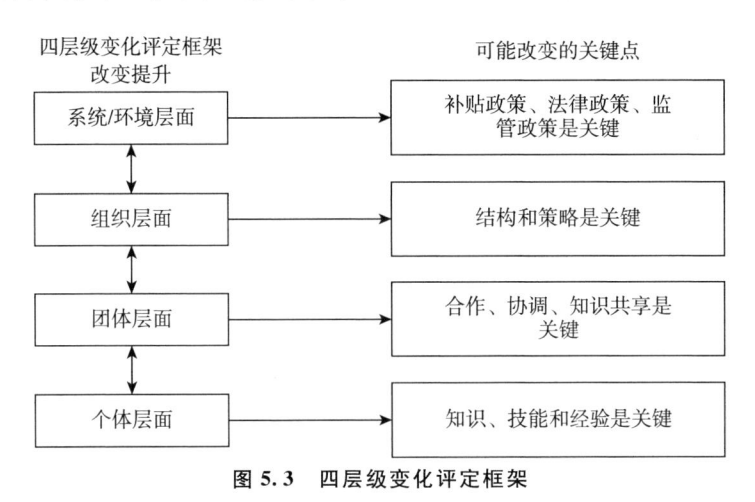

```
四层级变化评定框架
    改变提升                      可能改变的关键点

   ┌─────────┐                 ┌───────────────────┐
   │系统/环境层面│ ─────────→      │补贴政策、法律政策、监│
   └─────────┘                 │管政策是关键       │
        ↕                      └───────────────────┘
   ┌─────────┐                 ┌───────────────────┐
   │ 组织层面 │ ─────────→      │ 结构和策略是关键   │
   └─────────┘                 └───────────────────┘
        ↕
   ┌─────────┐                 ┌───────────────────┐
   │ 团体层面 │ ─────────→      │合作、协调、知识共享是│
   └─────────┘                 │关键              │
        ↕                      └───────────────────┘
   ┌─────────┐                 ┌───────────────────┐
   │ 个体层面 │ ─────────→      │知识、技能和经验是关键│
   └─────────┘                 └───────────────────┘
```

图 5.3　四层级变化评定框架

资料来源：Proctor et al.（2009）。

5.3　证据应用的经验与挑战

如何将研究结果应用于现实实践，国内外学者都进行了不同的尝试。在国外，Persons（1995）提出了心理学领域较难将有效干预研究结果应用于实践的六个因素：①心理学家较少接受被经验证实有效的方法的训练；②心理学家经常接受广泛的方法训练，而这些方法没有被经验证实有效；③许多临床工作者不会去阅读文献结果；④临床工作者使用研究结果存在困难；⑤许多临床工作者认为所有的心理学理论都同等有效；⑥案主是无知的或者不了解情况的。Thyer 等（2009）认为在将有效干预研究结果应用于实践的困难方面，上述六个问题或者障碍同样适用于社会工作。那么，该如何做才能更有效地将实证研究结果应用到实践中呢？他们总结了社会工作者惯常做法，如在专业期刊公开发表研究结果，出版专业图书，在专业研讨会上公开演讲，鼓励工作者听、学、接受最新研究。他们同时也指出，事实上，这样的做法并没有起到多大的效果，因为 Persons 提出的六个原因中的前三个就说明了这一点。

除此之外,一些学者尝试采取如下方式:①借用布道者的方式劝告工作者学习并且使用实证支持的干预,谴责那些使用不知道是否有效的干预的工作者(Gambrill,2003);②在社会工作院校开展相关教育,通过学校教育改革来推动社会工作专业改革(如华盛顿大学和牛津大学的课程就设置了证据为本的专业课),并希望有更多的院校可以设置证据为本的课程(Howard et al.,2003);③通过社会工作教育委员会发布严格的认证制度,在职业资格考试和继续教育中提供更多实证取向的内容(Thyer et al.,2009:321-327);④将经验证有效的研究结果写入美国社会工作者协会(NASW)发布的专业伦理守则,通过伦理守则规范实践者使用经验证有效的研究结果开展实践工作(Thyer,1995)。为此,Thyer于1995年向NASW提出这一建议,但没有被采纳,2008年他继续给NASW的伦理与专业审查办公室写信,但他的努力也没有成功(Thyer et al.,2009)。

为了将经验证有效的研究结果应用于实践,有学者借用100年前医学教育改革成功的例子,试图改变社会工作面临的问题(Flexner,1910:16-57)。Thyer等(2009)认为社会工作当前的这种情形与100年前医学教育的状况相似。100年前的医学教育,由低资质的教师和大量未受到良好教育的学生执行的资金不足的项目激增;伪科学的治疗方式被教给学生;临床督导不良,一些项目常常由不合格的教师教授。为了解决上述问题,卡内基教学促进基金会委托Abraham Flexner针对美国和加拿大的医学教育做了一个全面的综述,提出了改进建议。后来,根据Flexner(1910)提交的报告,高质量的医学项目联合起来,更加严格的教师资格、学生考核、训练设施和课程设置的标准建立了起来,一些伪科学的方式(如脊椎按摩疗法、顺势疗法)等被排除在医学教育外,建立了严格的认证制度,医学院的数量急剧下降。这种改革持续了数十年,才形成了现在北美的医学教育体系,这是一种让全世界羡慕的体系,更重要的是,这种体系与100年前医学实践相比更具有效性(Thyer et al.,2009)。正如Thyer等(2009)所说的:"我们拒绝对我们的职业地位进行过于愤世嫉俗和批判性的评估,我们相信在这个领域我们做的比批评者说的好得多,但是,当前亟须改进并提升我们所教的和所实践的,而社会工作的循证实践是一种可以促进改变的策略,社会工作的循证实践拥有净化社会工作教育、实践和政策的特质。"不仅如此,国外还出版了多部循证社会工作实践的图书,创办了多本期刊,组织相关会议,建立了各类网站和数据库,储存、公开、传播证据。

在国内,随着循证社会工作被引入中国,如何将研究证据应用于现实实践,也是国内学者努力想要解决的问题。对于国外学者探讨如何将研究证据应用于现实实践而言,国内学者不仅要解决将研究证据应用于现实实践的问题,还肩负着循证社会工作本土化的重任。这是因为循证社会工作在我国属于从国外引进的新生事物,它的发展需要经历一个从无到有,从有到精的过程。国外循证社会工作研究环节(证据的生产)和实践环节(证据的应用)都是在其政治、经济、文化、社会背景下实现的,而在循证社会工作引进中国的初期,首先接触到的是国外已证实有效的证据,将国外的证据拿来用于中国情境时,可能与中国社会文化背景不符,面临地方性实践知识的制约。

国内学者应用证据的经验主要从对循证社会工作的研究和循证社会工作本土实践探索展开。在循证社会工作研究方面,何雪松、陈树强将循证社会工作引入中国,并论述了社会工作的循证实践在中国的可能性;杨文登、童峰、杨克虎、拜争刚等人注重关注并传播循证社会科学(包括循证社会工作)的理念、方法及其证据的转化;郭伟和、陈伟杰聚焦西方社会工作学界对循证社会工作的理念、条件和实践机制的研究,并为中国循证社会工作研究提出可能方向;其他一些学者从不同的角度对循证社会工作的不同层面进行了论述。

在具体的实践探索方面,张昱和彭少峰(2015)基于循证矫正社会工作的探索,探讨了循证社会工作在中国情境的限度与价值,提出在中国建构渐进式的和"适度循证"的社会工作实践模式;郭伟和(2017)基于循证矫正的探索,将社会工作引入犯罪矫正以扩展循证矫正模式,提出要在中国情境下理解和应用循证矫正,采取批判反思导向的行动研究策略;马凤芝(2013)通过比较权威为本、证据为本和设计为本的三种社会工作实践,认为从知识与实践的整合角度来研究社会工作实践模式是另一个选择。除此之外,召开循证社会科学会议、成立 Campbell 中国联盟、开办循证社会工作研究方法研修班、建立相关证据转化平台等措施,都是国内学者对循证社会工作实践所做出的努力。国内学者的尝试和努力,有些直接针对证据在现实实践中的应用,有些则从侧面有助于证据在现实实践中的应用。

循证社会工作证据的应用与实务工作者的能力、与案主的价值和意愿、与环境等各方面有着密切的关联。尽管国内外学者和实务工作者都对证据应用做了探索和尝试，但也存在一些挑战。首先，循证社会工作本身遇到的问题，在一定程度上讲也是证据应用要面临的问题；其次，对证据的正确认识，明确证据的转向也是证据应用的挑战；再次，案主行为和社会问题的复杂性、知识的限制、实践能力的不足、组织层面的约束、从证据到实践过程中的相关问题（Soydan & Palinkas，2014：81-95），这些客观存在的显性问题，是阻碍证据应用的因素；最后，证据的有效性、证据的效果和效用、矛盾的层级结构、证据传播与实施（Mullen et al.，2005）、证据应用的关系结构、证据应用过程中科学知识与实践智慧之间的关系，这些隐性问题，同样是证据应用的挑战。

第6章 中国循证社会工作的本土化发展

循证社会工作在提升社会工作有效性、推动社会工作专业化、弥补理论与实践脱节方面的积极作用，使其成为实现社会工作"好的实践"的可能策略。然而，兴起于西方社会的循证社会工作在中国实践中价值和限度并存。新时期社会发展需要也要求我国社会工作更加注重服务于我国社会建设以及与国际对话的理论自觉和实践建构，以开展适合我国本土政治、文化和社会情境的科学、有效、专业的社会工作服务。由此，本章主要通过梳理和分析循证社会工作在中国本土实践探索中的价值和限度，从西方循证社会工作的启示和中国本土循证社会工作的内在特性两方面，探讨循证社会工作在中国特定社会环境中如何发展。

6.1 中国循证社会工作本土实践探索

6.1.1 中西方循证社会工作发展差异

"不同历史时期和不同地方语境中的循证社会工作有不同的专业想象和专业实践。"（吴越菲，2018）西方循证社会工作在社会工作专业化与去专业化或再专业化的内部张力和政治、经济、文化、环境等外部因素的交互影响下，走向了再专业化的道路，在去专业化的批评中不断反思改进，逐渐趋向成熟，成为西方社会工作的主流方向。

与此不同的是，很多中国学者认同循证社会工作是中国社会工作专业化、获得认可的重要策略之一。但整体上看，关于循证社会工作的研究处于对循证社会工作意义、理念、研究方法和实践步骤的介绍和初步探索阶段。不仅如此，相比西方专业社会工作的百年发展历史，中国专业社会工作教育于20世纪80年代末期恢复重建，2000年后社会工作职业制度建设才被纳入政府工作视野，在30年的发展中初步完成了专业化，专业社会工作取得长足发展。但内（专业发展时间短、任务复杂且欠缺实践技术使得社会工作碎片化、教育缺乏系统化、专业化的行动反叛等社会工作内部因素）外（政府购买服务主导、资格认证主导、"去专业化"威胁等使得社会工作者丧失专业自主权和自决权等外部因素）部因素的交互作用使得社会工作专业化水平低、社会性缺失、选择性服务、缺乏专业自主权（文军、吕洁琼，2018；吴越菲，2018；文军、何威，2016），进而使得中国社会工作的专业化过程既缺乏西方社会工作专业广泛的从业基础和专业标准，也缺乏符合中国社会现实需要的互动实践过程（郭伟和、郭丽强，2013；王壬、罗观翠，2012）。

因此，在中国特定的时代背景和社会结构下，中国专业社会工作发展的现状既为循证社会工作在中国发展带来了机遇，也带来了挑战。在中国发展循证社会工作，一方面要借鉴吸纳西方循证社会工作的有益成果，解决中国社会工作专业化水平低的问题，推进中国社会工作继续专业化的诉求实现；另一方面也要警惕专业主义陷阱（李伟、杨彩云，2018；葛忠明，2015），基于中国特定实践领域开展本土循证社会工作研究和实践。

6.1.2 本土实践探索案例

在西方循证社会工作蓬勃发展的背景下，中国也认识到了循证社会工作对于中国社会工作发展的重要性，人们进行了循证社会工作本土实践探索。检索相关文献，中国对循证社会工作本土实践探索主要集中在健康照顾、犯罪矫正、儿童发展、社会工作教育等领域。其中健康照顾主要涉及糖尿病患者照顾（陈辉，2018）、丧亲照顾（张婷婷、张曙，2017）、老年人脑衰焦虑干预（梁瑞佳、安秋玲，2018）、老年人自杀干预（王英等，2017）、老年人认知功能减退干预（刘米娜、李学斌，2017）、老年痴呆干预（范逸琦、安秋玲，2016）等方面；犯罪矫正主要涉及社区矫正（张昱、彭少峰，2015；彭少峰，2015；郭伟和，2017，2019）；儿童发展主要涉及留守儿童社会心理健康（吴帆等，2016）、留守儿童行为发展（郭申阳等，2019）、流动儿童问题（彭丽娟，2019）等方面；社会工作教育主要涉及社会工作实习教育（李明，2015）、社会工作实践教学（刘玉兰、彭华民，2014）、社会工作临床技能教育（臧其胜，2016）等方面。从上述循证社会工作实践领域的相关文献可以发现，循证社会工作实践在中国的探索非常有限，发表相关文献数量也很少。在此，选择犯罪矫正领域的本土实践探索进行详细介绍。选择犯罪矫正领域的本土实践主要有两个原因，一是笔者长期关注司法社会工作和循证矫正，对社会工作介入社区循证矫正的认识较其他领域深刻，可以更好地把握和分析本土实践的内容；二是我国司法部于2012年引进并开始试点循证矫正，循证矫正实践领域包括监狱矫正和社区矫正两个方面，而社区矫正又是社会工作的一个专业实践领域。这就是说犯罪矫正的循证实践同时涉及法学和社会工作两个学科，使得犯罪矫正领域的循证社会工作在中国循证社会工作本土探索中走在了前列。

探索1：社区服刑人员社会适应的循证社会工作实践探索[①]

在这项实践探索案例中，工作组包含了研究者、实践者、管理者，工作组首先梳理了国内外社区服刑人员社会适应的研究现状（研究现状显示，出狱人员自身因素、同辈群体、家庭、社区环境、国家政策以及国内服刑人员社会适应障碍等，都是影响社区服刑人员社会适应的因素），在此基础上编制了社区服刑人员社会适应量表（量表分为针对曾经入狱的社区服刑人员量表和未经入狱的社区服刑人员量表两类），运用量表对社区服刑人员的社会适应情况进行了测量，以测量所呈现的适应性问题（主要集中在环境适应问题、规范适应问题、人际及心理适应问题、就业适应问题）为证据，对社区服刑人员开展了有针对性的矫正工作（如针对社区服刑人员人际及心理适应问题开展的角色适应小组社会工作）。

---

① 案例选取于：顾晓明等，2014。该书的撰写基于循证社会工作介入社区矫正项目，该项目由南通市崇川区司法局与华东理工大学社会工作系合作开展，项目起止时间为2011年4月至2014年4月，共计介入社区服刑人员629名。工作者包括：华东理工大学社会工作系师生（教授1名，副教授1名，博士研究生4名）组成的督导团队，以及由司法管理人员、社会工作者（64名）和心理咨询师（8名，其中，专职5人，外聘专家3人）组成的管理与服务团队。项目旨在社区矫正制度建设探索和社区服刑人员生命意义重塑，解决社区服刑人员社会适应问题。

探索 2：社区服刑人员个别化循证矫正社会工作实践探索[①]

在这项实践探索中，工作者也呈现了多元主体，包括研究者、社会工作实践者、司法矫正管理者，工作组根据"客观标准"和"社工主观判断标准"两部分评估，将社区服刑人员分为认知类、情绪情感类、意志类、社会功能类、行为类、青少年类共六大类。客观标准包括社区矫正风险评估初次测评表、卡特尔 16PF 人格因素量表、生活压力事件量表三方面测评，社工主观判断主要从思想认知、行为表现和语言描述三方面评估。根据主客观标准将社区服刑人员分类分级，分类指分属上述六大类型中的其中一类，分级主要指划分再犯风险等级，根据不同类别和风险等级有针对性地对社区服刑人员进行干预，干预主要以相对应的犯因性类型（针对不同类型的系统化的循证矫正课程）和个案社会工作（包括问题预估、专业关系建立、个案会谈、个案记录、结案评估等）同时干预的方式进行。最终形成 49 例六大类循证矫正社会工作服务个案。

探索 3：由认知行为干预研究转向生活事件批判反思导向的行动研究的循证矫正探索[②]

在这项实践探索中，工作组首先根据循证矫正的风险评价原则和工具对 6 个不同类型的个案进行了测评，结果显示有 4 个个案有再犯风险，需要进一步干预，2 个个案再犯风险低，无须进一步干预。工作组最初采取西方循证矫正成熟的认知行为模式对 4 个有再犯风险的案主进行了认知和情绪管理干预，结合干预措施，同时开展了自我探索的成长小组和个案工作会谈。经过一段时间的干预后，工作者发现认知和情绪管理治疗的策略并不适用

---

① 案例选取于：上海市新航社区服务总站徐汇区工作站个别化循证矫正探索项目，2016。该项目由徐汇区司法局（社区矫正管理者、矫正专干）、新航社区服务总站徐汇区工作站（矫正社会工作者）和华东理工大学社会工作系（社会工作专业教授、博士研究生、硕士研究生）合作开展，从 2013 年开始到 2016 年结束，旨在探索以犯因性需求为基础为社区服刑人员制定个别化的矫正措施。项目以犯因性问题为分类标准，将社区服刑人员分为认知类、情绪情感类、意志类、社会功能类、行为类、青少年类共六大类，形成 49 例循证矫正个案。笔者参与了循证矫正的案例整理工作，主要负责行为类案例。

② 案例选取于：郭伟和，2017。文章基于 2012 年北京市大兴区司法局联合开展的社区矫正实验项目，项目采取目的抽样的方法，分别从三类地区选取了 6 个不同类型的个案，根据循证矫正模式提出的 LS/CMI 评估工具所列的八大风险因素，其中 4 个个案有一定的再犯风险，需要进行干预。其余 2 个个案属于低风险个案，按照风险-需求-反应原则（RNR 原则），不需要进一步干预。该项目旨在检验和反思国际上广泛检验有效的再犯风险要素如何结合中国社区矫正环境，实现真正的犯罪行为模式的改变。

于干预的 4 个个案。随后，工作组改变干预策略，将干预的重点转变为协助服务对象解决现实中面临的紧迫问题，主要是婚姻问题和家庭关系问题。因每个服务对象的行动惯习使得他们抗拒或者架空学到的新行为模式，最终干预的措施转向关键事件，采取了一种批判反思导向的行动研究策略。

探索 4：监狱循证矫正实践①

司法部于 2013 年在江苏省 4 所监狱和浙江省、陕西省、山东省、四川省各 1 所监狱以及司法部燕城监狱共 9 个监狱试点循证矫正。主要内容包括山东省任城监狱开展的暴力犯罪认知行为疗法矫正项目、江苏省连云港监狱开展的"生-心-社"犯因性循证矫正项目、浙江省未成年犯管教所开展的循证矫正试验项目及吸毒人员与毒品犯罪人员的循证戒治项目、江苏省连云港监狱开展的盗窃犯罪循证矫正项目、四川省成都市未成年犯管教所开展的未成年暴力犯循证矫正项目、江苏南京女子监狱开展的女性犯罪循证矫正项目等。

6.1.3 本土实践的价值与限度

上述 4 个实践探索表明：源自西方的循证社会工作在中国本土实践价值和实践限度并存。循证社会工作的理念是被认可的，循证社会工作所倡导的科学化方式、理论与实践关系的联结、系统化的方法和程序化的实践步骤等，都为中国循证社会工作的发展提供了可参考的框架，有助于我国社会工作重新审视专业和行政、服务与需求、研究与实践等主体间的关系（彭少峰、张昱，2015），审视专业实践中的一般化的有效知识体系（实证知识）和地方性实践知识体系（实践逻辑）的关系（郭伟和，2019）。但是，循证社会工作在中国本土实践存在一定的张力和限度。

从实践结果看，探索 1 结果显示，循证社会工作在本土实践受复杂国情限制，存在多重矛盾。要实现理论与实践成熟、契合本土，需长期探索与知识积累。但对现阶段中国社会工作而言，循证实践仍值得借鉴推广。探索 2 结果显示，循证社区社会工作对社区矫正社会工作走向科学化意义重大，但在本土实践中，循的什么证，证据是什么，如何识别证据，如何划分证据的等级，如何评估测量证据等都处于模模糊糊的状态。探索 3 结果显

---

① 各类监狱循证矫正项目，由笔者通过司法部文件以及各项目相关书籍整理而来。

示,在中国环境下开展循证矫正,直接使用西方循证矫正验证的有效证据会遇到麻烦,需要在本土情境中扩展循证矫正模式(郭伟和,2017)。探索4结果显示,相对于传统监狱矫正,循证矫正有诸多优势,有助于提升监狱矫正的科学性和有效性,但我国监狱循证矫正尚未形成完整的体系,处于试点探索阶段,也缺少审核认证制度。4个探索都表明循证社会工作本土实践面临中国社会制度、文化、实践情境等因素影响,缺少现成可用的证据。

从具体的实践过程来看,4个实践探索分属四种不同路径的本土实践探索。其中,探索1是基于循证理念的本土循证社会工作建构。探索2是西方循证社会工作实践模式在中国现实情境中的使用及本土实践知识的总结提炼。探索3是基于本土情境扩展西方循证社会工作实践模式。探索4是基于西方循证矫正项目化的运作方式探索中国循证矫正模式。

在探索1中,基于西方循证社会工作的理念和模式,比较西方循证社会工作实践步骤的预设与中国本土实情和特质,工作者建构了不同于西方循证社会工作实践步骤的本土实践流程(获取研究证据、匹配研究证据、反馈研究证据)。在获取研究证据环节,工作者获取研究证据的方式也并未完全依照西方循证社会工作证据的获取方式,而是建构了一个采集本土研究证据的评估体系;在匹配研究证据环节,由于中国的社会制度、文化等与西方国家不同,工作者需要建立亲和于本土文化及其影响下的专业关系;在反馈研究证据环节,中国本土循证社会工作没有审核制度,而社会工作者的专业知识和实践能力不足,为了累积或有效修正本土研究证据,工作者引入了政府、研究专家和第三方组织评估。通过在中国本土的探索实践,工作组成员认为价值、方法和技术之间关系的平衡是本土实践的关键,融合价值关怀和科学关怀的、"适度循证"的社会工作体系,将是中国本土社会工作的基本走向。

在探索2中,矫正社工主要依据西方现有循证矫正的成熟模式对社区服刑人员进行了干预。在干预过程中总结提炼西方循证矫正的证据哪些在中国本土实践情境中适用,哪些不适用,具体实践中有哪些本土实践经验和知识对于犯罪矫正有效,可以将其总结提炼为好的研究证据加以累积。在整个探索实践过程中,形成了分级、分类、分阶段的本土矫正方式,但也体现了一些问题,主要体现在矫正社会工作者机械套用西方现有循证矫正模式较多,实践能力不足,缺乏反思性实践。

在探索3中，工作组使用经由西方验证有效的矫正模式在本土实践处境中对服刑人员进行了个案干预，干预遇到实践困境后，工作者将干预策略由针对个体的认知行为治疗转变为针对他们家庭/婚姻或社会交往方式的干预，对原有循证矫正模式进行处境化理解和应用，这就需要结合本土文化和具体实践情境进行反思性实践。

在探索4中，各个监狱循证矫正项目组的实践，在循证矫正项目的内容上结合中国当地特色，进行了本土传统项目的开发。但是，严格按照西方以"矫正是否降低了再犯风险"或"矫正是否降低了再犯风险（率）"判定"矫正是否有效"的标准，使矫正工作评估有了依据，却也因注重控制再犯风险（或再犯风险率）带来一些循证矫正实践操作上的误区和问题。

本土循证社会工作实践探索的结果显示：循证社会工作在中国本土发展，不可能完全遵循西方循证社会工作的知识框架和实践模式，而是跨出了西方循证社会工作的范围，必须结合中国本土实际情境进行探索。学习使用西方循证社会工作模式在一定程度上为我国社会工作的实践提供了有益帮助，但是套用西方循证社会工作的方法和模式，在中国本土实践中也出现了一些具体问题，使本土实践陷入另一种困境。这就是说，循证社会工作在中国本土实践价值和限度并存的情况下，在引进吸纳西方循证社会工作的同时，也在积极建构中国本土循证社会工作的知识体系和实践模式。目前，中国循证社会工作还有很多不足的地方，这些不足也影响着本土循证社会工作知识和实践体系的建构，需要继续引进学习。

整合西方循证社会工作的发展和本土循证社会工作的实践探索两方面来看，循证社会工作要在适合于中国特定社会制度、文化、情境中发展，既要有从"学科逻辑"出发的"外在建设"，又要有从"事实逻辑"出发的"内在建设"。前者属于本土社会工作发展所需要的外在的基础建设，后者属于本土社会工作发展所需要的内在的特性建设。

6.2 中国本土循证社会工作的证据制度建设：西方启示

"遵循证据的理念和基于证据的实践并不新鲜，基于证据的实践案例在几百年前就很常见。新的观点是，有科学证据支持的做法和政策、可以确定和传播的想法现在已经制度化，这本身就是一个了不起的成就。"（Petticrew & Roberts，2006：1）这是对于西方国家循证社会工作而言。西方循证社会工作制度化发展主要包括循证社会工作纳入高等学校教育和职业继续教育，建立了严格的证据审查、评估与推广制度，由政府或非政府组织支持建立了公开的证据库、证据传播制度等。西方循证社会工作的证据制度对我国循证社会工作的发展具有启发意义，证据制度建设是我国循证社会工作发展所需要的从"学科逻辑"出发的"外在建设"。

6.2.1 开展循证社会工作教育

社会工作学者对社会工作领域循证实践的关注和对循证社会工作的研究推动了循证社会工作教育。最早提倡在社会工作领域进行循证实践、发展循证社会工作的社会工作者，也成了推动开展循证社会工作教育的人，他们为循证社会工作教育的发展进行了积极的实践探索和研究。2006年，美国得克萨斯大学奥斯汀分校举办了主题为"提升循证实践教学"的研讨会，开启了美国循证社会工作教育的社会工作教学和课程改革。Gambrill（2007）是最早将循证实践引入社会工作领域、提倡开展社会工作循证实践的学者。她在研讨会上提出通过将循证实践原则应用于社会工作教育，推动社会工作教育教学改革，特别是研究生教育的改革。Howard等（2007）支持这一观点，并建议所有社会工作专业的研究生都应该接受基于循证实践原则的社会工作教育和培训，建议社会工作硕士（MSW）学生在两年的学习结束时接受实践能力测试，并认为这些和其他教育改革努力应以透明度、问责制和能力原则为指导。

Gambrill和Howard等人提出的循证实践所展现的透明度、责任感和能力的价值观引起师生的共鸣，为社会工作教育提供了巨大的希望。然而，课程改革需要的不是简单地承认透明度、问责制和能力的重要性，这些基本原则应该成为有关广泛教育改革的基础（Jenson，2007）。为此，Thyer借用100年前医学教育改革成功的例子，试图解决社会工作面临的问题，推进循证社会工作教育发展。Allen和Soydan等人开始讨论开展循证社会工作教育面临的挑战和应对策略（Rubin & Parrish，2007），Jenson（2007）讨论了以循证实践作为社会工作教育改革的潜力，Mullen等（2007）考察了循证社会工作教育的目标和策略，提出社会工作学校应教导学生终身学习，教给学生关于社会工作实践和研究的知识，教导学生在其专业领域中使用相关知识和技能，通过基于证据的继续教育计划，向当前的从业者教授新的知识和技能。

在学者们的不断努力下，2008年美国社会工作教育委员会将循证实践纳入社会工作教育中，并明确提出强化在实践中开展循证教学。此后，美国一些高校开始设置针对研究生教学的循证社会工作教育课程，如华盛顿大学就设置了循证社会工作的专业课程（Howard et al.，2003）。不仅如此，美国社会工作教育委员会通过发布严格的认证制度，在职业资格考试和继续教育中提供更多实证取向的内容（Thyer et al.，2009）。美国社会工作者协会将经验证有效的研究的结果写入专业伦理守则，通过伦理守则规范实践者开展循证社会工作教育和实践工作（Thyer，1995）。循证社会工作教育制度逐渐形成。

现阶段，循证教育在西方国家的社会工作教育中占有越来越重要的地位，人们对循证社会工作教育的讨论也在持续，讨论的内容也越来越具体化，涉及博士生教育（Anastas，2015）、教育机会（Gambrill，2018）、教育方法（Bellamy et al.，2013）以及实施循证社会工作教育的原则、策略和合作关系（Proctor，2007）等。

6.2.2 建设证据审查制度

证据审查制度对循证社会工作的发展影响重大，涉及证据生产、评价、应用、积累和传播等一系列连续的过程。借鉴西方证据审查制度的已有经验，我国可从中学习其在课程设置、教学原则、应对挑战、资格认证以及规范实践等方面的经验，以推动我国循证社会工作教育的发展。我国循证社会工作的证据审查制度建设可以从两个方面进行：一方面可以借鉴作为证据库的现有数据库的证据审查制度；另一方面可以借鉴西方循证矫正项目审核制度。

在众多作为证据库的数据库中，最为大家熟知的是Cochrane协作网和Campbell协作网。Cochrane组织和Campbell组织作为国际公认的生产高质量证据的组织，它们组织由相关研究人员、从业者和消费者组成的专门的审查小组，对相关研究结果根据一定的程序和原则进行审查，经过特定程序审查后，将研究结果（证据）公开发布在相应的数据库中，并进行详细说明，旨在通过提供原始资料、提供方法学支持、提供培训支持、促进合作、促进传播等方式，生产、保存、更新和传播高质量证据。这一数据库的审核制度对于我国循证社会工作审核制度具有借鉴意义。

西方循证矫正项目的审核制度也是具有借鉴意义的。循证矫正与循证社会工作一样，都是在20世纪末随着循证实践运动的发展而兴起的，都属于循证实践运动的一部分。西方循证矫正以矫正项目的形式实践，主要根据循证矫正八原则对矫正项目有效性进行评估。但是作为一个以犯罪人员为对象的矫正模式，矫正项目有效性的证明不能排除人的主观性的影响，因此，形成了矫正项目的审查认证制度。审查认证制度设有专门认证组，如英国矫正局认证专家组、加拿大矫正项目认证小组和美国司法部矫正研究所，这些都是矫正项目认证的权威机构。审查组对矫正项目的有效性进行审查。通过审查判定某一矫正项目是有效的、低效的、无效的还是不确定的，从而决定是要推广该项目、修改后推广该项目还是终止该项目，并制定相关政策，或通过其他渠道将项目推广出去（The NIC Information Center, 2017）。这一审查认证制度也可以在中国本土循证社会工作发展中借鉴使用，设立对社会工作项目、研究或服务的审查认证制度，同时建立社会工作服务效果评估制度，特别是要对社会工作实践的核心要素进行评估，将认定有效的项目、研究结果或服务模式推广出去。

6.2.3 创建证据库

在创建证据库方面，西方国家的证据库在各级政府部门和社会组织的共同努力下，积极积累证据，创建了不同类型的证据库。证据库既有国际性的，也有国家的、地方性的。如 Cochrane 协作网和 Campbell 协作网就是国际性的非营利组织建立的范围广泛的证据库，HomVEE 证据库就是美国卫生与公共服务部及儿童和家庭管理局建立的专门为家庭和儿童领域研究者、实践者和决策者提供依据的证据库，CEBCP 是由司法犯罪研究者和政策决策者联合建立的有关犯罪和司法政策决策的证据库。这些证据库都以网络数据库的形式公开，供人们查找和筛选需要的证据。类似的数据库形式还有很多，除此之外，经提炼总结形成指南、标准、手册的证据库在西方国家发挥着重要作用。如在精神健康方面的权威指南 DSM，自1952年制定起，经过不断修订再版，迄今为止已经出版到第5版，DSM 有着一整套临床工作使用的诊断标准、病症的详细描述等,成为临床实践、研究的主要依据。尽管国内社会工作界批评西方以病症为主的社会工作实践体系,但上述证据库、指南、手册在不同问题解决方面都发挥着重要作用,这些对中国创建适合本土情境的证据库都具有借鉴和启示意义。事实上,中国也有很多数据库、指南和手册,但还没有被充分使用在社会工作研究、实践服务和政策制定中,近些年中国各领域的智库发展也蕴含着证据库的内涵。

6.2.4 建立证据传播制度

在证据传播方面,研究证据的不断累积并不必然导向证据的应用和传播。证据传播制度的建立,为研究和实践的联结搭起了连通的桥梁。对证据传播制度的研究,旨在将研究转化为实践,促进研究证据快速、便捷、低成本地被实践者掌握和采用,以促进专业实践领域有更多的循证实践,让目标人群受益的速度更快、范围更广。2007 年,美国国立卫生研究院最早资助在公共卫生、社会服务和健康照顾领域开展的证据传播和实施研究,后来逐渐被更多人接受,形成了一门新的实施科学。实施科学源于解决与使用研究相关的挑战的愿望,以促进专业实践领域实现更多的循证实践(Nilsen,2015)。实施科学也是对方法的科学研究,以促进常规研究中对研究结果和其他循证实践的系统吸收,提高服务质量和有效性(Eccles & Mittman,2006)。经过学者们的探索和研究,实施科学形成了一些有代表性的可操作的实践路线、概念模型和实施策略。尽管对于实施科学的实践路线、概念模型和实施策略仍然在不断探索中,但现有实施科学的证据传播制度对中国也是极具启示意义的。证据传播和实施不仅应成为循证社会工作整个过程中的必需内容,作为一个新兴领域,还应继续推广并加强研究。

西方循证社会工作制度建立在社会工作专业化程度高,被国家、社会、自身都认可的基础上。基于此,西方循证社会工作对于中国循证社会工作本土化发展的启示在于:在中国特定社会背景下,继续推进社会工作的专业化建设;建立循证社会工作教育制度;建立证据审查制度和证据传播制度,加强社会工作者能力建设;创建本土化的证据库,积累可用证据。值得注意的是,西方循证社会工作发展经验对中国循证社会工作发展具有借鉴意义,需要中国借鉴、学习。但是,与中国社会工作 20 世纪 80 年代末 90 年代初借鉴、套用西方社会工作理论指导中国实践的借鉴不同,经过了几十年的发展和实践积累，现阶段的中国社会工作本土化发展更具有自觉意识和批判反思性，中国循证社会工作的本土化发展不单单是要学习西方的先进内容，更是要创造性发展本土的社会工作知识体系和实践模式，凸显中国循证社会工作的内在特性。

6.3 中国循证社会工作本土知识体系建构：内在特性

西方循证社会工作的证据制度对我国循证社会工作的发展具有启发意义。如果说借鉴西方证据制度建设我国循证社会工作证据制度是我国循证社会工作发展所需要的从"学科逻辑"出发的"外在建设"的话，那么，从中国本土"事实逻辑"出发的本土循证社会工作知识体系则是凸显中国循证社会工作特性的"内在建设"。之所以这么说，是因为综观中国社会工作的研究，呈现两大趋势：一是更加注重中国特色研究，注重改革开放以来社会大变革对社会工作服务对象、服务对象需求、社会环境变化等的影响，尤其是本土社会工作发展中的政治关联性、文化敏感性、实践反思性；二是更加注重符合中国社会建设、社会治理的中国方案研究，从借用西方社会工作理论开展实践转向借鉴西方理论与创生本土社会工作知识体系双向发展，寻找符合中国实际的社会工作发展路径，寻求国际话语权。两大研究趋势都有意凸显中国特色社会工作的内在特性，循证社会工作作为提升社会工作有效性和专业性的可能策略，也将呈现上述研究趋势，注重中国特色研究，体现中国循证社会工作的内在特性。

6.3.1 关键：实践场域中的本土知识体系建设

如何理解和建设循证社会工作本土化发展的内在特性？国内学者对社会工作本土化的讨论为此提供了思路和研究的基础。王思斌（2001：57）提出讨论社会工作在中国的本土化的前提是社会制度的异质性和文化的差异性，由此指出"社会工作在中国的本土化是产生于外部的社会工作模式进入中国（这是一套经济的、政治的、社会文化的制度体系），同其相互影响进而适应中国社会的需要发挥功能的过程"。基于这一论述，王思斌（2001）从文化、社会制度及社会结构的视角分析了中国社会工作的核心——"求-助"关系，提出要发展与中国文化相适应的专业社会工作，发展人文主义的社会工作模式。王思斌对社会工作本土化论述的提出，为学者们探索中国社会工作本土化策略提供了方向。围绕这个方向，陆士桢和漆光鸿（2017）提出了融入党和国家社会治理体系的社会工作本土化路径。田毅鹏和刘杰（2018）基于中西方社会结构差异及社会结构对社会工作价值理念的制约，提出了基于中国文化创造性转化的社会工作本土化策略。彭小兵和王雪燕（2018）认为，在中国社会工作本土化进程中，因重改造理论和技能，轻培养信任文化导致实务困境，提出通过信任文化建构实现本土化。李迎生（2018）认为，本土理论供给不足制约着中国社会工作的发展，提出了以建构本土特色的社会工作基础理论和实施理论来推进专业社会工作发展。

上述学者提出了不同的中国社会工作本土化的策略，但这些策略具体如何实现，讨论的焦点聚集在社会工作的本土知识上。安秋玲（2016）提出基于实践场域的社会工作知识本土建构，施旦旦（2017）提出从自身社会脉络生产本土知识的在地回应，钱宁（2017）提出以知识创造为基础的社会工作本土化，重难点在于将本土经验知识梳理，将对社会工作发展具有专业意义的知识要素概念化处理，使之成为社会工作的知识系统的组成部分。鉴于此，建构实践场域中的本土知识体系是中国循证社会工作发展的关键。

6.3.2 路径：扩展西方知识体系与创生本土知识

如何将本土知识概念化处理为社会工作的知识系统的组成部分，边燕杰（2017）在《论社会学本土知识的国际概念化》一文中给出"关系社会资本"的范例，并详细介绍了本土知识的特征、本土知识概念操作化策略，提出了本土知识的国际化议题。尽管边燕杰论述的对象是中国社会学的本土知识，但社会工作与社会学在中国的亲缘关系，使得这一本土化的策略同样适用于中国社会工作的本土化。边燕杰（2017：1）指出"本土知识是关于特定地域、特定时间、具有特定文化内涵、在特定社会结构约束条件下发生的人类实践活动的经验知识"。边燕杰将本土知识是否可测量和实证分为两类，这两类本土知识分别是费孝通先生所说的社会学的科学性和社会学的人文性两类知识，其中社会学的科学性是关于可观测的经验事实的实证研究，是社会学的工具性和应用性，是当前我国社会学的主流，应该继续加强。与此不同的是，人文精神、文化价值、道德情操和社会人格等涉及社会学的人文性，对理解和解释中国人的社会行为、社会关系极为重要，是本土知识中具有挑战性的内容（边燕杰，2017）。

边燕杰对本土知识特征和分类的论述，正好体现了社会工作的科学性和人文性两个面向，集中体现了学者们从不同方面提出的关于社会工作本土化的讨论。更重要的是，他关于本土知识的国际化操作策略为社会工作的本土化、中国特色的社会工作体系建构及中国特色社会工作知识国际化提供了可实现的策略和路径，即采取"接受-丰富-增加"的研究策略（接受已有概念、丰富其理论内涵、增加其变量的文化差异性）（边燕杰，2017）。

与边燕杰的论述相似的是，何雪松和杨超（2019）提出政治关联性、文化敏感性和实践反思性是推动中国社会工作本土化的三要素。政治关联性、文化敏感性、实践反思性三要素基本上涵盖了前面学者们关于中国社会工作本土化的论述面向，而且他们也主张中国社会工作本土化应具有重要的国际意涵。但与边燕杰的"接受-丰富-增加"的研究策略不同的是，何雪松和杨超（2019）强调新知识的产生，认为由中国社会独特的政治、文化与实践特性产生的经验和创生的知识可能代表了一种新的国际知识类型。

这就形成了两种将本土知识概念化处理为社会工作的知识系统的组成部分的策略。一种是"接受-丰富-增加"的发展策略，这种策略认为，可以通过接受已有概念、丰富其理论内涵、增加其变量的文化差异性，即通过扩展西方社会工作知识体系，将西方社会工作知识本土化来建构中国社会工作知识体系；另一种是"新知识的产生"的发展策略，这种策略认为政治关联性、文化敏感性和实践反思性是推动中国社会工作本土化的三要素，中国社会独特的政治、文化与实践特性产生的经验和创生的知识可能代表了一种新的国际知识类型，即通过中国本土社会工作知识的创生来建构中国社会工作知识体系。

两种不同的策略，形成了中国社会工作发展中专业社会工作本土化与本土社会工作专业化的两种驱动，给中国循证社会工作本土化发展内在特性建设的理论启示在于：本土化发展的关键在于建构中国循证社会工作本土知识体系，而如何建构循证社会工作本土知识体系，中国社会发展框架中的政治、文化和实践限定了循证社会工作本土化的可能方向，循证社会工作科学实证主义向实证人文主义的转向也为中国循证社会工作的发展提出了本土关怀和整合观。由此，中国循证社会工作的发展至少可以有两条路径：一条是西方循证社会工作知识中国本土化，另一条是中国循证社会工作本土知识国际化。前一条路径要求中国循证社会工作继续学习、吸纳西方循证社会工作发展的有益经验和策略，扩展西方循证社会工作知识体系或理论框架以适应于中国实践。后一条路径需要中国学者和实践者在本土实践场域，或增加中国本土知识，或创生中国本土知识，并将中国实践领域中的本土知识概念化为具有全球传播和实施意义的循证社会工作理论。作为学习、借鉴、发展西方经验和策略的中国循证社会工作，两条路径结合起来就可能形成中国循证社会工作知识体系。以中国循证社会工作知识、循证工作实践及二者关系为分析框架，中国循证社会工作发展路径模型可以总结为如图 6.1 所示，具体操作可以包括三个部分九个方面。

第一部分主要是循证社会工作本土知识体系建构（见图 6.1 中①部分）。主要包括三个方面。①西方循证社会工作知识框架梳理。从价值理念、科学知识、方法技巧和实践模式四个方面系统梳理西方循证社会工作的知识框架，作为本土化发展的理论基础。②扩展西方循证社会工作知识框架以适应于中国实践。在科学借鉴现有理论成果的基础上，吸纳西方循证社会工作的有益经验和策略，处境化理解西方循证社会工作。③在中国社会工作实践场域中创生本土社会工作知识，将中国本土社会工作知识概念化为具有全球传播和实践意义的循证社会工作理论。第二部分主要是循证社会工作本土实践及其研究（见图 6.1 中②部分）。开展循证工作的本土实践要注重中国社会的文化敏感性、政治关联性和地方性知识与实践智慧。主要包括三个方面。①西方循证社会工作在中国实践的价值和限度研究。根据循证实践的步骤开展社会工作干预研究（理论-实践），将现有循证社会工作知识应用于本土实践，在实践过程中研究循证社会工作在中国实践场域中的价值和限度。②循证社会工作在中国实践限度的影响因素研究。包括从学科逻辑出发的外在建设性影响因素和从事实逻辑出发的内在发展性影响因素。③修正循证社会工作在中国实践的限度。反思干预研究中存在的限度和问题，开展反思性实践研究（实践-理论），提出改变或

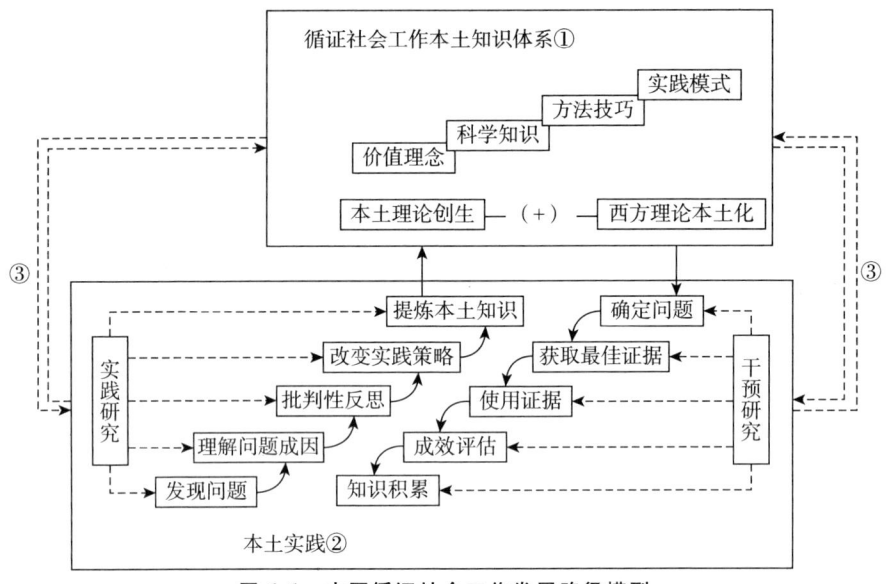

图 6.1 中国循证社会工作发展路径模型

资料来源：笔者绘制。

改善的策略，总结提炼本土实践中的循证社会工作知识，扩展西方循证社会工作知识体系框架，修正循证社会工作在中国实践的限度。第三部分主要是循证社会工作本土知识应用（见图 6.1 中③部分）。研究中国循证社会工作本土知识体系的目的是将其应用到具体实践中，以将社会工作知识与实践联结起来，开展更有效的、高质量的社会工作服务。主要包括三个方面。①专业实践中实证知识与实践智慧的关系研究。从实证知识和实践智慧的辩证关系探讨循证社会工作专业实践中特定实践场域中科学实证知识与人文经验知识的关系问题。②整合实证知识和实践智慧关系的社会工作专业能力研究。现实情境中使用实证知识和经验知识，需要研究同时具备技术支撑和价值关怀的专业实践能力。③循证社会工作知识传播与应用到现实实践中的路径和策略研究。尝试将旨在将研究知识转化为实践，促进研究知识快速、便捷、低成本地被一线实践者掌握和采用，让更多目标人群受益的实施科学引入本土循证社会工作知识应用研究中。

循证社会工作在提升社会工作有效性、推动社会工作专业化、弥补理论与实践脱节方面的积极作用，使其成为实现社会工作"好的实践"的可能策略。然而，兴起于西方社会的循证社会工作在中国实践中价值和限度并存。在中国的循证社会工作实践中，循证社会工作的理念是被认可的，循证社会工作所倡导的科学化方式、理论与实践关系的联结、系统化的方法和程序化的实践步骤等，都为中国循证社会工作的发展提供了可参考的框架，有助于我国社会工作重新审视本土政治、文化和社会情境下的科学、有效、专业的社会工作服务，审视专业实践中一般化的有效知识体系和地方性实践知识体系的关系。但是，循证社会工作在中国本土实践存在一定的张力和限度。循证社会工作本土实践面临中国社会制度、文化、实践情境等因素影响，缺少现成可用的证据。循证社会工作在中国本土发展，不可能完全遵循西方循证社会工作的知识框架和实践模式，而是跨出了西方循证社会工作的范围，结合中国本土实际情境进行探索。循证社会工作的中国本土实践，在引进吸纳西方循证社会工作的同时，也在积极建构中国本土循证社会工作的知识体系和实践模式。

整合西方循证社会工作的发展和本土循证社会工作的实践探索两方面，循证社会工作要在适合于中国特定社会制度、文化、情境中发展，既要有从"学科逻辑"出发的"外在建设"，又要有从"事实逻辑"出发的"内在建设"，即既要学习、借鉴西方循证社会工作发展过程中逐步形成的高等学校教育和职业继续教育，严格的证据审查、评估与推广制度，由政府或非政府组织支持建立的公开的证据库，证据传播制度等制度化建设，又要注重符合中国社会建设、社会治理的中国方案研究，体现中国循证社会工作的内在特性，通过扩展西方循证社会工作知识，创生中国本土社会工作知识，建构实践为基础的本土循证社会工作知识体系，以实现循证社会工作推动社会工作"好的实践"的应有之义。

第7章 结论与讨论

7.1 研究结论

7.1.1 循证社会工作证据的四个基本问题

证据是循证社会工作的核心，循证社会工作围绕证据展开。本书以循证社会工作的证据为研究焦点，旨在为系统理解循证社会工作提供一幅全面的证据知识地图，尝试回答社会工作实践为什么要循证、循证社会工作证据的实质是什么、如何生产证据及什么样的证据是循证社会工作的"最佳证据"、现实世界中如何应用"最佳证据"以实现社会工作"好的实践"四个基本问题。

（1）循证实践：社会工作科学、有效、专业化发展的可能策略

社会工作实践之所以要循证，要以"证据为本"，直接原因是回应20世纪70年代人们对社会工作实践低效的质疑，诉求社会工作实践的有效性，对传统"权威为本"社会工作的变革。在如何提升专业实践有效性的选择上，循证是社会工作将实践建立在科学研究的证据基础之上，将科学研究与社会工作实践联结起来，展示社会工作实践科学、有效以及获取专业承认的策略之一。梳理有关循证社会工作的研究发现，追求社会工作专业实践有效性背后，蕴藏着促使社会工作要循证的多方因素，这些因素的交互作用是社会工作要循证的根本原因。这些因素就是一把"双刃剑"，为社会工作要循证提出了要求的同时，也为社会工作的循证实践提供了社会条件、发展空间和内外部动力。

首先是 20 世纪 70 年代各种社会问题的涌现，促使各学科领域的专业实践要循证。社会工作作为解决社会问题、助人的专业，时代背景下的社会问题给其带来了循证实践的挑战和机遇。其次是社会工作专业化发展的百年追求中，理论与实践脱离的问题限制了社会工作的专业发展和认可，循证不仅可以将社会工作理论与实践联结起来，还可以以此推动社会工作的继续专业化，获得专业认可。再次是作为主流科学研究范式的实证主义，在体现一个学科科学性、专业性方面具有极大的优势，以证据为本遵循实证主义的研究范式，将循证这一人们日常活动中的朴素的常识或意识，上升到了循证理念甚至是循证理论层面，上升到了科学、系统的方法论层面，极大地促进了社会工作的发展。但是，实证主义的研究范式对于社会工作专业而言具有局限性，人文主义的内容也越来越受到重视。最后是循证医学的迅速崛起，形成了一整套循证实践操作框架，为社会工作提供了可直接借鉴使用或改编后使用的工具，推动了循证社会工作的发展。

（2）循证社会工作证据的实质：基于本质关联性原则的多重事实选择

循证社会工作的证据是拟处理事实主体以本质关联性原则在既有事实中进行的选择。从证据界定上看，循证社会工作的证据要满足四个基本原则：基于本质关联性原则进行的选择、在既有事实中进行的选择、处理事实的主体进行的选择、选择的内容要可以证明待证事实。这些原则在具体选择时表现为：循证社会工作的证据是在动态发展中的选择，是在属性和特征限制范围下的选择，是科学理性和人文关怀整合下的选择，是在证据库中众多证据中的选择。

首先，循证社会工作证据的动态发展决定了证据选择的方向。社会工作证据证明方法经历了从宗教证据转向慈善证据，再由慈善证据转向科学证据。随着循证社会工作的不断发展，证据的认识论从最初的实证主义逐渐转向整合实证主义和人文主义的"实证人文主义"。循证社会工作的证据观也从单一证据观转向多重证据观。其次，循证社会工作证据的属性和特征限制了证据的选择范围，体现了工作者科学理性与人文价值关怀的双重选择。关联性是循证社会工作证据的本质属性，伦理性是循证社会工作特有的属性，循证社会工作特征还具有主客观统一性。循证社会工作证据具有相关性或证明性,要符合伦理规范性、真实性和可误性。除了证据属性表现出来的证据特征外,循证社会工作还具有循证实践普遍存在的渐进性、相对性、包容性和整合性等基本特征。最后,循证社会工作的证据形成了一个证据体系。证据在分类上是多样化的,在形式上是由证据、证据链、证据库联结而成的证据体。

(3) 循证社会工作的"最佳证据":特定情境下对案主特定问题最有效的证据

循证社会工作证据生产的方式主要分为三种,通过科学研究获取证据,通过证据库获取证据,通过手机 App 后台数据、讲座、课程学习等获取散在的证据。

如何评价循证社会工作的"最佳证据",现有的判断标准可以分为以证据研究方法严谨程度为标准和以证据质量高低为标准两种,这两种证据评价标准都改编自循证医学的证据评价标准。其中,前一种评价标准经过一系列演变后,体现为当前人们熟悉但又存在争议的证据金字塔,处在金字塔顶端的系统评价、Meta 分析的结果被认为是"最佳证据"。这种以研究方法的严谨程度为"最佳证据"的评价和推荐的方式,有利于社会工作的科学化,但缺乏对服务实践者、服务对象的关注,较少考虑研究者、服务提供者与案主之间动态的互动关系,忽视了他们的相关证据,对社会工作实践进程中的证据关注不够,在证据应用时弊端逐渐暴露。为了解决上述问题,研究者提出了以证据质量高低为标准的证据评价标准,形成了 GRADE 证评价系统。但是,这一证据评价系统主要应用于循证医学领域,在社会工作循证实践中并没有得到足够的重视。大多数循证社会工作的文献中呈现的是,循证社会工作的证据评价还是以证据金字塔的证据等级为判断标准,系统评价、Meta 分析和 RCT 依然是最高级别证据的主要来源,GRADE 证据评价系统极少使用。

尽管如此,随着循证社会工作研究和实践的逐步深入,人们也逐渐注意到简单套用循证医学的证据评价体系,不仅不能完全适合于社会工作领域问题的解决,还带来一些问题。因此,社会工作者将研究的重点转向具有社会工作特色的证据评价体系。GRADE 证据评价系统中以证据质量为标准的评价更贴近社会工作的特质,或可成为循证社会工作证据评价的标准。

在循证社会工作"最佳证据"的评价和判定上,还体现出一个特征,即"最佳证据"是相对的最佳证据,强调"最佳证据"是"现有的最佳证据"。也就是说,无论证据是以证据研究方法严谨程度为评价标准,还是以证据质量高低为评价标准,当高级别或高质量的证据缺失时,结合具体情况,证据金字塔中的低级别的证据或低质量的证据也可以作为"最佳证据"。判断循证社会工作的"最佳证据"要注意满足以下几个条件:证据要与解决的问题匹配,注重"证据在环境中"的特质,同时兼顾证据的效果和效用。总的来说,循证社会工作的"最佳证据"就是在特定情境下对解决案主特定问题最有效的证据。

(4)社会工作"好的实践":基于"最佳证据"的实践

证据的生产和评价不是单纯为了研究证据,而是为了将获取的"最佳证据"应用于现实世界的实践中,是为了实践而为。"最佳证据"在现实实践中的应用,就是在具体情境中使用已获得的现有"最佳证据",并将获得的新证据传播给下一个社会工作服务或政策决策的使用者。这是一个将研究和实践联结在一起的过程。

首先,在具体情境中使用已获得的现有"最佳证据",就涉及证据应用的关系建构和能力建设。其中,关系建构主要是循证社会工作四个要素之间的联结关系。在现实世界的具体情境中使用证据,涉及研究证据、实践者技能、案主特征与意愿和环境四个同等重要的要素,任何一种要素的改变,或四个要素之间关系变动都会影响证据的使用,甚至改变实践的决策。如何将四个要素有效整合在一起,循证社会工作发展阶段中不同的实践模型都在努力建构各要素之间的关系结构,笔者认为跨学科模型是有效整合各要素联结关系的最好的模型。能力建设主要是实证知识和实践智慧的整合。经验证有效的实证知识("最佳证据")确实对实践具有普遍指导作用,但是,也不能忽视实证知识在现实实践中必须面对的具体实践情境。实证知识在具体实践中面临具体实践情境的差异性,差异性包括试验情境与现实情境的差异和不同现实情境之间的差异两种,涉及现有"最佳证据"与现实实践情境的融合过程。在融合过程中,就被推广的研究证据来说,一旦将其应用到其他实践场景,应用时某些部分可能会有所遗漏,这会对证据的效果(内部有效性)造成影响。从接收研究证据的现实实践层面分析，实践者技能、案主的特征与意愿，以及所处环境的改变，都会干扰证据的效用发挥（外部有效性）。所以，在现实实践情境中，如何最大限度确保证据的效果与效用得以充分实现，以促成"好的实践"，实践智慧此时就具有极其重要的意义。实践智慧作为一种难以操作化的观念内在于人并作用于实践过程，是证据在具体情境中应用的必要条件。因此，现实情境中使用实证知识和经验知识，同时具有技术支撑和价值关怀，二者融合于人的实践能力，体现为人的实践能力。循证社会工作中证据的应用，其背后隐藏的实质性问题是整合实证知识与实践智慧的能力建设。

其次，证据的传播与实施是证据应用的重要内容和阶段。因为研究证据的不断累积并不必然导向证据的传播和应用，证据的传播与实施主要是将研究转化为实践，促进研究证据快速、便捷、低成本地被实践者掌握和采用，让目标人群受益的速度更快、范围更广。每一次将"最佳证据"应用于现实实践情境后，经过效果评估，其结果都有可能成为下一次或下一个循证社会工作实践的新证据，下一次或下一个循证社会工作实践的结果则会成为再下一次或再下一个循证社会工作实践的新证据，以此螺旋式推进证据的研究和应用。由于时间、数据挖掘技术、精力、经费、能力和复杂环境等各方面的原因，很多实践者无法获取这些新证据，或者获取这些新证据非常低效。这就面临如何将好的实践成果（新证据）进行传递，使得这些研究和实践成果能在不同的对象、机构、地区甚至国家使用。如何实现证据的传播和更广泛的使用，以促进专业实践领域实现更多的循证实践，实施科学出现并提供了证据传播和实施的实践路线、概念模型和实施策略。

7.1.2 从"好的实践"到"最佳证据"：循证社会工作证据生产和应用的理论逻辑

循证社会工作证据的四个基本问题，回答了社会工作为什么循证（为了好的社会工作实践）、证据是什么（证据研究和应用的基础）、如何生产和评价证据（"最佳证据"研究/社会工作研究）、如何应用和传播证据（最佳证据应用/社会工作实践）。将这四个基本问题联结在一起，就会发现，循证社会工作证据生产和应用的深层逻辑在于：为了追求社会工作"好的实践"(best practice),采取"基于证据"进行实践(evidence-based practice)的策略,具体操作化为"最佳证据"(the best evidence)的生产和应用。

作为帮助案主改变、解决社会问题的专业,社会工作的本质属性是实践性,社会工作知识的本质在于实践。社会工作要通过"做"来解决社会问题,并帮助服务对象发生改变。如何"做得好"是社会工作的老话题,里士满(Richmond,1917)的《社会诊断》(Social Diagnosis)中,就希望通过社会工作的专业化发展来体现"做得好"的社会工作服务,将社会工作实践建立在科学研究基础上,重视社会工作实践立足于科学论证的知识构成专业社会工作。此后的社会工作者一直致力于将社会工作实践建立在科学知识基础上,并以不同的概念建构来指称科学知识与专业实践结合的方式。以证据为本的循证社会工作,将"做"建立在"证据"上,旨在基于经验证有效的证据使社会工作"做得好",以实现社会工作"好的实践"。如何实现社会工作"好的实践"?循证社会工作不仅提出了循证的理念,甚至可以说发展了循证理论,还将这种理念具体操作化,形成了一整套"遵循证据进行实践"的操作方法与实践框架。尽管很多方面借鉴甚至套用了循证医学的操作方法和实践框架,但在循证社会工作出现之前,社会工作实践者也会自觉遵循证据去实践,循证只是一种朴素的常识或意识,没有上升到科学、系统的方法论和理论层面。要实现好的实践,就要遵循证据进行实践,遵循什么样的证据呢?循证社会工作将证据进行了等级划分,提出要遵循"最佳证据"进行实践。由此,循证社会工作将"好的实践"与"最佳证据"联结起来,旨在表明好的社会工作实践就是要基于"最佳证据"实践。

综上所述,循证社会工作的理论逻辑可以简单概括为"好的实践—遵循证据实践—遵循最佳证据实践—最佳证据研究",如何遵循"最佳证据"实践,关键在于证据的研究和应用,由此形成了循证社会工作基于"最佳证据"开展社会工作好的实践的实践逻辑。

7.1.3 "实证人文主义":循证社会工作证据生产和应用的认识论基础

循证社会工作最初的认识论基础是把专业实践建立在实证主义的科学

研究基础之上，意图将自己打造成像自然科学那样的实证科学。这一范式不仅遭到了诠释主义、建构主义等人文主义范式的质疑和批评，也受到了专业实践处境的复杂性和多变性以及日常生活的实践智慧的挑战。事实上，作为以人类群体和社会问题为研究对象的社会工作，以"做"为特征的助人专业，人类行为的主观与能动特征使其始终无法彻底摆脱人文主义的纠缠，成为一门纯粹的实证科学。

循证社会工作可以说是通过科学研究实现社会工作"好的实践"的一种策略。从本质上讲，循证社会工作旨在提供科学有效的社会工作服务，对有效社会工作服务的追求，就是在回答"社会工作如何做得好"，即如何提供社会工作"好的实践"。从实践逻辑上讲，循证社会工作是通过"寻找最佳证据—在现实世界中使用现有最佳证据—提供好的实践"来实践好的社会工作服务。这就是说，一个好的循证社会工作实践至少包括两个阶段：一个阶段是生产和评价"最佳证据"（证据的研究），另一个阶段则是在现实世界中使用现有"最佳证据"（证据的应用）。

但是，从现有循证社会工作实践上看，存在两点不足。第一点是"最佳证据"的判断标准以研究方法的严谨程度为划分依据。用研究方法来判断证据等级，这就将"最佳证据"与"最严谨的方法"等同起来，在此基础上将"好的实践"与"严谨的方法"等同起来。尽管"严谨的方法"对于一个"好的实践"是必要的，但将二者完全等同起来，就犯了方法中心论的错误。不仅如此，循证社会工作包含四大要素，在循证社会工作实践中，各要素都很重要，将"严谨的方法"等同于"好的实践"，着重于研究证据，这就有点"研究证据为本"的意思，与备受批评的"权威为本"一样存在问题。第二点是过分重视证据的研究，即以证据生产和"最佳证据"评价为主，对证据的应用探讨不足。循证社会工作是一个证据研究和证据应用的决策过程。在这个过程中，不仅仅是要生产和评价"最佳证据"，更是要将获得的"最佳证据"应用于现实实践情境中，基于"最佳证据"进行实践。

之所以出现上述两点不足，显然是基于过度重视实证主义范式，由此将循证社会工作的重点和焦点都放在了如何生产和评价"最佳证据"上，而没有将在现实实践情境中的"最佳证据"应用放在与之平等的地位上，这也就忽视了在日常生活中应用证据时，实践环境的复杂性和人的主观能动性。这实质上也反映了社会工作长久以来的实证主义和人文主义之间的争论。

西方循证社会工作相关研究中形成的实证主义和人文主义之间的争论，以科学技术和人文关怀二分为基础，或侧重于科学技术，或侧重于人文关怀，但都无力化解科学技术与人文关怀之间的张力。在此基础上形成的社会工作研究范式和实践模式，都注重科学技术或人文关怀，使科学技术较之于人文关怀、人文关怀较之于科学技术都具有了外在性，从而使相应的研究和实践陷入科学技术与人文关怀二分思维中难以自拔。人们习惯用二分的方式思考问题，这种思维方式虽有利于我们在两个要素的区别中发现其差异，但由于任何事物都不是二分的，而是多元的，即使在二分的情况下，二分之中也依然存在"关系"的问题。循证社会工作证据生产和证据应用都凸显了这种"关系"的存在。在证据生产方面，证据来源于对社会工作过去实践知识经验的总结和研究，"最佳证据"的评价和推荐离不开工作者的判断。在证据应用方面，不仅体现在研究证据、实践者技能、案主特征与意愿和环境之间需要建立好的联结关系，还体现在证据应用于现实实践情境时，科学技术支持的"实证知识"与人文关怀支持的"实践智慧"之间的联结关系。

那么，如何从两种主义入手，弥补上述两点不足呢？尽管由于旨趣和认识框架的不同，实证主义和人文主义是相互独立、无法相互还原的，但是二者之间的关系不是对立或隔绝的，二者在逻辑上与实践是有一定的联系的。当前，社会工作理论与实践正经历多元范式共同发展的局面，多元综合的路径和趋势与日俱增，不同范式之间的对话日益频繁，理论建构与实践模式不断得到批判性拓展和反思性强化。因此，不同范式可以并存或者相互补充、互动与重组。至于在重组中，每种范式各占多少成分，应做具体的历史分析，要视具体情况而定。实证主义和人文主义的组合可以分为两种：一种是具有人文取向的实证主义，可以简单表述为"实证人文主义"；另一种是具有实证取向的人文主义，可以简单表述为"人文实证主义"。从循证社会工作的出现、发展和遇到的问题等方面来看，"实证人文主义"是循证社会工作的应有选择。

以研究方法的严谨程度评价"最佳证据"标准弊端的暴露，以"证据质量"评价"最佳证据"标准的出现，使得人们在现实情境中应用证据时，开始讨论实证知识和实践智慧的关系，证据传播和实施研究兴起，这些都表明循证社会工作不能完全依赖于实证主义，还应将人文主义的部分也考虑其中。在循证社会工作发展的历程中,从循证社会工作概念的转变、不同发展阶段的侧重点、实践模式的拓展、争论及其回应、循证社会工作的过程方面也展现了循证社会工作认识论基础由实证主义向整合实证主义和人文主义的"实证人文主义"认识论的转变。与此同时,循证社会工作在实践中的问题也显示了实证主义范式在具体实践处境中的不足。

可以说,从实证主义转向整合实证主义和人文主义的"实证人文主义"是循证社会工作现实发展中的认识论基础转向。未来循证社会工作不仅要基于证据、基于科学技术生产证据和应用证据进行实践,还要将现实情境、实践智慧、特定文化价值体系等纳入证据的研究和使用中,将社会工作的科学技术和人文关怀融为一体,实现社会工作"好的实践"。

7.2 几点讨论

7.2.1 循证社会工作与循证医学的关系

提及循证社会工作,国内很大一部分人认为,循证社会工作源自循证医学,是循证医学理念和方法在社会工作领域的应用或渗透,更甚者说循证社会工作是循证医学科学霸权在社会工作领域的扩张。循证社会工作源自循证医学吗?笔者认为这是一个值得探讨的问题。循证社会工作是否源于循证医学,如果不是,循证社会工作的生成根据是什么?

国内相关文献中关于循证社会工作缘起的观点可以大致概括为三种。第一种观点认为循证社会工作源自循证医学。相关表述如"肇始于循证医学"(杨文登,2014)、"诞生于循证医学"(童峰等,2016)、"源自循证医学"(王亦芝,2016)等。第二种观点认为循证社会工作是循证医学理念和方法在社会工作领域的应用,循证医学是循证社会工作的基础。相关表述如循证医学先进的理念和方法"应用到社会工作领域"(拜争刚等,2017a)、渗透到社会科学领域(包括社会工作)(拜争刚等,2018a)、循证社会科学(包括社会工作)伴随着循证医学的产生和发展而逐步发展起来,循证医学的理念、思想和方法是循证社会科学发展的基础(杨克虎,2018)。第三种观点认为循证社会工作源自循证实践,但深受循证医学的影响。相关表述如循证社会工作源于循证实践(何雪松,2004;张昱、彭少峰，2015），循证实践发端于医学领域（陈树强，2005），社会工作明显地吸收了健康和医学领域的成果（范斌、方琦，2017），社会工作专业之所以受到循证实践的影响，并把它接受下来作为一个新的工作范式，一个重要原因是社会工作的本质特征（陈树强，2005）。

  上述三种观点概括性地介绍了循证社会工作的缘起，也表明了循证社会工作与循证医学的关系。第一种观点明确提出了循证社会工作源自循证医学。第二种观点用"应用""渗透"等词事实上也表明了与第一种观点相同的观点，只是表述上更加强调循证的理念和方法。第三种观点将循证社会工作和循证医学置于循证实践的范围内，承认循证医学对循证社会工作的积极影响，更关注社会工作的本质特征。要认识上述不同的观点，有必要追溯二者兴起的里程碑事件和社会工作的历史发展。

  从时间上看，循证医学和循证社会工作都兴起于20世纪90年代。循证医学的兴起以1996年Sackett等（1996）发表的《循证医学：是什么，不是什么？》为标志。循证社会工作的兴起以1999年Gambrill（1999）发表的《循证实践：一种替代权威为本的实践》为标志。Sackett等人和Gambrill的文章都表明医学和社会工作之所以要循证，原因在于回应临床医学实践和社会工作实践与各自学科理论（或知识）的脱节，即实践决策基于医生或社会工作的权威，而非经证实有效的证据，出现了实践低效的问题。对于临床医学实践和社会工作实践效果的大规模质疑则出现于20世纪70年代，医学领域以1972年Cochrane（1972）的《疗效与效益：健康服务中的随机对照试验》为主要代表，社会工作领域以1973年Fischer（1973）因对社会工作的有效性质疑发表的《社会工作有效吗？一个文献评论》为主要代表。可以说，20世纪70年代各学科领域对专业实践有效性的质疑是循证实践兴起的直接原因。

  从社会工作的历史发展看，实现社会工作实践有效性的重要策略之一就是建立对学科研究的重视以及实践立足于科学论证的知识构成的专业实践。因此，尽管直到1999年社会工作领域才正式开始使用"循证"或"证据为本"的表述，但循证社会工作的思想早在专业社会工作诞生时就已经存在。19世纪20年代起，社会工作的学者都在为建立专业社会工作而努力。里士满就是极具代表性的人物，她的经典著作《社会诊断》被看作专业社会工作开始的标志，开篇就使用"社会证据"（social evidence），讨论了利用研究产生的事实来指导实践服务的提供以及社会改革的努力，蕴含了循证思想（Richmond，1917）。20世纪70年代，针对社会工作的有效性质疑，先后发展起来的经验临床实践（ECP）和实证支持治疗（EST），开始系统阐述循证思想指导下的社会工作实践，对ECP和EST倡导和反对的争议，促使20世纪90年代循证社会工作的兴起。

从循证社会工作和循证医学兴起的时间和社会工作的历史发展可以看到，循证社会工作并非源自循证医学，循证社会工作和循证医学都受20世纪70年代"实践无效"质疑的影响，兴起于20世纪90年代。而社会工作循证实践的思想早在专业社会工作产生初期就已经对社会工作的实践具有指导意义，基于这一思想，社会工作者也先后经历了经验临床实践和实证支持治疗阶段，经验临床实践与实证支持治疗都是基于经证实有效的科学证据来选择服务方案，这一思路与循证社会工作的理念基本一致，可以说是循证社会工作的前身。这就表明，早期的社会工作已有循证的意思，只是没有用"循证"一词。

那么，否定了循证社会工作源自循证医学的论断，循证社会工作的生成根据究竟是什么呢？笔者以为，回应专业实践低效、诉求有效实践是循证社会工作出现的直接原因，而有效性诉求背后社会工作的专业使命、社会问题和工具性因素的交互作用是循证社会工作缘起的根本原因，循证医学的影响加速了循证社会工作的兴起。

首先，社会工作的专业使命是循证社会工作的内驱力。纵观百年发展史，社会工作先后经历了以个体治疗为主的社会工作（20世纪初到20年代末）、以精神分析与心理治疗为主的社会工作（20世纪30~40年代）、以结构性与系统性为主的社会工作（20世纪60~70年代）后，进入了多元共生社会工作阶段（20世纪90年代至今），包括循证实践、叙事治疗、优势视角等多样共生的阶段，呈现百花齐放的态势。在不同的发展阶段，社会工作的专业发展有不同的特征，专业实践的方式、方法和内容也必然有所不同。20世纪60年代以来，西方社会工作开始批判反思专业过程导致的权利关系和专业效果问题，促使社会工作沿着去专业权威、去科技理性、去病态治疗、去学科规训四个维度发展出不同的实务模式（郭伟和，2014）。循证社会工作就是沿着去专业权威的方向发展而来的，是对专业权威质疑的回应策略。社会工作专业之所以可以走向循证社会工作，并成为西方主流的社会工作方式，一个重要原因是社会工作的专业使命。社会工作的专业使命是什么？陈涛（2011）对社会工作发展过程中国际社会工作既有关于社会工作专业使命的论述做了批判性检视后提出，社会工作自专业诞生以来，主要有三种形态的使命论述，分别是慈善使命论述（天使）、科学使命论述（超凡智者）、解放变革使命论述（解放英雄）。这三种形态之间存在微妙复杂的关系，有可能相互组合成更多的亚型，如"慈善科学"的、"科学变革"的、"慈善解放"的等。他还指出，正在出现另一种可能不同于上述三种使命但尚不占主要地位的"调谐使命"论述，即社会工作专业使命应是在不同个人、群体之间及其与社会之间"调谐"。此外，他还认为Powell 反复申明的"社会工作是政治和道德的实践"具有特别之处。但总体来讲，这些社会工作专业使命的论述依然建立在现代主义的基础之上，还不属于当前后现代的社会工作的使命。他提出"遣使者-受任者"关系决定后现代社会的社会工作使命。国内学者对社会工作使命或本质的论述有不同的表述，如社会工作是"利他主义的社会互动"（王思斌，1998）、"助人活动"（陈树强，1994）、"促进个体和谐发展的社会技术"（张昱，2008）、"高度人文关怀"（尹保华，2009）、"人与环境的互动中提供关爱的专业服务"（童敏，2009）、"道德实践与政治实践"（朱志强，2000）、"利他使群"（任文启，2016），以及社会工作本质具有专业活动、助人艺术、道德政治、实践科学四个维度（黄锐，2018）等，但这些论述都没有超出慈善使命、科学使命、解放变革使命、调谐使命、政治和道德实践使命的范围，且慈善、科学和变革的使命依然指引着社会工作研究和实践的方向。社会工作的使命决定了社会工作的基本前提，Rosen（2003）指出，专业社会工作的基本前提包括：承诺于案主的最大利益、价值引导的实践、目标导向的实践、专业实践问责和基于科学标准的证据。包含这一前提的实践不仅是好的社会工作实践，而且也蕴含着循证实践的本质。循证社会工作倡导者的观点正好也说明了这一点。

其次，社会问题是循证社会工作生成的外驱力。任何社会改革、新技术的使用都是为了解决当时社会的问题。Trinder 和 Reynolds（2000）梳理了循证实践兴起的历史背景，认为循证实践兴起绝非偶然，其是时代的产物（a product of its time）。20 世纪中后期，西方世界的反战浪潮、石油危机引发的经济危机、福利国家的财政危机等，使得社会问题日益突出。战后老兵增多，新犯罪不断出现，精神疾病患者、移民等增多，政府财政负担沉重。社会问题的凸显促使社会工作快速发展，极大地扩展了社会工作的服务对象（包括战后老兵、犯罪青少年、精神疾病患者、移民、儿童、老年人等）和服务领域，但也对社会工作的实践效果提出了挑战。人们开始质疑社会工作的效果和效用，开始反思传统以权威为本的社会工作实践并进行批判，积极寻求科学、有效的社会服务策略，这促使社会工作要循证，以证据为本为战后老兵、犯罪青少年、精神疾病患者、移民、儿童、老年人等开展服务。随着里根、撒切尔夫人等上台，进行国家福利制度改革，公共部门管理者对社会组织施加压力，削减社会项目支出，审计社会项目支出，审核社会项目效果，并将审核的焦点放在投入导致可证明、预期的效果上。在资源有限的情况下，公共部门既要履行职责，解决社会问题，确保社会稳定运行，又要减少费用支出。在当时新自由主义盛行的社会背景下，作为循证社会工作发展重要力量的经济合理性选择的力量显得尤为突出。上述特定的社会背景及其所面临的社会问题，从外部驱动循证社会工作的兴起。

再次，工具性因素是循证社会工作生成的内助力。循证社会工作之所以可以出现并广泛应用，还在于"循证"本身的哲学基础、科学方法论、实践步骤和技术等工具性因素。在哲学基础上，循证社会工作是沿着实证主义思路，追寻"最佳证据"，并据此进行决策和设计实践项目的。循证社会工作立足于科学知识，并将实践建立在经证实有效的科学知识的应用基础上。在方法论上，在循证社会工作兴起之前，"循证"只是一种朴素的常识或意识，社会工作者也会自觉遵循证据去实践，只是所遵循的证据更多的是专家的权威证据，而不是经证实有效的科学研究证据。循证社会工作将循证朴素的常识或意识上升到科学、系统的方法论层面，并将证据的生产、评价、应用进行了系统化、程序化，使得循证社会工作的研究、实践步骤、方法和技术[①]都围绕证据展开，形成了一套寻找并应用"最佳证据"的科学、系统的循证矫正方法论。此外，现代社会信息技术、计算机网络、信息的共享共用等相关科学技术和工具的发展，为证据的获取、转化、推广和传播提供了平台。

---

① 循证社会工作过程中的技术包括：循证问题的建构（如问题建构模型 PICO 及其扩展模型 PICo、PICOS、SPIDER 等）、获取和评价证据的系统和技术（如从 Cochrane 协作网、Campbell 协作网、各类数据库、指南等方面获取证据，或使用 RCT、系统评价、Meta 分析获取和评价证据等）、应用证据的技术（如证据转化、证据传播、证据本土实践等）。

最后，循证医学的影响是循证社会工作的外助力。20世纪80~90年代，医学凭借自己有着自然科学与社会科学双重属性的独特的学科位置，最先取得突破，形成了"循证医学"。循证医学的崛起，形成了模式化的实践步骤，较为成熟的证据寻找、评价和应用的方法，为社会工作的循证实践提供了学习借鉴的依据。如在证据研究方法、证据等级判定、证据金字塔、"最佳证据"认定、循证问题建构、实践步骤、实践模型等方面，社会工作都套用或者改编于循证医学。这可能也是人们认为循证社会工作源于循证医学的原因之一。另一个原因可能与循证社会工作在我国处于初始阶段有关。从国内循证社会工作的相关研究可以发现，人们对循证社会工作的研究主要集中于循证社会工作对社会工作的意义研究和对循证社会工作的介绍。因缘于循证医学的成熟化发展、社会工作与医学都作为助人专业的亲密关系以及健康照顾和精神健康本身作为社会工作的重要领域，① 社会工作在很大程度上可以套用或者改编循证医学的方法、框架、步骤等，容易让人们简单地将循证社会工作的缘起归为循证医学。事实上，早在社会工作专业发展初期，社会工作就追随精神医学技术发展自己的专业技术，以获取专业地位。仔细分析循证医学对循证社会工作的影响，就不难发现主要集中在模式化的方法、步骤和证据等级判定等方面。基于此，可以将循证医学的影响划归到循证社会工作缘起的工具性因素中。

综上所述，循证社会工作源于循证医学的论断并不完全正确，回应专业实践低效、诉求有效实践是循证社会工作出现的直接原因，而有效性诉求下社会工作的专业发展、社会问题和工具性因素的交互作用是循证社会工作缘起的根本原因。社会工作专业使命是根本，社会问题的解决是实现社会工作使命的重要内容，工具性因素则是社会工作使命有效完成的保障，循证医学为循证社会工作模型和实践方法提供了有益借鉴。这些相互交织作用，使得循证社会工作在理论上获得了认可，在实践中得以广泛运用。

需要注意的是，在上述多方因素的作用下循证社会工作得以产生并发展，循证社会工作或借鉴使用，或改编使用了较多循证医学的方法和框架。

---

① 精神健康社会工作一直是社会工作实务的主要范围和服务主题。1991年，美国社会工作协会（NASW）会员中，32.7%的成员在精神健康领域工作（刘继同，2012b：5~15）。近些年医务社会工作的发展也可以说明社会工作与医学的亲缘关系。

但是，循证社会工作的发展和实践并没有像循证医学那样乐观。因为循证社会工作与循证医学有所相同，有所不同。相同之处在于二者都以助人为己任，都是助人专业，都属于循证实践的部分，都遵循循证理念开展实践；不同之处在于以下几点。

第一，二者助人的内涵不同。正如陈树强（1994：59）所说的："社会工作的实质或基本含义就在于其是一种助人活动，至于助人的人是什么样的人，助人的目的是什么，助人的焦点是什么，助人的知识是什么，助人的方法是什么，以及要帮助什么样的人等等，这些既是把社会工作与其他助人活动区分开来的规定性，也是我们理解社会工作在不同历史发展阶段以及在不同国家中有不同理解的关键。"

医学是经过系统专业训练的医生通过科学或技术的手段处理生命的各种疾病或病变的学科，是促进病患恢复健康的一种专业。医学以病人为服务群体，助人的焦点在于病人的疾病。针对各类疾病，医学研究已经非常深入，形成了相应的疾病知识和科学技术体系。相较于医学，社会工作的专业则显得模糊，更具变化性。社会工作服务对象是什么迄今为止依然是一个值得商榷的问题，将社会工作研究对象定位为弱势群体或有需求的群体没错，但十分模糊，就更不论相应的操作技术研究了（张昱、彭少峰，2015）。

不仅如此，在处理价值和技术方面社会工作比医学更复杂。有学者提出，"医疗专业把专业价值的考量限定在专业操作过程之前的道德伦理守则，在专业操作过程中就不再依靠专业价值，而只依靠科学技术。而社会工作专业价值体现在整个专业实践过程之中，包括对案主问题的理解、判断和行动，都是一个道德和政治实践的过程"（郭伟和等，2012：34），这就增加了社会工作实践过程中的变化性和复杂性。社会工作专业领域，处理价值承担和干预效力的关系问题，不会像医疗专业那么简单，需要更加深入详细地分析研究和实践的关系问题。

第二，二者的专业发展程度不同。相比于高度专业化、职业化、受认可的医学，社会工作在专业性、实践有效性上依然面临质疑，缺乏话语权。单从证据库来看，医学经过几百年的发展，对各种疾病的症状、治疗方法、预后等都有详细的记录和管理，即使不同国家、地区和医院没有完全共享数据，至少单个医院的各个部门之间也是可以贡献数据和病例记录的。更大范围内的共享和互通有无只是时间和技术上的问题。而社会工作就不同了,社会工作发展的时间和成熟度本身不及医学,专业成熟度、受认可度都还比较低,面临证据缺乏、没有证据库、技术方案不够的困难,不能像医学那样直接从现有的证据库中寻找"最佳证据"。

因此,简单改编或使用循证医学的方法和框架不可避免地面临挑战。循证医学和循证社会工作可以相互借鉴有益成果,共同发展和丰富循证实践方法、技术、步骤等工具性的内容,但在涉及生活环境和具体实践情境开展实践实务时,应有所不同,体现各自的学科特色。事实上,社会工作者也意识到了社会工作和医学的不同,有意识地将循证医学和循证社会工作区分开来,对循证医学部分框架的改编本身就是在努力探寻社会工作的特色。但想要循证社会工作像循证医学一样,借鉴、改编循证医学的有益成果是初始阶段的方式,探索、建立具有学科特色的循证社会工作理论和实践模式,积累有效证据建立证据库,有效使用证据开展服务,是社会工作者努力的方向。

7.2.2 循证社会工作如何处理好"科学研究权威"与"专家经验权威"的关系

1999 年,Gambrill 提出"证据为本"替代"权威为本"的社会工作循证实践,循证社会工作兴起。一些批评者认为循证实践只是基于权威实践的另一个名称,提倡循证实践的人只是崇敬研究者的权威,循证实践会使社会工作从一个权威走向另一个权威(Shahar,1998)。相关的表述还有:社会工作循证实践是一个"食谱"式的实践,不仅忽视了案主的价值和意愿,还忽视了专业技能,并且暗中破坏专业知识和实践智慧(Webb,2001);一方面打着反专业权威的旗帜,另一方面却抬升了社会工作专业研究人员的权威,制造出一种更加不平等的层级权威关系(郭伟和,2014);过于依赖定量分析的数据,忽视了案主的特性层面;过度贬低临床实践经验,拔高了"科学"的地位(Mullen & Streiner,2004);等等。事实是像批评者说的那样吗?因此,有必要厘清"权威为本"社会工作实践具体所指及其为什么能被"证据为本"替代。

Gambrill 作为最早提出循证社会工作的社会工作者,可以说是支持循证社会工作的主要代表人物。支持者提出"证据为本"的社会工作实践，是因为发现没有证据表明社会工作的知识宣称有助于帮助案主解决问题，社会工作会陷入基于宣称而非证明有效帮助案主达到预期结果的尴尬局面（Gambrill，1997）。社会工作者所说的、所做的、所重视的与他们实际所做的之间仍然存在巨大的脱节，社会工作实务工作者没有履行社会工作道德准则中的义务（例如，告知案主、授权案主、提供合格的服务）（Gambrill，2001）。而改变这一尴尬局面的策略可以分为"权威为本"和"证据为本"两种策略（Gambrill，1999）。

这两种策略反映了实践和知识之间关系的两种不同的方法，两者区分的标准在于是否遵循证据以及遵循证据的程度。其中，"权威为本"的策略只是简单地依赖权威来宣称是什么或不是什么，而没有确切的证据证明这些宣称，忽略了宣称和现实之间的矛盾。"证据为本"的策略则是调查实现某些结果所需的价值观、技能和知识，然后确定谁拥有这些价值观、技能和知识，以及教育或经验在提供这些价值观、技能和知识方面的作用。为此，"证据为本"的实践在助人专业里是对"权威为本"的实践的一种替代，是实现社会工作科学性和专业性的重要策略（Gambrill，1999）。

从Gambrill对社会工作"权威为本"和"证据为本"的描述不难看出，她所批评的"权威为本"，是批评传统社会工作的实践没有证据证明它们的效果，社会工作的实践与社会工作道德准则的义务并不相符，社会工作理论宣称和实践之间存在巨大鸿沟。也就是说，"权威为本"的实践是基于社会工作实务工作者的个人经验、流行观念、专家意见进行决策，而不是根据经证实有效的科学证据，导致了社会工作实践效果的低下。对"权威为本"的实践的批判是社会工作"证据为本"实践的逻辑起点，好的或者高效的社会工作实践要建立在科学研究基础之上。

根据循证社会工作提倡者和批评者的说法，我们大致可以将"权威为本"的权威称为"专家经验权威"，批评者批评的"证据为本"的权威指称的是"科学研究权威"。由此可见，批评者所说的从一个权威走向另一个权威，具体指从"专家经验权威"走向"科学研究权威"，他们认为科学证据会取代专家经验权威，使社会工作仅仅或者在较大程度上依据科学证据开展实践，而忽视实践经验的力量。

从对循证社会工作两种不同的态度和认识可以发现，支持者希望以

"证据为本"替代"权威为本",通过科学化的策略提升社会工作实践的效率,解决理论与实践脱离的问题,以实现社会工作实践的科学性和专业性。相反,批评者认为"证据为本"会遮蔽社会工作实践中案主意愿和实践者经验等人文的因素,会拔高社会工作科学性的地位,最终使社会工作走向采用科学证据的机械实践。这就形成了对循证社会工作的争论和误解,而形成这种争论和误解的源头在于二元对立的错误思维方式。

用"'证据为本'替代'权威为本'",或"从一个权威走向另一个权威",这两种说法使得循证社会工作陷入持久的争论当中,无论是支持者还是批评者,双方都局限在二元对立分离的思维当中,即赞成或反对、科学研究或专家经验、科学或艺术、干预或关怀、理性或情感、定量或定性中。这种二元对立分离的思维至少存在三个问题:第一个是导致对事物的认识是非此即彼的;第二个是导致将事物看作静态的;第三个是导致应然与实然的分裂。

第一,将事物看作非此即彼的二分思维,使得人们对社会工作实践的认识走向要么基于"专家经验权威",要么基于"科学研究权威"的极端。

而无论是强调"科学研究权威"还是强调"专家经验权威",单一强调任何一方都会给社会工作带来不利的影响。基于"科学研究权威",因为对研究和有效性的重视受到欢迎。但"证据为本"替代"权威为本"产生了巨大的迷惑性,潜在的危险是,"证据"一词的修辞力,特别是狭义定义为基于随机对照试验的证据,可以为从业者和管理者提供诱人的简单化信息(Trinder & Reynolds,2000)。让一些人误解为彻底放弃工作者经验,要以科学研究证据作为实践决策的依据。由此,一些倡导循证社会工作的学者过分强调证据的研究,将研究证据视为循证社会工作的一切,而忽视了证据在现实生活世界和具体实践情境中的使用,忽视实务工作者的实践经验和案主的意愿,误导循证社会工作的发展。正如 Gambrill(2003:4)指出的:"到目前为止,循证社会工作文献的大部分描述反映了狭隘的观点,即忽视、歪曲和贬低了最初来源中描述的循证社会工作实践之哲学和相连的技术。社会工作中许多以证据为本的实践的描述着重考虑决策中与实践相连的研究,许多描述贬低或者歪曲了已经出版的研究中的缺陷在发展以证据为本的实践及相关事业中的角色。这种定义反映了把'证据为本'的实践当作'皇帝的新衣',而不是以证据为本的实践之哲学所要求和相关技术中所阐释的巨变。"

基于"专家经验权威",有其实用性和便利性,但局限同样明显。由于它既无法被科学研究所证实或证伪,也难以提供操作化的服务方案,社会工作的专业属性一直处于怀疑与半怀疑状态之中(何雪松,2004)。因此,完全批评"专家经验权威"和完全批评"科学研究权威"的认识都是错误的。事实上,从前文论述我们知道,循证社会工作围绕证据展开研究和实践,循证社会工作实践必须整合研究证据、实践者技能、案主特征与意愿和环境因素共同开展,而其中实践者作为整合各要素的主体,实践者技能作为实践经验的一部分,起着至关重要的作用。

第二,将事物看作静态的二分思维,使得人们对社会工作的认识局限在某一个特定的时间段或者时间点,而不是放在整个社会发展和社会工作专业发展历史长河中认识。

一方面,循证社会工作的兴起是时代的产物。"专家经验权威"的社会工作实践在社会工作初始发展阶段具有合理性和有用性,但随着社会的转变和社会工作的不断成熟,依然以"专家经验权威"为社会工作实践的主要依据,就会出现传统的社会工作实践不能满足新时代社会与社会工作学科发展的要求的局面。循证社会工作的兴起正是源于新时期对社会工作的新要求。

另一方面,循证社会工作是不断变化发展着的,循证社会工作也是经历了不同的发展阶段后,才成为我们现在看到的样子,这个样子还将继续发展并改变。以循证的核心术语,如证据来源、研究证据、证据等级、最佳证据等为例,在特定学科(循证医学)的特定阶段(原始模型阶段),这些术语具备合理性。然而,历经20余年的发展,步入更新阶段以及跨学科阶段后,在特定的社会工作领域中,有必要对上述核心术语重新加以思考与完善。再看哲学层面的范式之争以及科学与价值之争,循证社会工作发展之初,其诉求是实现助人的科学性、有效性与专业性,这与实证主义的内涵相契合。但在后续发展过程中,尤其是在反对者的质疑批评以及支持者的自我反思推动下,循证社会工作的内涵不断完善并日益丰富。如今,实践者经验、案主的价值和意愿、所处环境、伦理道德考量、可利用资源等诸多富含人文特性的因素,均已成为循证社会工作的关键构成要素。因此,二元对立的思维方式也影响着人们对循证社会工作的认识,而如何认识循证社会工作，影响着循证社会工作的理论建构和实践模式。

第三，二分思维导致应然与实然的分裂。

"证据为本"的社会工作实践较之于"权威为本"的实践，其突出优势在于弥合社会工作研究与实践的鸿沟。主要涉及证据的生产、评价和证据的应用、传播。理论上讲，证据生产和证据应用的关系是简单且易于理解的，证据来自实践，服务于实践，最终由实践来评价；实践应该积极关注最新产生的证据，引证"最佳证据"，以达到好的实践效果。也就是说，循证社会工作就是"生产证据（研究）—应用证据（实践）—生产新的证据（研究）—应用新的证据（实践）"的无限循环。但是，从第3、4、5章关于循证社会工作证据本质、证据生产和证据应用的内容可以看到，现实中的循证社会工作不能简单归结为"生产证据（研究）—应用证据（实践）—生产新的证据（研究）—应用新的证据（实践）"的无限循环。

出现上述理论可行而实践存在困难的局面，是因为在"证据生产—证据应用"和"证据应用—证据生产"的联结处，存在理论上可行而实践上困难的鸿沟，出现了"应然"与"实然"的分裂。比如，有人提出，决策者或实践者不可能花费大量的时间和精力去检索和评价证据质量，只需要充分利用研究人员预先确立的证据分级标准和推荐意见使用各种高质量证据（McColl et al.，1998；Guyatt et al.，2000）。因此，研究人员在创建和推广证据分级标准和推荐意见时，必须力图统一，避免偏倚，以减少误导和滥用（Glasziou et al.，2004）。这正体现了批评者所批评的循证社会工作是"烹饪说明书"的说法，社会工作实践者完全依据证据机械地开展实践活动，而不需要发挥任何主观能动性。尽管他们认识到了应用证据可能带来误导和滥用，要谨慎对待研究证据和推荐证据，但是这一表述也展现了人们对研究证据的重视，而忽视了证据在应用时所面临的现实社会的复杂性和实践者应用证据时的实践经验。

再比如，在《社会工作的循证实践：西方社会工作发展的新方向》一文中，作者将社会工作的循证实践定义为社会工作领域将研究者的研究证据、社会工作者的专业技能、案主的独特性三者有效整合起来的一种实践模式（杨文登，2014）。在介绍研究者的研究证据时强调研究者获得的研究结论可供实践者直接使用，实践者也必须遵循这些研究证据进行实践。介绍工作者专业技能时又着重强调了实践者寻找、评价与应用证据的能力。

上述两方面，从单方面看，研究者、实践者、证据之间有了很好的联结。然而，将两方面放在一起看，就出现了一些矛盾和困难。如果研究者通过研究获得的研究结论可以直接给实践者使用的话，实践者就不需要再花费精力和时间专门去寻找证据，甚至是评价证据，只需要在现实实践中具体应用证据就好。

事实上，证据应用还面临两方面的问题。一方面是可使用的研究证据少，存放分散的问题，这就需要实践者花费时间和精力去寻找这些经验证有效的证据，要求实践者具备寻找证据和评价证据的能力；另一方面是研究证据在现实世界中应用时面临实践情境、案主意愿、实践者能力等各方面的限制，这些因素中任何一方的改变都可能影响研究证据的使用。在这种情况下，实践者的实践经验就显得尤为重要，实践者如何整合研究证据、实践情境、案主意愿取决于实践者以往实践经验的累积和实践能力。

因此，循证社会工作不可能只依据最佳研究证据就可以实现好的实践，传统的社会工作也不可能只根据权威专家或实践者的经验就可以实现好的实践。如何解决这种二分带来的问题，向前迈进可能涉及一种"既有又有"的策略，而不是"要么要么"。社会工作循证实践的倡导者需要认识到，还有其他类型的知识不能被忽视。同样，批评者也需要认识到，尽管不完善，但循证实践所提供的知识有助于实践的发展。

转向"既有又有"的立场，一方面，需要对证据的实质（包括证据的认识论、本质、内涵、层次、体系等）重新思考。在一个存在不确定性的世界里，解决方案有着巨大的吸引力。重要的是要谨慎对待所有证据。循证社会工作实践的方法论严谨，传递了一种确定性和权威性。然而，正如我们所看到的，很少能找到绝对的确定性，如关于证据效率和效用的问题、证据在现实情境中适用性的问题、证据在不同学科中可使用的程度问题等。虽然证据有潜在的帮助作用，但重要的是不要被其引诱进入一种证据权威的不安全感。另一方面，需要缩小证据实践的范围或主张。无论环境如何，证据只是决策的一个方面，必须与案主特征与意愿、实践者技能、环境的其他组成部分同等重要，而不是占用其他重要组成部分。此外，证据还应考虑包括经济、道德和一般政策的框架的因素。

对证据的重视程度和证据在实践中的中心地位可能因学科而异。尽管循证实践框架似乎是普遍适用的，并在一系列学科中找到了热情的追随者，但它的关键方面也反映了其起源于流行病医学，以定量研究和 RCT 为主的研究方法符合流行病医学的特质，但当干预的对象是以人际关系网为焦点，并且大部分工作是实用的而不是技术性的领域时，源自流行病医学的证据的判断标准就不适用于这一领域。这并不是说证据和循证实践没有立足之地，而是说其作用可能不那么核心，从证据中得出的结论更不确定。在实践中，有令人担忧的迹象表明，在一些不太强大的学科中，如教育、犯罪矫正和社会工作等，循证实践有可能成为管理者迫使研究人员和从业人员对有效实践做出特定和狭义定义的一种手段（Trinder & Reynolds, 2000）。

7.2.3　循证社会工作在社会工作专业化与去专业化争论中该何去何从

目标的二重性、受多种意识形态的影响和地方差异性等都使社会工作作为一个专业的命题充满了疑惑和迷雾（吴越菲，2018），其发展过程持续存在专业化与去专业化、专业主义与反专业主义的争论。西方社会工作的发展历程是充满张力和矛盾的过程，是社会工作专业化与去专业化或再专业化的争论发展过程。出现于这个争论过程中的循证社会工作，以其系统的方法，基于证据的决策，联结理论与实践鸿沟的桥梁，整合研究证据、实践者技能、案主特征与意愿和环境多方因素的宣称，一方面被认为是社会工作科学、有效、专业的可能策略，成为当下西方社会工作实践的主流模式，在中国也引起了极大的关注；另一方面又被其他社会工作实践模式所批评，批评的焦点集中于社会工作的循证实践过于技术理性、偏向个体治疗、医学化、过度循证、遮蔽了反思性能动主体（郭伟和等，2012）。

对社会工作循证实践批评的背后，实际上就涉及社会工作发展历程中专业化和去专业化或再专业化的争论，涉及专业化和去专业化的关系问题。如何理解社会工作发展历程中的专业化和去专业化的争论，二者之间的争论如何影响循证社会工作的境遇，循证社会工作将如何选择，在具体情境中如何发展？要回答这个问题，首先要厘清社会工作百年发展历史中的专业化和去专业化或再专业化及二者关系的发展和变化。

社会工作由 19 世纪中后期的慈善救济发展演变而来，因而经常被看作"不专业""不科学"的。1915 年，Flexner（1915）提出"社会工作是一个专业吗?"的疑问,使得西方社会工作开始了社会工作专业化历程。在社会工作的百年发展历程中,社会工作专业主义盛行时期的专业化历程主要有三个阶段(李伟、杨彩云,2018):第一阶段是20世纪初至1930年,这一阶段个案工作产生、专业教育兴起、社会工作追随精神医学技术发展专业技术、专业组织建立;第二阶段是20世纪30~60年代,这一阶段社会工作专业门槛提高(如社会工作者必须具备两年制硕士学位)、发展新的理论和技术(如行为认知心理学、实验心理学等发展);第三阶段是1970年至今,这一阶段临床社会工作实践迅速发展、引入新的专业理论、社会工作职业认证开始。在社会工作专业化发展的第二阶段,即20世纪30~60年代,社会工作依次形成个案工作、小组工作和社区工作三大社会工作方法,基于三大方法也发展出多种社会工作理论、实践模式和流派,建立了社会工作的专业体系。1957年,Greenwood 发表《专业的特质》一文,提出了专业需要具有专业理论体系、专业伦理、专业文化、专业权威和社会认可五个特质。根据 Greenwood(1957)的专业标准,社会工作基本满足了专业的五个特质,已经是一个专业。与此同时,也有学者认为社会工作是一个准专业,因为与成熟专业相比,社会工作还缺乏一个应有的关键特质,即专业自主权,或者这一关键特质还没得到充分发展(Burian,1970)。

伴随社会工作专业化猛烈发展,去专业化的声音从未停止。总体来看,去专业化也经历了三个阶段(李伟、杨彩云,2018):第一阶段出现在19世纪末20世纪初的进步主义改革时期,该时期以 Adams 倡导的睦邻组织运动为代表的社会改革运动发展良好,反对里士满倡导的科学慈善实践,认为科学慈善是一种伪科学。一战后反专业主义随着社会运动陷入低谷而没落;第二阶段出现在20世纪30年代的大萧条期间,经济危机引发了大量的社会问题,专业化中形成的个案工作对此无能为力,陷入有效性危机,伴随经济危机而来的社会运动攻击专业社会工作,猛烈抨击专业主义拥护下的社会工作,20世纪30年代中后期罗斯福新政推行和经济危机的结束,使得反专业主义呼声减退;第三阶段出现于20世纪60~70年代,该时期激进社会工作组织对社会工作专业化进行了抨击,与此同时,福利国家危机和严重的经济衰退使得公共部门管理者对社会工作组织施加压力(如减少资金投入、有效性审核、风险规避、审计管理等),社会工作的有效性遭到质疑。1973年,Fischer(1973)的《社会工作有效吗?一个文献评论》一文再次质疑社会工作的有效性，以 Fischer 为代表对社会工作有效性的质疑引发了一场关于社会工作有效性、专业化、去专业化或再专业化的激烈论辩。

去专业化的第三阶段，即 20 世纪 60~70 年代，西方社会工作开始批判、反思专业化过程导致的权利关系和专业效果问题，使社会工作沿着去专业权威、去科技理性、去病态治疗、去学科规训四个维度发展出不同的实践模式（郭伟和，2014）。20 世纪 90 年代，社会工作进入后专业化时代。不同维度发展出的实践模式与传统社会工作涉及的专业化与去专业化或再专业化的逻辑关系如图 7.1 所示。

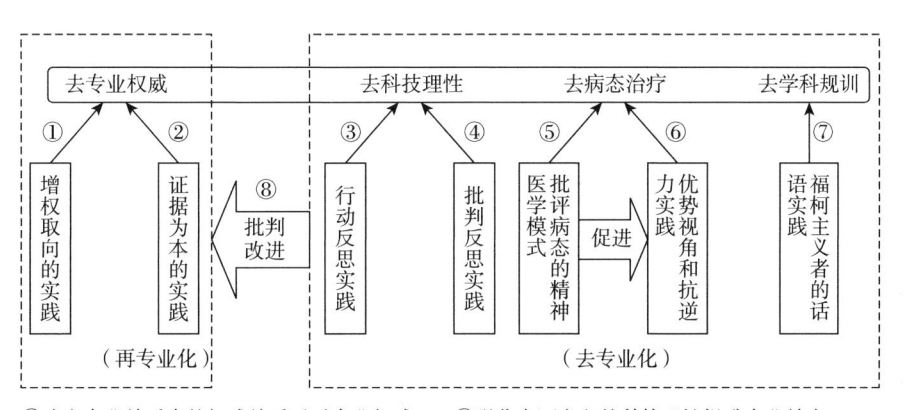

①改变专业关系中的权威关系反对专业权威　②强化实证主义的科技理性提升专业效力
③通过反思实践发展专业知识和专业能力　　④将对社会结构的问题的批判融入反思实践中
⑤⑥批判病态治疗的技术模式　　　　　　　⑦批判现代知识权利体系，开创新的叙事治疗
⑧批判或改进基于实证主义的科技理性所导致的新的专业知识权威层级问题和差异困境

图 7.1　后专业化时代社会工作专业化与去专业化/再专业化的逻辑关系
资料来源：笔者绘制。

从图 7.1 可以看到，社会工作证据为本的实践的逻辑起点是对专业权威的批判，证据为本的实践的支持者认为科学技术理性是改变专业权威主导下社会工作实践效能的低效、获取专业认可的可行策略。由于其依然延续了 20 世纪 60~70 年代以前社会工作专业化的主流的实证主义，从这个意义上讲，证据为本的实践是对社会工作的"再专业化"。但是，证据为本的实践又被批评者认为是建构了一种研究知识权威，排除了现实实践处境的复杂性、多样性和日常生活的实践智慧，从而遭到了更大的评判和争论。行动反思、批判反思、优势视角、叙事治疗在批评传统权威为本社会工作的同时，也建立在对证据为本的社会工作实践的反思和批评基础上。这就是

说,证据为本的社会工作实践在批判传统权威为本的社会工作实践,促进社会工作专业化,成为西方主流的社会工作实践模式的同时,也遭受了去专业化社会工作实践的集体批判。社会工作的发展历程就是一个专业化和去专业化或再专业化的辩证发展过程。

综观社会工作专业化和去专业化或再专业化的过程不难发现以下几个特点。①20世纪90年代以前的社会工作专业化和去专业化是一个此起彼伏的态势,总体上看,社会工作专业化的声音和话语权远远超过了去专业化的诉求,专业化占据主导地位,去专业化的发展是建立在批判"从专业化向专业主义"转变的危险基础之上。②社会工作专业化及其专业技术的迅速发展时期,也是西方福利国家建构社会福利体系的时期。社会工作专业(还有其他如社会工作、医学、精神病学、心理治疗、护理、教育等各类有关人的学科)与西方福利国家及其社会福利体系形成了一个紧密结合的体系,社会工作依附于福利国家和福利体系进行专业化发展,同时也协助国家对社会成员进行更加有效的规训和改造(郭伟和、郭丽强,2013)。③任何一种社会工作实践模式的出现,都是时代和社会问题的产物。每一种实践策略或实践模式的出现都是对上个阶段的社会问题和社会挑战的回应(郭伟和、郭丽强,2013),是社会工作内部的专业发展和外部政治、经济、文化等环境因素交织作用的结果(李伟,2018),循证社会工作的兴起与发展也是如此。④实证主义主导下的循证实践是一个优劣同样显著的社会工作实践模式,完全遵循实证主义开展循证实践,就会遭到反实证主义取向的社会工作的批判。事实上,从本书第3、4、5章的内容可以发现,社会工作的循证实践无论在外部环境还是在内部关系上,始终处于一种变动的状态,社会工作领域的循证实践不可能完全基于实证主义开展具体实践,还必须考虑到现实世界环境的复杂性、变动性和人的主观能动性。因此,不同历史时期和不同地方语境中的社会工作存在不同的专业想象和专业实践(吴越菲,2018)。⑤自20世纪90年代以来,社会工作进入后专业化时代,由某种单一理论或实践模式占据主导地位的社会工作一去不复返。"多样性+构成性"是对后现代视角/条件的最好概括(陈涛,2011),"多样构成"或"构成多样"将是社会工作的发展哲学,社会工作理论与实践模式已经进入并将在今后处于一个多元共生的发展态势。在这样的时代背景下,循证社会工作会在批判别人也被其他人批判中不断反思和进步,最终走向成熟。

因此，笔者以为，迈向"实证人文主义"或是循证社会工作的可能方向，进行科学研究的同时，将科学研究结果有效应用到现实生活中，这就需要对证据研究方法、"最佳证据"评价、证据应用、证据传播进行更深入的研究，尽管笔者也提出了一些自己的观点，但只是一些初步的认识和理解，可能在理论上讲得通，在具体实践中还有待进一步验证和思考。

7.3 研究不足与展望

首先，本书以循证社会工作的证据为研究焦点，从纵向过程方面梳理和分析了循证社会工作的证据是什么、如何生产证据、证据如何应用，基本上形成了循证社会工作的证据知识地图。但是，在横向结构方面，对与研究证据相互影响的实践者技能、案主特征与意愿、社会环境要素及其关系的论述不足。在本书中，受限于如何生产证据和应用证据的纵向研究思路，尽管研究中讨论了实践者技能、案主特征与意愿和社会环境要素，但都将这些要素放在研究证据范围内论述，未能将它们单独列出来详细论述。尽管在循证社会工作中证据处于核心地位，但是循证社会工作四要素是交互影响的，任何一方要素的改变都会引起整个服务决策的改变。与此同时，循证社会工作在研究证据的同时，也开始注重对工作者经验、案主意愿等经验性内容的研究，以兼顾科学研究和人文关怀，开展更具人文关怀的科学实践。因此，循证社会工作四要素中的任何一个要素都值得在今后的研究中进行深入探讨。

其次，本书旨在回答循证社会工作的证据是什么的问题，因此着重对循证社会工作的理论探讨和证据知识地图的梳理，在涉及具体操作和实践的方面缺乏细致研究。一方面，囿于笔者选用文献研究法，着重相关研究的文献梳理和分析，较少涉及实践层面。因此，在实践操作方面无法很好地展示出具体细节，比如关于证据传播和实施的研究部分，笔者所能做的就是梳理学者们使用过的，或前人提出的证据传播和实施的可能路线、概念模型和实施策略，这些可能路线、概念模型和实施策略在实践中具体如何发挥作用，还需要在实践中进一步验证和改进。另一方面，局限于中国本土循证社会工作发展处在对循证社会工作的学习和认识阶段，相关的实践探索较少，这在一定程度上限制了笔者获取有关循证社会工作证据的实践经验，只能着重在理论上进行梳理和探讨。

  本书存在不足，但这些不足也给笔者留下了进一步研究的空间和思路。在今后的研究中，笔者预期从以下三个方面对循证社会工作进行更深入的研究。一是尝试将本书对证据的认识和研究发现应用到现实实践中，将证据研究和证据应用的实践整合起来，验证并改进现有研究结果。二是对循证社会工作不同要素及其关系变动对循证社会工作的影响进行研究，以期修正或丰富现有证据研究成果，推进循证社会工作的发展。三是基于对循证社会工作证据的研究，探索循证社会工作的本土知识，在中国特定的政治、文化、社会背景下，开展循证社会工作的实践研究，建构适合中国社会发展和有中国特色的本土循证社会工作知识体系和实践模式。

参考文献

一　中文文献

埃米尔·涂尔干，1999，《宗教生活的基本形式》，渠东译，上海人民出版社。

安东尼·吉登斯，1998，《社会的构成：结构化理论大纲》，李康、李猛译，生活·读书·新知三联书店。

安秋玲，2016，《社会工作知识本土建构：基于实践场域的进路与策略》，《华东师范大学学报》（社会科学版）第6期。

拜争刚、齐铱、杨克虎等，2018a，《循证社会科学的起源、现状及展望》，《中国循证医学杂志》第10期。

拜争刚、吴淑婷、齐铱，2017a，《循证理念和方法在中国社会工作领域的应用现状分析》，《社会建设》第4期。

拜争刚、吴淑婷、齐铱等，2017b，《系统评价：证据为本社会工作的方法基础》，《华东理工大学学报》（社会科学版）第4期。

拜争刚、赵坤、刘丹等，2018b，《循证社会科学的推动者：Campbell 协作网》，《中国循证医学杂志》第12期。

边燕杰，2017，《论社会学本土知识的国际概念化》，《社会学研究》第5期。

陈辉，2018，《循证实践：糖尿病自我管理小组干预策略之构建——以华东医院"棒棒糖+"小组为例》，《中国社会工作》第34期。

陈树强，1994，《社会工作的实质：历史的观点》，《中国青年政治学院学报》第4期。

陈树强，2005，《以证据为本的实践及其在社会工作中的应用》，载王思斌主编《中国社会工作研究》（第三辑），社会科学文献出版社。

陈涛，2011，《社会工作专业使命的探讨》，《社会学研究》第 6 期。

陈涛、武琪，2007，《慈善与社会工作：历史经验与当代实践》，《学习与实践》第 3 期。

陈向明，2009，《质的研究方法与社会科学研究》，教育科学出版社。

陈耀龙、李幼平、杜亮等，2008，《医学研究中证据分级和推荐强度的演进》，《中国循证医学杂志》第 2 期。

陈一云、王新清，2013，《证据学》，中国人民大学出版社。

陈莹，2013，《如何理解证据主义》，《自然辩证法研究》第 1 期。

陈莹、丛杭青，2011，《证据概念的历史演变及其认识论重构》，《厦门大学学报》（哲学社会科学版）第 2 期。

陈莹、丛杭青，2012，《从传统走向现代——当代证据主义述评》，《哲学分析》第 3 期。

陈钟林、吴伟东，2005，《社会工作评估：一般性架构》，《重庆城市管理职业学院学报》第 2 期。

戴维·沃克，1988，《牛津法律大辞典》，光明日报出版社。

E. 迪尔凯姆，1995，《社会学方法的准则》，狄玉明译，商务印书馆。

Fraser, M. W.、Richman, J. M.、Galinsky, M. J.，2018，《干预研究：如何开发社会项目》，安秋玲译，上海教育出版社。

樊学勇，1995，《对非法证据材料证明力问题的探讨》，《中国人民大学学报》第 2 期。

范斌、方琦，2017，《社会工作证据为本的实践：演进脉络与发展趋向》，《学海》第 6 期。

范逸琦、安秋玲，2016，《机构老年痴呆症患者的音乐干预研究——以上海 N 福利院为例》，《社会建设》第 6 期。

费梅苹，2007，《上海青少年社会工作者专业能力建设的行动研究》，《华东理工大学学报》（社会科学版）第 4 期。

风笑天，2009，《现代社会调查方法》（第四版），华中科技大学出版社。

葛忠明，2015，《从专业化到专业主义：中国社会工作专业发展中的一个潜在问题》，《社会科学》第 4 期。

古学斌，2013，《行动研究与社会工作的介入》，载王思斌主编《中国社会工作研究》（第十辑），社会科学文献出版社。

古学斌，2015，《为何做社会工作实践研究?》，《浙江工商大学学报》第4期。

顾晓明、任建华、邱炜、张昱，2014，《规范与循证矫正——南通市崇川区社区矫正生命树的实践探索》，华东理工大学出版社。

郭申阳、孙晓冬、彭瑾，2019，《留守儿童的社会心理健康——来自山西省泾阳县一个随机大样本调查的发现》，《人口研究》第6期。

郭伟和，2014，《后专业化时代的社会工作及其借鉴意义》，《社会学研究》第5期。

郭伟和，2017，《扩展循证矫正模式：循证矫正在中国的处境化理解和应用》，《社会工作》第5期。

郭伟和，2019，《专业实践中实证知识和实践逻辑的辩证关系：以循证矫正处境化实践为例》，《社会学研究》第5期。

郭伟和、郭丽强，2013，《西方社会工作的专业化历程及对中国的启示》，《广东工业大学学报》（社会科学版）第5期。

郭伟和、徐明心、陈涛，2012，《社会工作实践模式：从"证据为本"到反思性对话实践——基于"青红社工"案例的行动研究》，《思想战线》第3期。

Howard Balshem等，2011，《Grade指南：Ⅲ.证据质量分级》，高露译，《中国循证医学杂志》第4期。

何国良，2017，《久违的实践研究：创造社会工作学的路向》，载王思斌主编《中国社会工作研究》（第十五辑），社会科学文献出版社。

何家弘，1999，《神证·人证·物证——试论司法证明方法的进化》，《中国刑事法杂志》第4期。

何家弘，2007，《论证据的基本范畴》，《法学杂志》第1期。

何家弘，2008，《从应然到实然——证据法学探究》，中国法制出版社。

何家弘、刘品新，2008，《证据法学》（第三版），法律出版社。

何雪松，2004，《证据为本的实践的兴起及其对中国社会工作发展的启示》，《华东理工大学学报》（社会科学版）第1期。

何雪松，2005，《社会工作的认识论之争：实证主义对社会建构主义》，《华东理工大学学报》（社会科学版）第1期。

何雪松，2007，《社会工作理论》，格致出版社。

何雪松，2015，《社会工作学：何以可能？何以可为？》，《学海》第 3 期。

何雪松，2017，《社会工作的理论追求及发展趋势》，《西北师大学报》（社会科学版）第 4 期。

何雪松、杨超，2019，《中国社会工作的本土化：政治、文化与实践》，《济南大学学报》（社会科学版）第 1 期。

黄锐，2018，《重申社会工作本质：四个维度》，《学海》第 6 期。

江怡、陈常燊，2017，《分析哲学中作为证据的事实》，《哲学分析》第 3 期。

康姣，2019，《循证矫正的生成根据及其本土实践再思考——基于"有效矫正"的诉求》，《中国人民公安大学学报》（社会科学版）第 6 期。

康姣、董志峰，2019，《社会工作参与社区矫正的关系结构》，《甘肃社会科学》第 5 期。

雷杰、黄婉怡，2017，《实用专业主义：广州市家庭综合服务中心社会工作者"专业能力"的界定及其逻辑》，《社会》第 1 期。

李明，2015，《证据为本的实践：社会工作实习教育的新指引》，《学理论》第 16 期。

李伟，2018，《社会工作何以走向"去社会变革化"？基于美国百年社会工作史的分析》，《社会》第 4 期。

李伟、杨彩云，2018，《专业主义还是反专业主义：社会工作界的百年话语争议》，《社会工作》第 4 期。

李筱、段文杰，2021，《循证社会工作的科学价值与学科价值——兼论开展循证社会工作的若干原则与方法》，《社会工作》第 3 期。

李雪燕、邵倩茜、黄茂、熊庆苗，2024，《创新扩散、证据累积与教学聚势：社会工作循证实践的教育探索与镜鉴》，《广西师范大学学报》（哲学社会科学版）第 4 期。

李迎生，2018，《建构本土化的社会工作理论及其路径》，《社会科学》第 5 期。

李永生，2007，《证据不是"事实"——关于刑事证据概念的反思》，《山东审判》第 6 期。

李幼平，2003，《循证医学》，高等教育出版社。

李幼平，2016，《循证医学在中国的发展：回顾与展望》，《兰州大学学报》（医学版）第 1 期。

李幼平、李静、孙鑫等，2016，《循证医学在中国的起源与发展：献给中国循证医学 20 周年》，《中国循证医学杂志》第 1 期。

李幼平、刘鸣，2000，《循证医学——21 世纪的临床医学》，《实用医学杂志》第 7 期。

李忠民，2007，《证据概念与证据属性》，《学海》第 1 期。

梁瑞佳、安秋玲，2018，《机构老年人脑衰老焦虑状况的干预研究——以上海市 D、M 福利院健脑操项目为例》，《社会工作与管理》第 5 期。

梁涛、李春燕、孙丹丹，2017，《从护理研究到循证证据的演变》，《中国护理管理》第 7 期。

林万亿，2002，《当代社会工作：理论与方法》，台北：五南图书出版股份有限公司。

刘继同，2005，《会通与更新：基督宗教伦理道德观与社会工作专业价值观的关系》，《宗教学研究》第 1 期。

刘继同，2012a，《社会工作"实务理论"概念框架、类型层次与结构性特征》，《社会科学研究》第 4 期。

刘继同，2012b，《英美社会工作"实务模式"的历史演变轨迹与结构性特征》，《广东工业大学学报》（社会科学版）第 3 期。

刘立霞、孙建荣，2017，《循证社区矫正中最佳证据研究》，《河北法学》第 1 期。

刘玲、彭华民，2019，《逻各斯的失衡与道的平衡——循证社会工作的西学话语和东渐重构》，《社会科学》第 10 期。

刘米娜、李学斌，2017，《太极延缓社区中老年人认知功能衰退有效性的系统评价》，《社会建设》第 4 期。

刘玉兰、彭华民，2014，《证据为本的实践教学：社会工作教育的新范式》，《常州大学学报》（社会科学版）第 5 期。

刘仲秋、熊志海，2005，《证据中的事实信息》，《西南师范大学学报》（人文社会科学版）第 5 期。

卢成仁，2013，《社会工作的源起与基督教公益慈善——以方法和视角的形成为中心》，《华东理工大学学报》（社会科学版）第 1 期。

陆士桢、漆光鸿，2017，《融入——社会工作本土化的路径探析》（下），《中国社会工作》第 31 期。

罗斯·C. 布朗逊、伊丽莎白·A. 贝克、特里·L. 里特、凯瑟琳·N. 吉莱斯皮，2012，《循证公共卫生》，黄建始、张慧、钱运梁主译，中国协和医科大学出版社。

罗维鹏，2018，《什么是证据？——当代证据主义的遗留问题与求解》，《天府新论》第 6 期。

马臣文，2015，《罪犯循证矫正的核心：证据》，《河南司法警官职业学院学报》第 2 期。

马凤芝，2013，《社会工作实践模式的演变及对我国的启示》，《中国青年政治学院学报》第 2 期。

马克·W. 弗雷泽、杰克·M. 里奇曼、梅达·J. 加林斯基、史蒂文·H. 戴，2018，《干预研究：如何开发社会项目》，安秋玲译，上海教育出版社。

玛丽·里士满，2018，《慈善工作者手册——贫民中的友善探访》，康姣译，华东理工大学出版社。

孟华，2010，《字本位和逻各斯中心主义两种证据关及其历史演变》，《证据科学》第 3 期。

O. 威廉·法利、拉里·L. 史密斯、斯科特·W. 博伊尔，2010，《社会工作概论》（第十一版），隋玉杰等译，中国人民大学出版社。

裴苍龄，2012，《把证据打造成全人类的科学——三论实质证据观》，《法律科学》第 1 期。

裴苍龄，2017，《彻底清除证据问题上的盲点》，《现代法学》第 5 期。

彭瑾、李娜、郭申阳，2022，《社会工作研究中的定量方法及其应用》，《西安交通大学学报》（社会科学版）第 1 期。

彭丽娟，2019，《证据为本的实践模式下流动儿童问题研究》，硕士学位论文，湖南师范大学。

彭少峰，2015，《循证实践：社区矫正社会工作发展的科学化取向》，《中国社会工作》第 19 期。

彭少峰、张昱，2015，《循证社会工作的本土模式、实践限度与可能价值——以南通循证矫正为例》，《学习与实践》第 2 期。

彭小兵、王雪燕，2018，《关注价值、重回信任：再论社会工作本土化》，《云南社会科学》第 1 期。

皮埃尔·布迪厄，2012，《实践感》，蒋梓骅译，译林出版社。

齐剑侯，1982，《刑事证据基本原理》，吉林人民出版社。

齐硕姆，1988，《知识论》，邹惟远、邹晓蕾译，生活·读书·新知三联书店。

齐铱，2017，《循证理念和方法：中国社会工作科学化和专业化发展的助推器》，《社会建设》第 4 期。

钱宁，2017，《以知识创造为基础的社会工作本土化》，《中国社会工作》第 16 期。

任文启，2016，《利他使群：社会工作本质的中国表述》，《社会建设》第 1 期。

沈达明，1996，《英美证据法》，中信出版社。

施旦旦，2017，《社会工作知识生产、扩散以及本土化回应》，《华东理工大学学报》（社会科学版）第 3 期。

舒卓、朱菁，2014，《证据与信念的伦理学》，《哲学研究》第 4 期。

舒卓、朱菁，2018，《证据是心理状态吗？》，《自然辩证法研究》第 5 期。

宋振武，2009，《传统证据概念的拓展性分析》，《中国社会科学》第 5 期。

孙希希、段文杰、王子川，2023，《分隔与扩散：结构洞理论视角下我国社会工作高证据等级研究》，《社会工作》第 6 期。

孙永长，2003，《刑事诉讼证据与程序》，中国检察出版社。

唐钧，2010，《慈善、福利、社会工作多模式探源》，《社会与公益》第 9 期。

唐良艳、李海萍，2016，《证据学》，法律出版社。

田毅鹏、刘杰，2018，《中西社会结构之"异"与社会工作的本土化》，《社会科学》第 5 期。

童峰、拜争刚，2018，《循证社会工作研究方法》，中国社会出版社。

童峰、杨文登，2019，《循证社会工作："医养结合"的新力量》，《人民论坛》第 25 期。

童峰、张艳萍、肖彦，2016，《以循证实践理念推进社会工作专业教育改革与发展》，《新课程》第 12 期。

童敏，2009，《社会工作本质的百年探寻与实践》，《厦门大学学报》（哲学社会科学版）第 5 期。

王吉耀，1996，《循证医学的临床实践》，《临床》第 1 期。

王家良，2001，《循证医学与临床医疗实践》，《辽宁医学杂志》第 5 期。

王家良，2006，《循证医学》（第 2 版），人民卫生出版社。

王家良，2010，《循证医学》（第 2 版），人民卫生出版社。

王青平、范炜烽，2017，《伦理方法抑或技术路径：西部地区扶贫治理的循证实践》，《西藏大学学报》（社会科学版）第 2 期。

王壬、罗观翠，2012，《我国社会工作专业化发展路径分析及对社会工作教育的启示》，载王思斌主编《中国社会工作研究》（第九辑），社会科学文献出版社。

王思斌，1998，《社会工作：利他主义的社会互动》，《中国社会工作》第 4 期。

王思斌，2001，《试论我国社会工作的本土化》，《浙江学刊》第 2 期。

王思斌，2011，《中国社会的求—助关系——制度与文化的视角》，《社会学研究》第 4 期。

王思斌、马凤芝，2011，《社会工作导论》（第 2 版），北京大学出版社。

王亦芝，2016，《循证实践视角下社会工作研究框架分析》，《江苏科技信息》第 20 期。

王英、拜争刚、吴同，2017，《社区层面开展的多专业联合干预老年自杀有效吗？》，《华东理工大学学报》（社会科学版）第 6 期。

威廉姆森，2013，《知识及其限度》，刘占峰、陈丽译，人民出版社。

文军，2006，《西方社会学理论：经典传统与当代转向》，上海人民出版社。

文军、何威，2014，《从"反理论"到理论自觉：重构社会工作理论与实践的关系》，《社会科学》第 7 期。

文军、何威，2016，《社会工作"选择性服务"现象及其反思》，《学习与探索》第 7 期。

文军、吕洁琼，2018，《社会工作专业化：何以可能，何以可为？》，《河北学刊》第 4 期。

吴帆、郭申阳、马克·弗雷泽，2016，《社会工作服务介入儿童行为发展效果评估的实证研究》，《社会建设》第 6 期。

吴世友、朱眉华、苑玮烨，2016，《资产为本的干预项目与社会工作实务研究设计——基于上海市 G 机构的一项扶贫项目的试验性研究》，《社会建设》第 3 期。

吴昱桢，2013，《中世纪早期英国的社会救助——以救助者为出发点》，《佳木斯职业学院学报》第 1 期。

吴越菲，2018，《社会工作"去专业化"：专业化进程中的理论张力与实践反叛》，《河北学刊》第 4 期。

熊贵彬，2020，《社区矫正三大管理模式及社会工作介入效果分析——基于循证矫正视角》，《浙江工商大学学报》第 2 期。

熊志海，2002，《论证据的本质》，《现代法学》第 4 期。

徐静村，2005，《证据新论》，《甘肃社会科学》第 1 期。

亚伯拉罕·弗莱克斯纳，2013，《社会工作是一门专业吗？》，胡杰容、邓所译，载王思斌主编《中国社会工作研究》（第十辑），社会科学文献出版社。

杨国荣，2013，《人类行为与实践智慧》，生活·读书·新知三联书店。

杨克虎，2018，《循证社会科学的产生、发展与未来》，《图书与情报》第 3 期。

杨克虎、李秀霞、拜争刚，2018，《循证社会科学研究方法：系统评价与 Meta 分析》，兰州大学出版社。

杨山鸽，2009，《福利国家的变迁——政治学视角下的解释》，《首都师范大学学报》（社会科学版）第 2 期。

杨文登，2012，《循证心理治疗》，商务印书馆。

杨文登，2014，《社会工作的循证实践：西方社会工作发展的新方向》，《广州大学学报》（社会科学版）第 2 期。

杨文登，2017，《心理治疗循证实践中证据的四个基本问题》，《心理学报》第 6 期。

杨文登、李小苗、张小远，2017，《心理治疗循证实践中"证据"的四个基本问题》，《心理学报》第 6 期。

杨文登、叶浩生，2012，《社会科学的三次"科学化"浪潮：从实证研究、社会技术到循证实践》，《社会科学》第 8 期。

易艳阳，2019，《残障社会工作循证实践模式本土化探究》，《社会工作》第

5期。

尹保华，2009，《高度人文关怀：社会工作的本质新释》，《学海》第4期。

于双成、于雅琴、伦志军，2006，《循证医学证据的哲学蕴义》，《医学与哲学》（人文社会医学版）第9期。

袁方，2013，《社会研究方法教程》，北京大学出版社。

袁钟，2000，《从医学看巫术、宗教与科学的关系》，《医学与哲学》（A）第7期。

臧其胜，2016，《标准化案主：证据在表演中的呈现》，《社会工作》第3期。

臧其胜，2018，《证据-表演-服务：社会工作临床技能教育与评估的生态系统模式建构》，《社会工作》第1期。

张斌，2013，《证据概念的学科分析——法学、哲学、科学的视角》，《四川大学学报》（哲学社会科学版）第1期。

张和清，2015，《知行合一：社会工作行动研究的历程》，《浙江工商大学学报》第4期。

张继成，1997，《控诉证据、辩护证据和定案证据刍议》，《法商研究》第4期。

张继成，2001，《事实、命题与证据》，《中国社会科学》第5期。

张丽、熊声波，2018，《威廉姆森对命题性证据的论证及其困难》，《自然辩证法研究》第12期。

张鸣明、李幼平，2001，《循证医学的起源和基本概念》，《辽宁医学杂志》第5期。

张鸣明、刘鸣，1998，《循证医学的概念和起源》，《华西医学》第3期。

张松辉、张景译注，2013，《抱朴子外篇》（卷二十三弭讼），中华书局。

张婷婷、张曙，2017，《认知行为治疗在丧亲照顾中应用成效的系统评价》，《社会建设》第4期。

张昱，2008，《社会工作：促进个体和谐发展的社会技术》，《西北师大学报》（社会科学版）第1期。

张昱、彭少峰，2015，《走向适度循证的中国社会工作——社会工作本土实践探索及启示》，《福建论坛》（人文社会科学版）第5期。

赵坤、郭君钰、杨光等，2015，《Campbell图书馆简介》，《中国循证医学杂志》第 1 期。

郑广怀、朱苗，2021，《生态因素如何影响循证实践在社会工作专业化进程中的作用》，《学海》第 3 期。

周勇，2014，《循证矫正若干问题探究》，《中国司法》第 1 期。

朱政、胡雁、邢唯杰等，2017，《不同类型循证问题的构成》，《护士进修杂志》第 21 期。

朱志强，2000，《社会工作的本质：道德实践与政治实践》，载何国良、王思斌编《华人社会社会工作的本质的初探》，香港：八方文化企业公司。

二 英文文献

Aarons, G. A., Hurlburt, M., & Horwitz, M. C. 2011. "Advancing a Conceptual Model of Evidence-Based Practice Implementation in Public Service Sectors." *Administration and Policy in Mental Health and Mental Health Services Research* 38 (1): 4-23.

Achinstein, P. 2001. *The Book of Evidence.* Oxford: Oxford University Press.

Allen, J. 2001. *Inference from Signs: Ancient Debates about the Nature of Evidence.* Oxford: Clarendon Press.

Anastas, J. W. 2015. "Clinical Social Work, Science, and Doctoral Education: Schisms or Synergy?" *Clinical Social Work Journal* 43 (3): 304-312.

Anderson, M., Cosby, J., Swan, B., Moore, H., & Broekhoven, M. 1999. "The Use of Research in Local Health Service Agencies." *Social Science & Medicine* 49 (8): 1007.

APA Presidential Task Force on Evidence-Based Practice. 2006. "Evidence-Based Practice in Psychology." *American Psychologist* 61: 271-285.

Balshem, H., Helfand, M., Holger J Schünemann, Oxman, A. D., & Guyatt, G. H. 2011. "Grade Guidelines: 3. Rating the Quality of Evidence." *Journal of Clinical Epodemiology* 64 (4): 401-406.

Barratt, M. 2003. "Organizational Support for Evidence-Based Practice within Child and Family Social Work: A Collaborative Study." *Child & Family Social Work* (8): 143-150.

Bartels, S. J., Haley, W. E., & Dums, A. R. 2002. "Implementing Evidence-Based Practices in Geriatric Mental Health." *Generations*, 26 (1): 90-98.

Beidas, R. S. & Kendall, P. C. 2016. *Dissemination and Implementation of Evidence-Based Practices in Child and Adolescent Mental Health*. Oxford University Press.

Bellamy, J. L., Bledsoe, S. E., & Traube, D. E. 2006. "The Current State of Evidence-Based Practice in Social Work: A Review of the Literature and Qualitative Analysis of Expert Interviews." *Journal of Evidence-Based Social Work* 3 (1): 23-48.

Bellamy, J. L., Mullen, E. J., Satterfield, J. M., Newhouse, R. P., Ferguson, M., & Brownson, R. C. et al. 2013. "Implementing Evidence-Based Practice Education in Social Work: A Transdisciplinary Approach." *Research on Social Work Practice* 23 (4): 426-436.

Beutler, L. E. 1998. "Identifying Empirically Supported Treatments: What If We Didn't?" *Journal of Consulting and Clinical Psychology* 66 (1): 113-120.

Bilson, A. 2004. *Evidence-Based Practice in Social Work*. Whiting & Birch Publishers.

Booth, A. 2001. "Cochrane or Cock-Eyed? How Should We Conduct Systematic Reviews of Qualitative Research?" Paper Presented at the Qualitative Evidence-Based Practice Conference, Coventry University, May 14-16.

Booysen, F., Mbecke, P., & Gouveia, A. D. et al. 2019. "Attitudes to Evidence-Based Practice among Social Work Practitioners in South Africa." *Southern African Journal of Social Work and Social Development* 31 (1): 1-14.

Brekke, J. S., Ell, K., & Palinkas, L. A. 2007. "Translational Science at the National Institute of Mental Health: Can Social Work Take Its Rightful Place?" *Research on Social Work Practice* 17 (1): 123-133.

Brody, C., Hoop, T. D., Vojtkova, M., Warnock, R., & Dworkin, S. L. 2015. "Economic Self-Help Group Programs for Improving Women's Empowerment: A Systematic Review." *Campbell Systematic Reviews* 11 (1): 1-182.

Brownson, R. C., Colditz, G. A., & Proctor, E. K. 2012. *Dissemination and Implementation Research in Health: Translating Science to Practice*. Oxford University Press.

Burian, W. A. 1970. "The Semi-Professions and Their Organization: Teachers, Nurses, Social Workers by Amitai Etzioni." *Social Service Review* 70 (4): 895.

Canadian Task Force on the Periodic Health Examination. 1979. "The Periodic Health Examination." *Canadian Medical Association Journal* 121 (19): 1193-1254.

Chambless, D. L. & Hollon, S. D. 1998. "Defining Empirically Supported Therapies." *Journal of Consulting and Clinical Psycholog* 66 (1): 7-18.

Chambless, D. L. & Ollendick, T. H. 2001. "Empirically Supported Psychological Interventions: Controversies and Evidence." *Annual Review of Psychology* 52 (1): 685-716.

Cheng, G. Y. 2004. "A Study of Clinical Questions Posed by Hospital Clinicians." *Journal of the Medical Library Association (JMLA)* 92 (4): 445-458.

Cochrane, A. L. 1972. *Effectiveness and Efficiency: Random Reflections on Health Services*. London: Nuffield Provincial Hospitals Trust.

Colditz, G. A. 2012. "The Promise and Challenges of Dissemination and Implementation Research." In *Dissemination and Implementation Research in Health: Translating Science to Practice*, edited by Brownson, R. C., Colditz, G. A., & Proctor, E. K.. Oxford University Press.

Conee, E. & Feldman, R. 2004. *Evidentialism: Essays in Epistemology*. Oxford: Oxford University Press.

Cooke, A., Smith, D., & Booth, A. 2012. "Beyond PICO: The SPIDER Tool for Qualitative Evidence Synthesis." *Qualitative Health Research* 22 (10): 1435-1443.

Drisko, J. W. & Grady, M. D. 2015. "Evidence-Based Practice in Social Work: A Contemporary Perspective." *Clinial Social Work Journal* (43): 274-282.

Eccles, M. P. & Mittman, S. B. 2006. "Welcome to Implementation Science."

Implement Science 1 (1).

Eddy, D. M. 1990. "Practice Policies: Where Do They Come from?" *The Journal of the American Medical Association* 263 (9): 1265, 1269, 1272.

Ekeland, T. J., Bergem, R., & Myklebust, V. 2018. "Evidence-Based Practice in Social Work: Perceptions and Attitudes among Norwegian Social Workers." *European Journal of Social Work* (2): 1–12.

Eraut, M. 2004. "Practice-Based Evidence." In Thomas, G. & Pring, R. (eds.), *Evidence-Based Practice in Education*. New York: Open University Press.

Eysenck, H. J. 1952. "The Effects of Psychotherapy: An Evaluation." *Journal of Consulting Psychology* 16: 319–324.

Fischer, J. 1973. "Is Casework Effective? A Review." *Social Work* 18 (1): 5–20.

Flexner, A. 1910. *Medicine Education in the United States and Canada*. New York: Carnegie Foundation.

Flexner, A. 1915. "Is Social Work a Profession?" In National Conference of Charities and Corrections, Proceeding of the National Conference at the Forty-second annual session held in Baltimore, Maryland, May 12–19. Chicago: Hildmann.

Florczak, K. L. 2016. "Evidence-Based Practice: What's New Is Old." *Nursing Science Quarterly* 29 (2): 108–112.

Fraser, M. W., Richman, J. M., Galinsky, M. J. & Day, S. H. 2009. *Intervention Research: Developing Social Programs*. New York: Oxford.

Gambrill, E. 1997. "Thinking About Knowledge and How to Get It." Presented at the Ninth Symposium on Doctoral Research in Social Work on April 18. Publication at: https://www.researchgate.net/publication/301715733.

Gambrill, E. 1999. "Evidence-Based Practice: An Alternative to Authority-Based Practice." *Families in Society: The Journal of Contemporary Social Services* 80 (4): 341–350.

Gambrill, E. 2001. "Social Work: An Authority-Based Profession." *Research on Social Work Practice* 11 (2): 166–175.

Gambrill, E. 2003. "Evidence-Based Practice: Sea Change or the Emperor's New Clothes?" *Journal of Social Work Education* (39): 3-23.

Gambrill, E. 2007. "Transparency as the Route to Evidence-Informed Professional Education." *Research on Social Work Practice* 17 (5): 553-560.

Gambrill, E. 2018. "Contributions of the Process of Evidence-Based Practice to Implementation-Educational Opportunities." *Journal of Social Work Education* 54 (1): 113-125.

Garber, R. 1973. "Book Reviews: Evaluation of Social Intervention." *Social Work* 18 (5): 109-114.

Gibbs, L. E. 2003. *Evidence-Based Practice for the Helping Professions: A Practical Guide with Integrated Multimedia*. Pacific Grove, CA: Brooks/Cole-Thomson Learning.

Gibbs, L. & Gambrill, E. 2002. "Evidence-Based Practice-Counterarguments to Objections." *Research on Social Work Practice* 12 (3): 452-476.

Gilgun, J. F. 2005. "The Four Cornerstones of Evidence-Based Practice in Social Work." *Research on Social Work Practice* 15 (1): 52-61.

Glasziou, P., Vandenbroucke, J. P., & Chalmers, I. 2004. "Assessing the Quality of Research." *British Medical Journal* 328 (7430): 39-41.

Goodheart, C. D., Kazdin, A. E., & Sternberg, R. C. 2006. *Evidence-Based Psychotherapy: Where Practice and Research Meet*. Washington, D. C.: Amerrican Psychological Association.

Grady, M. D., Wike, T., & Putzu, C. et al. 2018. "Recent Social Work Practitioners' Understanding and Use of Evidence-Based Practice and Empirically Supported Treatments." *Journal of Social Work Education* 54 (1): 163-179.

Gray, M., Plath, D., & Webb, S. A. 2009. *Evidence-Based Social Work: A Critical Stance*. New York: Routledge.

Greenwood, E. 1957. "Attributes of a Profession." *Social Work* 2 (3): 45-55.

Guyatt, G. H., Meade, M. O., & Jaeschke, R. Z. et al. 2000. "Practitioners of Evidence Based Care: Not All Clinicians Need to Appraise Evidence from Scratch but All Need Some Skills." *British Medical Journal* 320 (7240):

954-955.

Guyatt, G. H., Oxman, A. D., & Holger, J. et al. 2011. "GRADE Guidelines: A New Series of Articles in the Journal of Clinical Epidemiology." *Journal of Clinical Epidemiology* 64 (4): 380-382.

Guyatt, G. H., Oxman, A. D., & Kunz, R. et al. 2008a. "What Is 'Quality of Evidence' and Why Is It Important to Clinicians?" *British Medical Journal* 336 (7651): 995-998.

Guyatt, G. H., Oxman, A. D., Vist, G. E., Kunz, R., Falck-Ytter, Y., & Alonso-Coello, P. et al. 2008b. "GRADE: An Emerging Consensus on Rating Quality of Evidence and Strength of Recommendation." *Chinese Journal of Evidence-Based Medicine* 9 (1): 8-11.

Guyatt, G. H, Cairns, J., Churchill, D., Cook, D., Haynes, B., & Hirsh, J., et al. 1992. "Evidence-Based Medicine: A New Approach to Teaching the Practice of Medicine." *JAMA*, 1992, 268 (17): 2420-2425.

Guyatt, G. H., Keller, J. L., Jaeschke, R., Rosenbloom, D., Adachi, J. D., & Newhouse, M. T. 1990. "The n-of-1 Randomized Controlled Trial: Clinical Usefulness: Our Three-year Experience." *Annals of Internal Medicine*, 112 (4): 293.

Hadorn, D. C., Baker, D. W., Kamberg, C. et al. 1996. "Phase II of the AHCPR-Sponsored Heart Failure Guideline: Translating Practice Recommendations into Review Criteria." *Joint Commission Journal on Quality Improvement* 22 (4): 265-276.

Hansen, H. F. 2014. "Organisation of Evidence-Based Knowledge Production: Evidence Hierarchies and Evidence Typologies." *Scandinavian Journal of Public Health* 42 (13): 11-17.

Haynes, R. B., Devereaux, P. J., & Guyatt, G. H. 2002a. "Clinical Expertise in the Era of Evidence-Based Medicine and Patient Choice." *ACP Journal Club* 136 (2): A11-4.

Haynes, R. B., Devereaux, P. J., & Guyatt, G. H. 2002b. "Physicians and Patients Choice in Evidence-Based Practice." *British Medical Journal* 324: 1350.

Heydon, J. D. 1990. *Cross on Evidence* (7th ed.). London: Butterworths Law.

Howard, M. O., McMillen, J. C., & Pollio, D. E. 2003. "Teaching Evidence-Based Practice: Towards a New Paradigm for Social Work Education." *Research on Social Work Practice* (13): 234-259.

Howard, M. O., Allen-Meares, P., & Ruffolo, M. C. 2007. "Teaching Evidence-Based Practice: Strategic and Pedagogical Recommendations for Schools of Social Work." *Research on Social Work Practice* 17 (5): 561-568.

Humphries, B. 2003. "What Else Counts as Evidence in Evidence-Based Social Work?" *Social Work Education* 22 (1): 81-93.

Hundley, V. 1999. "Evidence Based Practice: What Is It and Why Does It Matter?" *Health and Social Care Chaplaincy* 2 (1): 11-14.

Institute of Medicine. 2009. *Preventing Mental, Emotional, and Behavioral Disorders among Young People: Progress and Possibilities*. Washington, DC: The National Academies Press.

James, S., Schulz, D., & Lampe, L. et al. 2018. "Evidence-Based Practice and Knowledge Utilization: A Study of Attitudes and Practices among Social Workers in Germany." *European Journal of Social Work* (5): 763-777.

Jayaratne, S. & Levy, R. L. 1979. *Empirical Clinical Practice*. Columbia University Press.

Jenson, J. M. 2007. "Evidence-Based Practice and the Reform of Social Work Education: A Response to Gambrill and Howard and Allen-Meares". *Research on Social Work Practice*, 17 (5): 569-573.

Landry, R., Amara, N., & Lamari, M. 2001. "Climbing the Ladder of Research Utilization: Evidence from Social Science Research." *Science Communication* 22 (4): 396-422.

Lester, F. K. & Wiliam, D. 2000. "The Evidential Basis for Knowledge Claims in Mathematics Education Research." *Journal for Research in Mathematics Education* 31 (2): 132-137.

MacKenzie, D. L. 2000. "Evidence-Based Corrections: Identifying What Works." *Crime & Delinquency* 46 (4): 457-471.

Martinson, R. 1974. "What Works? —Question and Answer about Prison Reform." *The Public Interest* (35): 22-54.

McColl, A., Smith, H., & White, P. et al. 1998. "General Practitioner's Perceptions of the Route to Evidence Based Medicine: A Questionnaire Survey." *British Medical Journal* 316 (7128): 361-365.

McNeece, C. A. & Thyer, B. A. 2004. "Evidence-Based Practice and Social Work." *Journal of Evidence-based Social Work* 1 (1): 7-25.

Methley, A. M., Campbell, S., & Chew-Graham, C. et al. 2014. "PICO, PICOS and SPIDER: A Comparison Study of Specificity and Sensitivity in Three Search Tools for Qualitative Systematic Reviews." *BMC Health Services Research* 14 (1): 579.

Mizrahi, T. & Davis, L. E. 2008. *Encyclopedia of Social Work* (20th ed.). New York: Oxford University Press.

Mullen, E. J. 2002. "Evidence-Based Knowledge: Designs for Enhancing Practitioner Use of Research Findings." Paper Presented at the 4th International Conference on Evaluation for Practice, January.

Mullen, E. J. & Dumpson, J. R. 1972. *Evaluation of Social Intervention*. San Francisco: Jossey-Bass Inc.

Mullen, E. J. & Streiner, D. L. 2004. "The Evidence For and Against Evidence-Based Practice." *Brief Treatment and Crisis Intervention* 4 (2): 111-121.

Mullen, E. J., Bellamy, J. L., & Bledsoe, S. E. et al. 2007. "Teaching Evidence-Based Practice." *Research on Social Work Practice* 17 (5): 574-582.

Mullen, E. J. & Bacon, W. A. 2004. "Survey of Practitioner Adoption and Implementation of Practice Guidelines and Evidence-based Treatments." In Roberts, A. R. & Yeager, K. (eds.), *Evidence-Based Practice Manual: Research and Outcome Measures in Health and Human Services*. New York: Oxford University Press.

Mullen, E. J., Shlonsky, A., Bledsoe, S. E. et al. 2005. "From Concept to Implementation: Challenges Facing Evidence-Based Social Work." *Evidence & Policy* 1 (1): 61-84.

Murray, J., Farrington, D. P., Sekol, I., & Olsen, R. F. 2009. "Effects of

Parental Imprisonment on Child Antisocial Behaviour and Mental Health: A Systematic Review." *Campbell Systematic Reviews* 5: 1-105.

Myers, L. L. & Thyer, B. A. 1997. "Should Social Work Clients Have the Right to Effective Treatment?" *Social Work* 42 (3): 288-298.

Nilsen, Per. 2015. "Making Sense of Implementation Theories, Models and Frameworks." *Implementation Science* 10 (1): 53.

Oxman, A. D. 2004. "Grading Quality of Evidence and Strength of Recommendations." *British Medical Journal* 328: 1490-1494.

Palinkas, L. A. & Soydan, H. 2011. *Translation and Implementation of Evidence-Based Practice: Building Social Work Research Capacity*. Oxford: Oxford University Press.

Palinkas, L. A., Aarons, G. A., & Horwitz, S. et al. 2011. "Mixed Method Designs in Implementation Research." *Administration and Policy in Mental Health and Mental Health Services Research* 38 (1): 44-53.

Patten, S. N. 1907. *The New Basis of Civilization*. New York: The Macmillan Company.

Persons, J. B. 1995. "Why Practicing Psychologists are Slow to Adopt Empirically Validated Treatments." In Hayes, S. C., Follette, V. M., Dawes, R. M., & Grady, G. E. (eds.), *Scientific Standards of Psychological Practice: Issues and Recommendations*. Reno, NV: Context Press.

Petticrew, M. & Roberts, H. 2006. *Systematic Reviews in the Social Science: A Practice Guide*. Blackwell Publishing Ltd.

Phillips, B., Ball, C., Sackett, D. et al. 2009. "Levels of Evidence and Grades of Recommendation." Oxford Centre for Evidence-Based Medicine-Levels of Evidence, https://www.scienceopen.com/document?vid=e61a4576-2b56-4605-958b-2f8b3a3618ad.

Plath, D. 2006. "Evidence-Based Practice: Current Issus and Future Direction." *Australian Social Work* 59 (1): 56-72.

Popper, K. R. 1972. *Conjectures and Refutations: The Growth of Scientific Knowledge* (4th ed.). London: Routledge Kegan Paul.

Powell, B. J., Mcmillen, J. C., & Proctor, E. K. et al. 2012. "A Compilation of Strategies for Implementing Clinical Innovations in Health and Mental Health." *Medical Care Research & Review* 69 (2): 123-157.

Preston, M. G. & Mudd, E. H. 1956. "Research and Service in Social Work: Conditions for a Stable Union." *Social Work* 1 (1): 34-40.

Proctor, E. K., Landsverk, J., & Aarons, G. et al. 2009. "Implementation Research in Mental Health Services: An Emerging Science with Conceptual, Methodological, and Training challenges." *Administration and Policy in Mental Health* 36 (1): 24-34.

Proctor, E. K. 2007. "Implementing Evidence-Based Practice in Social Work Education: Principles, Strategies, and Partnerships." *Research on Social Work Practice* 17 (5): 583-591.

Reid, W. J. 1994. "The Empirical Practice Movement." *Social Service Review* (6): 165-184.

Renske, J. M. 2019. "Views and Attitudes Towards Evidence-Based Practice in a Dutch Social Work Organization." *Journal of Evidence-Based Social Work* (5): 1-16.

Reynolds, S. 2000. "The Anatomy of Evidence-Based Practice: Principles and Methods." In Liz Trinder & Shirley Reynolds (eds.), *Evidence-Based Practice: A Critical Appraisal*. Blackwell Science Ltd.

Richardson, W. S., Wilson, M. C., & Nishikawa, J. et al. 1995. "The Well-Built Clinical Question: A Key to Evidence-Based Decisions." *ACP Journal Club* 123 (3): A12-A13.

Richmond, J. & Kotelchuck, M. 1991. "Coordination and Development of Strategies and Policy for Public Health Promotion in the United States." In Holland, W., Detel, R., & Know, G. (eds.), *Oxford Textbook of Public Health* Vol 1. Oxford: Oxford University Press.

Richmond, M. A. 1907. *Friendly Visiting among the Poor: A Handbook for Charity Workers*. London: MacMillan & Co., Ltd.

Richmond, M. A. 1917. *Social Diagnosis*. New York: Russell Sage Foundation.

Roberts, A. R. & Yeager, K. R. 2004. *Evidence-Based Practice Manual: Research and Outcome Measures in Health and Human Services*. New York,

NY: Oxford University Press.

Roberts, A. R. & Yeager, K. R. 2006. *Foundations of Evidence-Based Social Work Practice*. Oxford University Press.

Rosen, A. 2003. "Evidence-Based Social Work Practice: Challenges and Promise." *Social Work Research* 27 (4): 197-208.

Rousseau, D. M. & Gunia, B. C. 2015. "Evidence-Based Practice: The Psychology of EBP Implementation." *Annual Review of Psychology* 67 (1): 667.

Rubin, A. 2003. "Unanswered Questions about the Empirical Support for EMDR in the Treatment of PTSD." *Traumatology* 9 (1): 4-30.

Rubin, A. 2014. "Bridging the Gap Between Research-Supported Interventions and Everyday Social Work Practice: A New Approach." *Social Work* 59 (3): 223-230.

Rubin, A. & Bellamy, J. 2012. *Practitioner's Guide to Using Research for Evidence-Based Practice* (2nd ed.). John Wiley & Sons, Inc.

Rubin, A. & Parrish, D. 2007. "Challenges to the Future of Evidence-Based Practice in Social Work Education." *Journal of Social Work Education* 43 (3): 405-428.

Sackett, D., Rosenberg, W., & Gray, J. et al. 1996. "Evidence Based Medicine: What It Is and What It Isn't." *British Medical Journal* 312 (7023): 71.

Sackett, D. L., Straus, S. E., & Richardson, W. S. et al. 2000. *Evidence-Based Medicine: How to Practice and Teach EBM*. London: Churchill Livingstone.

Shahar, E. 1998. "Evidence-Based Medicine: A New Paradigm or the Emperor's New Clothes?" *Journal of Evaluation in Clinical Practice* 4 (4): 277-282.

Shea, B. J., Grimshaw, J. M., & Wells, G. A. et al. 2007. "Development of AMSTAR: A Measurement Tool to Assess the Methodological Quality of Systematic Reviews." *BMC Medical Research Methodology* 7 (1): 10-20.

Shea, B. J., Reeves, B. C., & Wells, G. 2017. "AMSTAR 2: A Critical Appraisal Tool for Systematic Reviews that Include Randomised or Non-randomised Studies of Healthcare Interventions, or Both." *BMJ* 358: j4008.

Sheldon B. 1998. "Evidence-Based Social Services: Prospects and Problems."

Research Policy and Planning 16 (2): 16-18.

Sherman, L. W., Gottfredson, M. K. D., & Mackenzie, D. L. et al. 2019. "Preventing Crime: What Works, What Doesn't, What's Promising." http://www.ncjrs.org/works/wholedoc.html.

Shlonsky, A. & Gibbs, L. 2004. "Will the Real Evidence-Based Practice Please Stand Up? Teaching Process of Evidence-Based Practice to Helping Professions." *Brief Treatment and Crisis Intervention* (4): 137-153.

Shlonsky, A. & Wagner, D. 2005. "The Next Step: Integrating Actuarial Risk Assessment and Clinical Judgment into an Evidence-Based Practice Framework in CPS Case Management." *Children & Youth Services Review* 27 (4): 409-427.

Shortell, S. M. 2004. "Increasing Value: A Research Agenda for Addressing the Managerial and Organizational Challenges Facing Health Care Delivery in the United States." *Medical Care Research and Review* 61: 12S-30S.

Sim, T. & Ng, G. T. 2008. "Black Cat, White Cat: Pragmatic and Collaborative Approach to Evidence-Based Social Work in China." *China Journal of Social Work* 1 (1): 50-62.

Smith, D. 2004. *Social Work and Evidence Based Practice*. London and Philadelphia: Jessica Kingsley Publishers.

Smith, M. L. & Glass, G. V. 1977. "Meta-Analysis of Psychotherapy Outcome Studies." *American Psychologist* 32: 752-760.

Soydan, H. 2007. "Improving the Teaching of Evidence-Based Practice: Challenges and Priorities." *Research on Social Work Practice* 17 (5): 612-618.

Soydan, H. & Palinkas, L. 2014. *Evidence-Based Practice in Social Work: Development of a New Professional Culture*. Routledge.

Specht, H. & Courtney, M. 1994. *Unfaithful Angels: How Social Work Has Abandoned Its Mission*. New York: Free Press.

Straus, S. E. 2004. "What's the E for EBM?" *British Medical Journal* 328 (7439): 535-536.

Straus, S. E. & McAlister, D. C. 2000. "Evidence-Based Medicine: A Commentary on Common Criticisms." *Canadian Medical Journal* 163 (7): 837-841.

The Cochrane Collabaration. 2019. "Better Evidence for a Better World." https://www.campbellcollaboration.org.

The NIC Information Center. 2017. "Evidence-Based Practices in the Criminal Justice System." https://nicic.gov/library/026917.

Thyer, B. A. 1995. "Promoting An Empiricist Agency Within the Human Services: An Ethical and Humanistic Imperative." *Journal of Behavior Therapy and Experimental Psychiatry* (26): 93-98.

Thyer, B. A. 1996. "Forty Years of Progress Toward Empirical Clinical Practice?" *Social Work Research* 20 (2): 77-81.

Thyer, B. A. 2001. "What Is the Role of Theory in Research on Social Work Practice?" *Journal of Social Work Education* 37 (1): 9-26.

Thyer, B. A. 2002. "Evidence-Based Practice and Clinical Social Work." *Evidence-Based Mental Health* 5 (1): 6-7.

Thyer, B. A. 2004. "What Is Evidence-Based Practice?" *Brief Treatment and Crisis Intervention* 4 (2): 167-176.

Thyer, B. A. & Curtis, G. C. 1983. "The Repeated Pretest-Posttest Single-Subject Experiment: A New Design for Empirical Clinical Practice." *Journal of Behavior Therapy and Experimental Psychiatry* 14 (4): 311-315.

Thyer, B. A. & Myers, L. L. 2011. "The Quest for Evidence-Based Practice: A View from the United States." *Journal of Social Work* 11 (1): 8-25.

Thyer, B. A. & Pignotti, M. 2011. "Evidence-Based Practices Do Not Exist." *Clinical Social Work Journal* 39 (4): 328-333.

Thyer, B. A. & Thyer, K. B. 1992. "Single-System Research Designs in Social Work Practice: A Bibliography From 1965 to 1990." *Research on Social Work Practice* 2 (1): 99-116.

Thyer, B. A., Vaughn, M. G., & Howard, M. O. 2009. "The Way Forward: Translating Research Findings into Practice Settings." In Vaughn, M. G., Howard, M. O., Bruce, A., & Thyer, B. A. (eds.), *Readings in Evidence-Based Social Work: Syntheses of the Intervention Knowledge Base*. California: SAGE Publications, Inc.

Trinder, L. & Reynolds, S. 2000. *Evidence-Based Practice: A Critical Appraisal.*

Blackwell Science Ltd.

Udo, C., Forsman, H., Jensfelt, M., & Flink, M. 2018. "Research Use and Evidence-Based Practice Among Swedish Medical Social Workers: A Qualitative Study." *Clinical Social Work Journal* 47（3）: 258-265.

Vaughn, M., Howard, M., & Thyer, B. A. 2009. *Readings in Evidence-Based Social Work: Syntheses of the Intervention Knowledge Base*. California: SAGE Publications, Inc.

Wagoner, B. et al. 2004. "Guide to Research Methods: The Evidence Pyramid." In SUNY Downstate Medical Center: EBM Tutorial, Formerly Available at http://library.downstate.edu/EBM2/2100.htm.

Webb, S. 2001. "Some Consideration on the Validity of Evidence-Based Practice in Social Work." *British Journal of Social Work* 31（1）: 57-79.

Witkin, S. L. 1991. "Empirical Clinical Practice: A Critical Analysis." *Social Work* 36（2）: 158-163.

Witkin, S. L. & Harrison, W. D. 2001. "Whose Evidence and for What Purpose?" *Social Work* 46（4）: 293-296.

Woodroofe, K. 2008. "The Charity Organisation Society and the Origins of Social Casework." *Australian Historical Studies* 9（33）: 19-29.

Zhang, A., Franklin, C., Ji, Q., Chen, Y., Jing, S., & Shen, L. 2018. "Evidence-Based Practice in Chinese Social Work: Overcoming Language and Developmental Barriers." *China Journal of Social Work* 11（1）: 1-15.

三　网络资源

Campbell Collaboration, https://www.campbellcollaboration.org.

CCET, http://www.ccetchina.org.

CEBCP, https://cebcp.org.

Cochrane Collaboration, https://www.cochrane.org.

GEI, http://www.geichina.org/en/.

HomVEE, https://homvee.acf.hhs.gov/home.

IIED, https://www.iied.org.

Oxford Research Encyclopedias.

图书在版编目(CIP)数据

循证社会工作之证据研究 / 康姣著. -- 北京：社会科学文献出版社，2025.6. -- (社会工作研究文库). ISBN 978-7-5228-5446-5

Ⅰ.D632；D925.013.4

中国国家版本馆 CIP 数据核字第 202563ZQ22 号

社会工作研究文库
循证社会工作之证据研究

著　　者 / 康　姣

出 版 人 / 冀祥德
责任编辑 / 杨桂凤
文稿编辑 / 张真真
责任印制 / 岳　阳

出　　版 / 社会科学文献出版社·群学分社（010）59367002
　　　　　 地址：北京市北三环中路甲29号院华龙大厦　邮编：100029
　　　　　 网址：www.ssap.com.cn
发　　行 / 社会科学文献出版社（010）59367028
印　　装 / 唐山玺诚印务有限公司

规　　格 / 开　本：787mm×1092mm　1/16
　　　　　 印　张：14.5　字　数：246千字
版　　次 / 2025年6月第1版　2025年6月第1次印刷
书　　号 / ISBN 978-7-5228-5446-5
定　　价 / 98.00元

读者服务电话：4008918866

▲版权所有 翻印必究